中國：革命到崛起

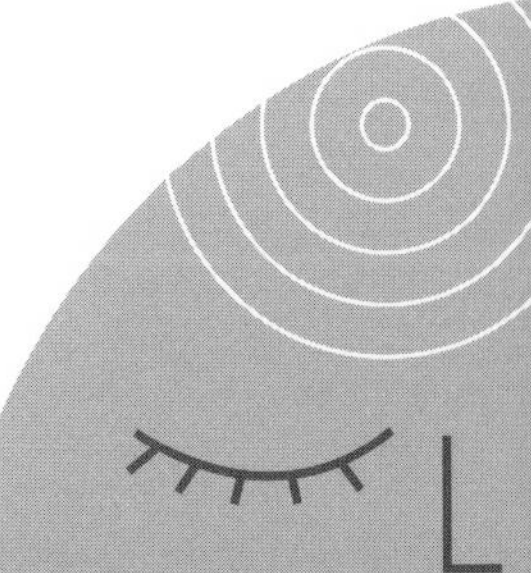

目次

司法改革的幾個思想問題*

顏厥安

序論

司法改革是去年(2010)最引起注意的一項公共議題。若往前回溯到1999年的第一次全國司法改革會議，更可看出司法改革是一個歷久不衰的爭議焦點。以過去這幾個月陸續發生的事件以及引發的討論來看，現在要來談司法改革，大概都被期望要提出「具體」的改革方案對策，而不能僅是批判現狀或提出空泛的理想。

不過本文並不想迎合這樣的輿情需求，立刻提出司法改革的建議，反而還是想針對司法改革這個議題，嘗試從思想、觀念與理論的角度，提出一些分析與思考。我仍然會在文章中提出一些改革建議，但是我認爲任何司法改革訴求，都無法完全與特定的法治觀念或思想脫鉤，透過對一些相關觀念的討論，一方面可以分析各種訴

* 本文原為在財團法人紀念殷海光先生學術基金會主辦之「自由主義知識人與台灣」講座(2010/10/09)上發表的演講。由於演講對象為一般公民，本文只能在一個非常概括的層次上，對此一複雜問題進行一般性說明與討論，無法提出詳盡的文獻註釋。講稿經過少許的潤飾修改。

求的意義，形成一些比較清晰的司法改革方向，另一方面也可以避免對司法改革抱持過高的期望。

司法與法治的關係

談司法改革，一定要談到法院、法官、司法程序、審判等，更廣泛一點，也包括了檢察官、檢察體系、刑事政策等。除了這些制度層面的關聯性外，在思想觀念上，當前如果談到司法，一定會與「法治」這個概念或理念相關。

單是這個關聯性就非常值得注意，因爲我們其實可以質疑，爲何談到司法，就一定要與法治理念相關？法治理念似乎是個近代的、西方的產物，但是司法制度、司法權的作用、案件審判等，卻是各個文明、各種不同文化、國家、制度當中都有的現象。

這也許正好可以作爲一個反省的起點，也就是司法與法治的關係到底是什麼？我將以下面五個問題爲架構，來說明我的看法。對這五個問題，除了第一個以外，我給的答案都是「肯定的」。我也將針對這些答案，簡短說明我的理由。由於這些問題都以非常概括的方式提出，因此我只能提出初步的、一般性的理由論證，提出的回答方式也一定充滿爭議。

司法，一定是法治主義的嗎？

對於這個問題，我給予否定的回答。**司法並不一定都是法治主義的**。理由正如前面簡短提到的，也非常簡單，就是人類有史以來的各種文明、政治社群，或體制組織型態非常多樣化，充滿了各式各樣的價值觀念與生活方式，彼此差異非常大。其中許多的文化與政治型態，都有可以稱得上是「司法」或審判的制度。然而法治理念或概念，卻是特定時代背景下歐洲文化的產物，也許後來這個理念已經傳播到世界許多國家當中，但是畢竟我們無法說，司法制度一定要與法治理念相結合。

以中國傳統制度爲例，我們應該可以合理地說，傳統中國制度當中有司法制度，有司法作用，有案件審判，而且還相當複雜，累積了許多的實務案例資料。這套傳統型的司法審判制度，有些學者相信從隋唐以來，就維持著相當的穩定性與類似性，一直持續到清代末年。但是我們也同時可以合理地說，這套複雜的司法審判制度，與當前說的法治理念，沒有什麼關係。

甚至回到西方人自己的古典傳統，在其重要的希臘文化與希伯來文化傳統中，都有重要且對西方文明影響非常重大深遠的審判案件：蘇格拉底與耶穌的審判。由這些案件當中可以看到當時雅典或羅馬帝國的司法制度。後者甚至是近代西方法律文化的起源。但是我們也還是可以合理地說，這些「司法」制度即使可能蘊含了法治理念的雛形，但在各當其時的階段，並不符合今天所稱之法治理念的規範性要求。

法治一定要有司法權嗎？

不過如果由相反的方向來提問：法治理念下的制度，一定需要有司法權嗎？答案則是明確的「肯定」。是的，法治一定需要司法。這不僅是因爲司法制度太普遍了，所以發展得比較複雜一點的制度體系都一定有司法體制。更重要的是，從歷史淵源來看，法治可以說是一個「司法」概念，法治理念的許多要素，都是由司法制度運作中的法律拘束、正當程序、恣意禁止等原則中發展出來。一種常見的歷史敘述指出，近代法治理念的重要文件起源自1215年的大憲章。該憲章的重要內容之一（clause 29），就是刑事司法的正當法律程序權利。

17世紀以來，歐洲法治理念的內容有更多豐富的發展，但是司法或司法權(judiciary)在當中占有的重要性越來越高，其中司法獨立也清楚成爲重要的內容。雖然形式主義學派的法治理念闡述者會強調，法治不應與民主以及人權或人性尊嚴概念混淆，但不可否認的，法治理念不論在理論或制度實踐方面，都成爲立憲主義(constitutionalism)必然包含的內容。

其中一個重要的關鍵就在於，立憲主義的權力分立觀念中，不但必然包含獨立的司法權。更重要的是，權力分立可以說是以法律概念爲中心的制度原理。其所處理的，就是權力如何透過法律的運作而受到限制。這正好就是現代法治觀念最重要的目的：以法律來節制權力的運作。自由公民由法律，而不是任何的個人、政黨或國家所統治。

法治一定需要司法，這一分析並無新奇之處。重要的是，當立憲主義與法治結合起來之後，司法權的性質與特性，也就注定要在這兩大理念的導引下進行重新定位與塑造。這也意味著，當我們接受立憲主義的基本原則之後，不但法治一定要有司法，司法也一定成爲法治主義的司法。

法治是「西方」的嗎？

自從亞理斯多德提出法治爲理性之治的思考後，法治就一直是歐洲政治思想中的一個重要要素。雖然近代以來的法治理念已經與希臘時代的思想有重大差異，但是如今已經影響全世界之立憲主義體制下的法治，乃是一個源自於西方的觀念，大概沒有太大的爭議。

這個說法並不否認非西方的文化傳統，例如中國的法文化傳統當中，也蘊含有類似於法治理念的思想要素，或者有助於法治實踐發展的文化要素。之所以要在此處特別提出「法治是西方的」這一說法，是想要凸顯，正因爲法治是源自於西方的，所以非西方國家在實施法治制度過程中，不但始終要與各種傳統文化因素對抗或對話，有許多習以爲常的觀念與正面價值，也必須重新釐清檢討。

這兩句話說得簡明，但是實際做起來，卻相當棘手。最簡單的例子是，現在的法務部長曾勇夫曾經自豪地說，他的辦公室當中放了一個包公(包青天)的雕像。不過以包青天的民間故事版本來看，這位審檢不分、刑求逼供、裝神弄鬼的「父母官」，無論如何不應該成爲法務部長的「偶像」(除非他是用來時時自我警惕)。

需要釐清討論的價值觀衝突點或觀念，還有不少。我將在下文討論其他一些觀念。重要的是，在當前各種本土化、文化多元論、價值相對論、後現代理論的衝擊下，法治理念該如何「固守」一些基本的原則，而又不會淪爲西方或理性中心論的教條主義，值得許多的思考反省。

法治是自由主義的嗎？

說法治是西方的，已經會引起許多的質疑反對，如果再提出說：法治是自由主義的，恐怕將引起更多的質疑。我首先說明一下，我所謂法治是自由主義的，是什麼意思。

所謂法治是自由主義的，是指法治制度內在的運作原則，會以「權利優先於善」(rights being prior to the good)的方式進行。更直接地說，法院的裁判，關心的是當事人法律上的權利義務關係，法院並不關心，也無從過問，當事人如何利用這些權利義務，來形成他們各自具體的生活內容。或者也可以說，法院並不關心公民生活是否有意義或有價值，因爲依據法律法院不被允許過問這些事情。

當然，透過這個標準來指稱法治理念是自由主義的，可以有太多爭議之處。尤其「自由主義」本身就是個擁有各種可能詮釋內涵的政治思想傳統。本文在此特別凸顯這個說法，是想引起一些思考，如果法治是自由主義的這個說法有相當的道理，那麼是否自由主義內在的許多問題，也會以某種方式形成法治制度的「特色」或限制？一個更大的提問則是：以人類文明史的角度來考察，我們是否賦予一個源自於非常特殊歷史政治背景下的理念，過高的期望以及過分沉重的負擔？

法治是個人主義的嗎？

對於這個提問，我也給予肯定的回答。理由不僅是因爲自由主義通常都是支持個人主義的，而是法治制度的權利義務歸屬，是以「個體」型態爲骨幹，以權利義務的主體來建構彼此的法律關係。個人是如此，國家、地方自治團體、公司、基金會等，都是這種權利主體型態。至少到現在爲止，法治制度都需要建立在這個基礎之上。

歷來對於這種自由主義、個體主義式的法治制度與實踐，已經有太多太多的批評文獻。有意思的是，政策、憲法基本價值、基本國策等等，都可以且已經有許多非自由主義、非個體主義的制訂修正。但是法治制度本身，卻始終還是需要「落實」到高度個體主義的模式來運作。

即使已經在許多可能的訴訟類型中，出現集體訴訟，以族群爲原告等型態，但是個體主義的權利主體，仍是制度主軸。甚至出現族群「權利主體化」的趨勢。

就此點而言，我想提出的一個進一步補充是：因爲法治是個體主義式的，因此法治帶有「反倫理性」的趨力。也就是說，法治並不關心(或者說，難以適當處理)個體與個體之間除了權利義務關係之外，其他的價值與意義層面。

司法的幾個特色

在上面一節，已經談到不少司法(權)的相關性質，但是主要放在法治宏觀的關聯面加以敘說。以下將從司法本身比較瑣細的實行層面進行一些討論。其中有一些特點，當然也與前面討論到的分析有關。

司法是程序主義的

第一個要強調的特點是，司法一定是程序主義的，甚至可以說，是程序優先於實體(the procedural being prior to the substantive)。不論處理的是民事、刑事、行政法，還是憲法問題，一定要透過一套司法程序的運作，才得以做出裁判。

不論是否遵循法治理念，任何司法權運作都一定帶有這個特色。因此我們要接下來問的是，法治制度下司法程序主義的特色，是否與傳統司法程序，有著根本的差異？

此處當然無法充分回答這個大哉問，但是至少可以提出兩點：第一，法治下的司法程序主義，要求將進入這個程序的每一個主體、言說、行爲或事物，賦予其特定程序法上的意義。第二，這種程序主義之下的許多限制或「麻煩」，往往不僅在於(例如)法律的許多形式瑣細規定，而更在於它始終要追問，你說這句話，或做這件事情，或找到一個特定的物品，在程序法上的意義爲何。

我們常聽到的說法是：在訴訟當中，重要的不是你相信什麼，而是你能夠證明什麼，正是這種程序主義的一種反映。法治主義下的司法程序，並不僅是一種官僚運作的手續、流程(雖然也有這種特色)，而是一種司法認識論的框架。爭訟案件的相關「事實」，只能在這種司法認識論的框架當中加以認識。被排除在這個框架之外的「真相」，幾乎就像是無法觸及的「物自身」一般，我們一定要預設有這個層面的「事情」在那邊，但是司法當中卻又無法認識其本體。這就牽涉到下一點。

司法不發現真相

雖然很多人會說，司法會還我清白，等待司法發現真相，但是依照前面的分析，在司法的認識論框架下，司法不但無法發現真相，甚至並無興趣發現真相。

這點恐怕是最需要與傳統文化相互界定的一個重要特色。傳統文化中，強調好法官要明察秋毫，勿枉勿縱，這是一個建立在法官應該要發現真相的「想像」或制度預設上[1]。但是法治主義的司法，無法、甚至也不應該追求這個目標。不應追求這個目標的理由很多，法治主義的無罪推定、彈劾主義、(檢辯)武器對等、訴訟經濟等都構成了支持這種觀念的理由。司法只追求足以供給法官做出裁判的相關事實。

比較棘手之處在於，這並不意味著，司法審判並不立基於「事實」之上，法律與事實無關。司法審判當然與事實，甚至與真相高度相關。觀念上需要釐清或更多討論之點在於，「真相」的範圍，遠比「法律相關事實」的範圍大的多，也複雜的多。套一句Jack Nicholson的電影台詞：you can't handle the truth。是的，司法體

---

1 此處所謂的發現真相，與「實體真實發現主義」仍有差異。後者仍是一種在司法認識論框架下的真實發現。但是前者根本是可以突破任何程序主義限制，以發現「完整真相」為最高價值的觀念。

制確實難以「處理真相」。司法只挑選與法律相關的事實，來作為裁判的根據。其餘的部分，司法無從發言。

司法不解決「問題」

這也是另外一個我們必須學習承受的制度特性，就是司法並不解決「問題」。當然首先還是要說明一下，這個說法指的是什麼意思。所謂司法不解決問題，是指司法裁判僅處理交付給訴訟的法律爭點，並不處理這些法律爭議所由生的政治、社會、經濟、文化、家庭或個人問題。

因此一個判決，可能宣告公立學校、公營公共交通工具不能實施種族隔離的措施，但是判決並不處理或無法解決種族衝突問題，它甚至有可能讓問題惡化。一個判決有可能終結「萬年國會」，開啓民主化的過程，但是民主化的許多問題，仍無法因為有這個判決而獲得解決。

其實有多的實際案例，都顯示了這個特點或司法權的侷限性，或者也有人認為這是司法的優點。本文特別想要凸顯討論之處在於，司法的這個特色，並不意味著司法是「中立於」這些重大的政治、社會、文化、族群等衝突之外的權力機制；正好相反的，我想指出的問題點是：是否司法的這個貌似中立的特性，不但使得司法無法解決問題，更使得或顯示了，也許司法權作用，本身就是「問題的一部分」？

司法難以實現實質正義

即使不經過前面的分析討論，即使還不確定什麼是實質正義，我們大概也都知道，司法體制是難以實現實質正義的。搭配前面的分析，我想提出兩個相關的理由：第一，實質正義是倫理性的問題，而法治主義之下的司法，帶有反倫理的特性，因此不可能處理實質正義的議題。

第二則比較複雜一點。我認爲，實質正義往往觸及相當「偶緣性」(contingent)的關係，在個案中，某個特定的人A，在很特定的情境之下，傷害了B，所謂實質正義，當然包括A對於B的具體倫理責任以及A與B的倫理關係問題，這當然不是A的刑事責任或民事賠償責任所能涵蓋的。司法所能做的，是命令當事人實現或制度實施特定的法律效果，例如賠償或服刑坐牢，但是所有這些「外在」行爲或狀態，都無法自動形成一種倫理的意義或關係，因此總是跟實質正義差了一段「倫理實踐」的縫隙。

司法不追求效率

近來的司法改革討論中，經常出現司法應該更有效率，司法應該引進「管理」的觀念，甚至認爲司法首長應該有管理的知識與能力。在台灣，由於訴訟制度與構造的某些特質，使得司法體制的運作非常遲緩。一件官司拖延七、八年以上，是常見的現象。尤其最高法院可以不限次數的發回高等法院更審，更引起許多詬病。就這些方面而言，要求司法制度多注意審判效率，多參考管理方面的知識觀點，都是必要的改革。

但是司法終究無法真的追求效率。或者說，「追求效率」這個說法對於司法體制而言，是無法或難以有真正意義的。效率是成本與效益之間的關係，理論上說來，做任何事情或任何制度的運作，都可以有這個層面的考察。之所以通常是在企業部門最強調效率追求，不真的是因爲企業最在乎效率，而在於企業有個簡單明瞭的(唯一)「目標」：追求利潤的最大化。任何企業都不可能追求其他與利潤極大化具備相同重要性的目標。爲了追求利潤極大化，通常情況下企業一定要注重效率。但是在某些條件下，企業並不需要透過效率，也可以獲致極高利潤，此時企業就不需要或不積極追求效率了。

其他的各種組織或制度，並不以利潤極大化作爲最重要的目標，因此這些制度或組織，就無法單純地把追求效率，當作是運作的最重要原則，甚至可以說，往往不知道在這些制度或組織運作過程裡，哪一種判準才是其「效率」的判斷標準。因爲這些制度組織並不從事生產，也沒有利潤可言。

NGO組織是如此，教會與宗教團體是如此，軍隊是如此，學校是如此，司法體制與法院，也有相同的狀況。雖然說司法無法實現實質正義，但是法院還是要追求程序正義、裁判公平、人權保障等許多的目標，司法體制或法院根本完全不可能產生「利潤」。也很難想像有任何法院會每年結算年度盈餘是多少，並以此爲司法是否運作成功的判斷標準。

也許在司法體制的許多個別運作部門，如卷宗管理、開庭期間、訴訟流程等，可以嘗試以特定觀點來改進其效率。但是即使在這些部門進行了效率化的改革，終究還是要面對一個問題：裁判的品質因此提升了嗎？司法正義是否更理想的實現了嗎？只要這一類的疑問無法得到正面答案，任何的效率化改革都要遭受質疑與批判。

或者也可以簡單地這樣說：「司法正義」這個目標本身，就包含了「不要拖太久」、「不要耗費太多經費、勞力」等，看起來是跟效率「正」相關的內容。所以所謂追求效率，其實是追求正義的某個特定面向。

司法程序傷很大

正因爲司法內在就不可能以效率爲主要運作原理，因此司法程序往往包含了大量相當瑣碎複雜的形式要求與冗長過程。這使得任何捲入司法程序的人，都免不了受到這個程序過程負擔的傷害與折磨。

即使不論司法強制手段對人格的干預，例如傳喚、搜索、扣押、監聽、拘提、強制採樣，或收押等，單是漫長的審判過程，不斷的出庭、退庭、論辯、等待……，都是一種很大的折磨。這有點像是罹患一種必須用生命的歲月與之搏鬥的癌症，根本不知道什麼時候會痊癒，醫療的過程非常辛苦，生活也整個要改變，許多親人朋友的生活也受到影響。即使某一審級獲判無罪，檢察官的上訴，最高法院的發回更審等等，就像是癌症的復發，一下子就又把你打入新的深淵。

這當中存在的弔詭是，法治原則與人權保障所要求的程序，也同樣可能造成當事人的負擔，因爲這些原則是平等對待所有人，不論是惡性重大的罪犯，還是可能無辜的被告；不論是富可敵國的富豪，還是一般升斗小民。因此程序嚴謹性、無罪推定，可能對刑事被告有利。但是對於許多環境污染的受害者來說，要充分證明他們的健康生命損害，是某財團企業的工廠造成的，也一樣要耗費極大的資力、心力、時間，來進行這場訴訟。而財大氣粗的一方，往往透過訴訟技巧與財富，就可以把弱勢的原告拖垮。

這個現象帶給我們的一個反省或疑問是：那現在社會爲何要如此倚賴這種傷害性很高的司法制度來維繫秩序呢？對此沒有清楚的答案。一個不算答案的答案是：我們別無選擇，我們只能接受這種法治理念下的司法制度。

台灣司法改革的幾個問題

短期內快速現代化

進行了一些一般性的反省後，這一部分要回頭來看看台灣自己的問題。前面曾經提到過法治一定有司法與司法權，而且一定是在權力分立的架構下來實施司法，亦即一定有獨立的司法部門。但是司法獨立的一個最重要特色就是，司法不再是國家統一權力直接支持的一個部分，而是分殊化的一個權力分支。這意味著司法權沒有自己固有的「實力」，主要要依靠社會層面的信賴與政治層面的支持爲後盾。但兩者也都有可能「干預」司法。

東亞繼受西方法是一個殖民主義與現代化的過程。這一套「現代司法」制度是在外部的壓力下，被迫與被動建立的。因此這套現代化的、西方的司法制度，當然不是「社會」自生的制度，而主要是現代化派的國家政治菁英刻意在很短時期內建立起來的。伴隨著這種制度繼受，則是同樣在短時期內刻意而快速建立的法律專業教育訓練體制，以及培養出來的一群法律專業知識分子。

台灣有中國缺少的一些條件

中華民國在中國大陸時期的法律現代化，在社會層面的真正接受度與普及度都不高，這當然與長年的戰亂，缺少相應的行政支援體制，教育不普及，幅員太廣等許多因素相關。

但是此一體制在1945年全面移植到台灣之後，卻銜接上已經經過日治現代化法治洗禮、各項支援體制較爲完備、並未經歷長年戰亂、教育也更爲普及的台灣體制，因此實施起來反而更爲順暢。

官僚主義與專業主義

不過台灣的這些「優勢」仍然無改於現代西方法與民間社會的脫鉤現象，畢竟這套法制就是由西方移植過來的。既存的現代化條件，配合國民黨政權的強勢政治力主導，只是**讓法律運作更明確地走向一種特殊的官僚主義與專業主義模式**。

所謂官僚主義，是指司法系統本身形成了一個獨立於一般行政機關之外的司法官僚體制。在身分上，透過司法官特考，以及司法官訓練所結業後，有的分發爲法官，進入所謂「審」的體系(司法院)，有的成爲檢察官，進入「檢」的體制(法務部)。

所謂專業主義，是現代西方法體制下都會出現的狀態，也就是法學訓練與工作成爲一種獨特的專業領域，在概念論述與體制技術操作方面，都形成了一種一般人(所謂行外人laypeople)的理解與進入障礙。由於法律專業工作者畢竟在公民中是少數，但卻又掌握相當的權力資源，尤其是法律的詮釋權，因此形成一種特殊的專業人脈網路與利益團體。

法學知識的技術化與中立化

台灣在法治發展的表現現象上，出現比較明確的專業化發展，也是相當晚近的事情(大約在1990年代中葉)。在威權時期，法律專業，僅是一種低層次的技術專業，律師的錄取人數遠少於司法官，可見法律知識是服務於政府，不服務於人民。此一狀況在1990年代有了相當大的改變。但是法律專業知識的「技術化」取向，仍然相當強烈地深植在法學教育與法律人的觀念當中。這意味著，法學教育、法學知識運作，與法律專業，都帶有**迴避重大價值爭議的「(假)中立化」傾向**。雖然看起來有不少法律人在爭取民主人權，但實際上更多的法律人是希望把法學運作成一種技術型的文字操作，以配合「財經」或「科技」發展。這部份牽涉有點複雜的法學知識批判論問題，此處暫不多談。

台灣的司法獨立與民主化

台灣在民主化過程中追求的「司法獨立」，相當部份是在我國特有的「司法院」、相關體制(法學院、司訓所等)與「技術專業」下，追求的一種「司法『孤立』」過程，既沒有在民主化過程中，**重新反省並發展建立與其他政治部門**——也就是國會與行政權——的「**民主關係**」，更未嘗成功地建立發展**如何獲致「(新)社會力」的支持**，倒是司法官僚化的狀況持續發展，甚至惡化。

近來的諸多狀況，其實是這一趨勢下比較嚴重的一次病徵爆發。因此政治部門並不打算強力支持司法，行政權更是公然侮辱、貶抑司法。司法肅貪，反而是政治部門利用來爭取社會支持的手段。本次相當少見的，與「社運」非常友善的高等與最高行政法院裁判，固然爭取到環運界目前的肯定，但是並沒有強大的社會力因此要來「全面力挺」司法，一起對抗行政權。因爲社會力可不是只有「環運」，也不是只有進步力量，保守力量、右翼、發展主義，都是社會力。而司法站在右派立場打擊弱勢、壓制進步價值的作爲更爲常見，卻又三不五時也會「大大得罪」大企業家。更好笑的是，這些裁判往往也談不上是站在嚴謹法學思維的公正判決。

孤立化、官僚化的司法，已經失去了與政治部門以及社會力的「民主」連結，眼前恐怕相當難「脫困」。未來如果沒有「外力」的適當介入，這個自我孤立的體系，恐怕會繼續鄉愿泥沼下去，也會拖著大家一起繼續受害。

公民社會司改主張的某個版本

我曾經提出下列這些公民社會的司法改革主張，獲得一些朋友的支持，這些主張也不全然是新的的想法，而是許多朋友多年來慢慢產生的想法：

1. 法律文字常民化
2. 司法人員任命應有公民參與
3. 司法人員應有公民社會歷練
4. 司法人員評鑑應有公民參與
5. 建立司法人員退場機制
6. 廢除司訓所
7. 法學教育2.0（深層改革法學教育內容結構）
8. 司法資訊公開

此處無法一一說明各項內容，但是整個思考有一個重點，就是希望未來的司法改革與司法運作，能夠適當引進司法權的「第三力道」：公民社會的反省、批判與進步價值力量。

這一主張或思考方向有許多豐厚的內容，此處無法詳述。但至少有一點可以在此提出：法治理念與司法體制內在的許多特色(見前述)，必須透過公民社會的批判反思力量，尤其是追求社會正義的力量，來獲得某種平衡。

結論

本文嘗試對司法權、司法制度與法治等相關概念，提出一個概括的說明，希望能對各界能有一些幫助。我認爲如果我們能深化對司法權的認識，也許可以有助於公民社會產生一種冷靜而不失熱情的司法改革心態與動力[2]。

顏厥安，台灣大學法律系教授，台大法學院人權與法理學研究中心主任。專長為法理學與憲法學，主要著作有《法與實踐理性》(1999)、《規範、論證與行動：法認識論論文集》(2004)等學術論文集以及學術期刊或專書論文。顏教授多年來亦致力於社會服務，曾參與多個政府與民間團體的活動。

2 本文最後潤飾的時間，就是今年(2011)3月底、4月初的時段，正好又發生馬英九總統提名大法官人選的爭議。我不贊同一般所稱的提名恐龍法官爭議，因為此等說法，除了造成對個別法官的輿論追殺外，更掩蓋了總統不當行使憲法職權、司法院長自甘淪為總統幕僚、大法官的憲法任務與角色，以及單一觀點社運可能過度衝擊司法與修法(例如對性侵的修法)等問題。無論如何，這也再次顯示了司法議題的重要性。

凝視巴西

廖 美*

今年(2011)3月底,前巴西總統魯拉·達西爾瓦(此後稱「魯拉」)訪問葡萄牙,適逢葡萄牙政府債券被評比降級,當發行公債籌措資金或印製葡幣歸還債務的選項變得不可能,國際貨幣基金會(此後稱「IMF」)呼籲葡萄牙政府跟IMF借錢,以避免支付國際債務的計劃跳票。魯拉以過來人身份勸說葡萄牙政府:「不要接受IMF的援助。」

魯拉這番宣告頗堪玩味。因爲巴西在上一波亞洲金融風暴和接連而來的俄羅斯金融風暴,都跟IMF尋求援助,只不過接洽的是前任卡多索政府。魯拉於2003年就職,經濟政策在IMF嚴密的監看下,左支右絀,完全沒辦法開展。這個慘痛經驗是讓他對葡萄牙提出忠告的主因。已經卸任的魯拉,雖然不可能用具體行動影響國際經濟,不過他的忠告,紮紮實實潑了自由主義經濟一盆冷水。

縱觀21世紀至今,魯拉是在民主政體下最風光卸任的總統;歐巴馬曾以「地球上最受歡迎的政治人物」來稱頌魯拉[1]。同樣善於演說和具有群衆魅力,歐巴馬對魯拉在巴西獲得的寵愛,體會一定非常深刻。一般民選政治人物在就任初期,通常能得到蜜月期的多數

* 作者感謝錢永祥與吳介民閱讀本文初稿,提出寶貴的修改建議。

1 歐巴馬在2009年4月舉行的G-20高峰會上的用語。

支持，歐巴馬近七成，魯拉有六成五。不過，歐巴馬的支持率在就任後幾個月間陡降，目前一直在五成以下。相反地，魯拉兩屆總統八年任期，獲得民衆的肯定越來越多，卸職前的滿意度在八成以上；就是說，隨意走在巴西，碰到10個人中，有8個以上會說：「魯拉做得好！」

多年來，巴西面對世界或多或少有劣等情結，在國際上很少獲得像現在這麼多的注目與尊重。魯拉在國內的滿意度，轉換到國際行動場域是國際舞台強烈的探照，人們因看到魯拉而關注巴西，也嘗試了解巴西。因爲對巴西總體表現的肯定，讓巴西在2014年世界杯足球賽和2016年奧運，都成功申請到舉辦權。看來，如果沒有魯拉在國內執政所獲得的空前支持，就沒有國際對巴西的注視；這個現象再次確證，內政與外交的關係密切：擁有公認的成功內政，的確有助於拓展外交。

從魯拉執政後期到卸任以來，很多政治經濟分析家都想找出魯拉成功的關鍵，其中，尤以討論巴西的經濟表現爲核心。這些分析中，十之八九的結論，都以魯拉承襲前任總統卡多索的經濟策略，沒有背離自由主義經濟的遊戲規則爲重點，宛如魯拉在經濟政策上只是蕭規曹隨，「穩定」維持原有規劃的經濟方案即可。這樣的評論似是而非，只能說是期待大於事實。如果延續前任的經濟政策是關鍵，原本的執政黨就不會下台，工人黨的魯拉也沒有機會當選。

巴西換黨執政，肇因於卡多索政府在經濟戰略上推動快速的自由化和國有企業私有化，讓巴西處在全球資本急劇流動的浪潮中(如巴西有全球第二大股市，交易量僅次於美國)，當亞洲和俄羅斯金融風暴發生，很快席捲巴西，給巴西總體經濟帶來沉重打擊。巴西雖接受IMF援助，暫時度過經濟崩潰，不過一旦接受IMF金援，需要遵守緊縮條件：除了減少政府支出、嚴控預算降低赤字，還必須加稅增加財源和凍結工資上漲。一方面造成巴西外債快速積累，在卡多索任內後期，甚至占到國民總所得46%；另一方面民衆的生活則相對變差。龐大的外債同時帶動國內利率攀升，通貨膨脹加速，失業增多，相對工資下跌。經濟情況的快速惡化，讓選民對執政黨失去信心。

倒是，對當政者失望，不一定轉成對在野競爭者的信任，這是魯拉競選時的現實。一直以來，魯拉都站在鮮明的左派立場，對手因而可訴求魯拉的當選將對經濟體制進行根本變革，以臆想造成投資者惶惑，對魯拉採取觀望態度。選前魯拉聲勢持續看漲，甚至引起金融市場恐慌。尤其2002年，阿根廷因國家債務高築，無法承擔而宣佈破產，很多外國投資者也猜測魯拉可能採取阿根廷模式——倒債不認賬。爲穩定市場信心，魯拉在選前三個多月(即2002年6月22日)以公開信向巴西人民保證：當選後，他的執政團隊或所屬政黨，都會遵守巴西與國際間立下的契約，不會毀約或有根本變更。不過，就算有白紙黑字的事前保證，資金外逃現象依然嚴重，巴西貨幣里阿爾在魯拉就職前，足足貶值一半。

魯拉執政的第一年，因IMF套給巴西的緊箍咒，整個經濟前景並不樂觀。不管經濟成長率、通貨膨脹率和失業率，都比前一年高，魯拉政府縮衣節食，爲的就是償還IMF的債務。表1呈現巴西一些基本的經濟指標。2003年對魯拉來說，是叫人沮喪的一年，所有跟民衆相關的經濟景況都比前任更糟，不但經濟成長減緩，物價高漲，失業人口也增加。作爲剛就任的民選的總統，沒有比不能帶給民衆新氣象更致命的，而魯拉就在這樣的氛圍裡度過執政第一年。

表1 巴西基本經濟指標，2002-2010

	2002	2003	2004	2005	2006	2007	2008	2009	2010
百分比									
經濟成長率	2.7	1.1	5.7	3.2	4.0	6.1	5.2	-0.6	7.5
通貨膨脹率	8.4	14.8	6.6	6.9	4.2	3.6	5.7	4.9	5.0
失業率	11.7	12.3	11.5	9.8	10.0	9.3	7.9	8.1	6.7
外債占GDP百分比	45.7	42.5	33.1	21.3	17.8	17.4	16.0	13.4	14.1
公債占GDP百分比	60.4	54.8	50.6	48.4	47.3	45.5	38.5	42.8	40.2
國民平均所得(美元)	2,836	3,104	3,665	4,832	5,893	7,281	8,626	8,220	10,471
皆以10億美元為單位									
外匯存底	38	49	53	54	86	180	194	239	289
外商直接投資流入	101	133	161	196	214	249	294	320	368
外商直接投資流出	54	55	69	72	100	107	128	123	135

基本上，魯拉遵守對〈巴西人民公開信〉的承諾。他承繼從1994年起爲對抗高度通膨而採用的里阿爾新貨幣，持續緊盯通膨目標；而且讓巴西的中央銀行完全獨立自主，絕對不介入；另外，節制政府開銷和公共支出，依約按時支付欠債款。這些動作，某種程度消除外國投資者對魯拉左派的疑慮。除此之外，魯拉政府開始延緩經濟自由化的腳步，大幅降低變賣國有企業的範圍，即便開發新能源需要私有企業財源支持，在所有權上仍維持國有；另外透過制度設計，更有效率監看外資的流動。這些，都有別於卡多索政府的作法。魯拉第一任四年間，在經濟領域的表現起伏跌宕，嚴格來說，並不突出。這也說明，魯拉在2006年競選連任時，第一輪投票爲什麼沒有過半(得票率49%)而必須進行第二輪投票(得票率61%)。

所以，促使魯拉成功連任，並不是單純的「拚經濟」。魯拉在第二任得到的支持，有很多在2002年大選時並沒有支持他。就是四年後，支持魯拉的選民，在版圖上有了顯著的挪移。讓版圖變動的主要因素，來自兩個社會政策的推行：一是大規模推動家庭津貼(Bolsa Família)補助，減少貧窮人口；另一則是2004年通過的「最低收入／工資法」，立法保障所有公民獲得最低收入。這兩個社會政策的受益者，通常是窮人和低階工人，他們後來成爲魯拉連任的主要支持者。

或許緣於貧窮出身，加上大半輩子遵從左派的信念，魯拉一開始就站在堅定立場，決意進行社會改革。「我們的國家不能有些人一天吃五次，而有些人卻五天裡都沒得吃。」[2] 這是魯拉2003年剛就任，於一月下旬參加世界社會論壇所說的話。本來這個意氣昂揚的宣告，理當獲得當場群眾興奮舉拳唱和。沒想到，魯拉說完這話後，現場一片沉寂，許多人只能看著地面輕輕點頭，淚水早在眼眶裡打轉。這個湊合全球進步行動左派的年度聚會，很不平常地、正用無邊的肅穆，給魯拉最深厚的支持與期待。

很少國家在推動一項政策中，同時影響貧窮、消費、教育、健保和勞動參與，也由同一個政策可以看出當政者的治理技術和推動力。巴西的家庭津貼計劃，展現的就是這般豐富多層次的目標。

魯拉上任馬上推行家庭津貼，主要把先前分散、獨立、甚至只由特定地方政府推動的四個社會福利計劃——貧戶就學補助、零飢餓食物補助、疾病醫療補助和煮食燃料補助——合而爲一，推廣到全國。這個家庭津貼的主要目的在濟貧與脫貧。到2010年底，約有

2 Cooper, Marc and Tim Frasca, 2003, "Lula's Moment," *The Nation*, February 23.

1290萬戶家庭受益，這些家戶合計約有5200萬人，占巴西總人口的27%，是目前世界上最大規模的有條件現金補助[3]。所謂「有條件」，就是領受補助的家庭必須遵循某些規定，才可提領現金。不過，仔細分析這個計劃，並不是所有接受補助的人，都有嚴格的條件限制。對有孩子的貧窮家庭，的確要求送孩子上學(而且參與的課程每年要達到85%)，還要讓孩子接種疫苗；至於沒有孩子的家庭，因貧病、殘障、沒有就業能力而陷入極度貧窮狀態，純粹發給現金，沒有特別規定。

這個計劃自從施行以來，受到全世界社會福利政策專家長期的關注和仔細審視，除了它龐大的規模以外，也因它同時設定教育和健保等人力資本積累的目標；再者，這個計劃對補助戶的界定是透過家戶自行申報收入，沒有繁瑣的合格認定程序。雖然在申請過程由地方政府協助建立補助戶資料，排除中央化的無效率，但在發放現金時，則跳過地方政府由中央建立公開、可在網路上查詢的帳號，一方面免除經費撥放過程可能的貪污，一方面也能徵信於民。實際操作時，就是接受補助的家庭收到跟信用卡相似的卡片，可在各地銀行、一般商店或樂透簽注站的提款機直接提領現金。這樣的執行設計，是網路科技如何輔助公共政策，達到方便、透明和公開，一個非常正面的例子。

不過，這個計劃在本質上有立即和長期目標的衝突。就接受濟助來說，受補助者希望立即減輕貧困，但人力資本的積累，對貧窮家庭來說則是漫長又辛苦的歷程。魯拉執意推動的濟貧和脫貧政策，難道不是看到巴西多數人生生世世處在貧窮狀態，決心要終止

3 墨西哥在1997年推行的〈機會〉計劃，是全球第一個實施全國性現金補助窮人的政策。

跨世代的窮困嗎？在巴西的政治領導者中，有誰比魯拉更適合現身說法，讓貧民相信一個有願景的政策，是值得耐心等待的？

魯拉來自於他們當中。出生於巴西東北的窮鄉，家中有八個孩子，在7歲以前，魯拉從來不知道什麼是麵包。就在7歲那年，他爬上拼裝的小卡車，跟著家人還有破敗的家當，顛簸將近2000英里，到了聖保羅的違章建築區落戶。童年時在街頭擦鞋幫助家計，因爲經濟壓力，於小學五年級輟學，繼續擦鞋和擺地攤貼補家用。14歲進入工廠做車床工人，在一次意外失去一根手指。他慢慢從一個普通人變成鬥志昂揚、受人敬重的工會聯盟領袖，進而於1979年組織工人黨。在軍政獨裁時期，領導工人罷工，並曾經短暫入獄。

1989年首次開放總統直選，魯拉參與第一次選舉。當競選行程來到魯拉東北家鄉地區，他面臨的不是熱情的擁抱，而是疏離的質疑。巴西從1964到1985年都在軍事威權統治下，一般民眾被國家和主流媒體長期洗腦，以菁英的價值爲標準，除了排斥社會運動分子，更認爲領導人需要優異的學經歷。看到魯拉參選，他們第一個不認同的，就是他從事工運的角色；再者，魯拉既沒有學歷，也沒有任何政府部門的行政經歷。魯拉曾在訪談中提到那次競選回鄉，家鄉人民對他的不信任，所帶給他的震撼與警惕。於是他下決心，要把競選當作宣揚理念的一環。也因此，從1989年競選落敗，魯拉沒有錯過接下來幾次的總統大選，在連選三次失利後，直到2002年，那時魯拉已經57歲，才當選巴西總統。

提供窮人基本的維生需要，保障公民基本生活所需，成爲魯拉堅定想要貫徹的目標。因此，即使某些政策受到同是工人黨同志的反對，他也執意推動。這個政策就是「最低收入／工資法」。

緊接著家庭津貼的實施，魯拉政府在2004年通過「最低收入／工資法」，立法保障所有公民應該具有最低的收入，就是在政府可運用支出中，必須優先滿足貧民和脆弱人口的最低收入，再分配其他公共支出，進一步給家庭津貼的發放，奠立根本法源，如此一來，就不至像其他國家的社會福利政策，只要遭逢經濟不景氣，福利的支出便被削減，甚至完全被捨棄。在拉美地區，巴西是唯一通過這樣法律的國家，讓巴西有條件的現金移轉不只是單純的社會福利計劃，更是邁向公民所得的第一步。

最近研究發現，雖然家庭津貼計劃沒有對家戶總體消費水準產生顯著影響，不過確實帶動在食物、教育和衣著鞋類等項目上的消費。另外，學童的學校參與率明顯提高，對教育有清楚而正向的影響。倒是針對孩童的健康和營養做研究，沒有發現顯著改變。這個計劃原初的美意，的確包括喚醒窮人對公共健康的重視，就是讓孩子在成長期間接受必要的各類疫苗注射。但研究發現，該計畫在這方面似乎沒有影響，可能與鄉下和偏遠地方——基本醫療設施的提供和公共衛生的宣導不足——大有關係。此外，對家庭補助計劃最大的批評，來自這個計劃可能減低勞動參與的意願。一般傳統的看法是，如果給予窮人金錢補助，會成爲變相鼓勵不就業。研究顯示，該計畫並沒有對勞動參與產生負面作用[4]。

基本上，巴西需要編列約占國民總所得0.5%的預算，來執行家庭津貼計劃，花費不大，但得到的成果卻相當可觀，不但顯著降低貧窮率，特別是處於極度貧窮的人口。對那些極度貧窮的人來說，他們收到的現金補助，常常占所有收入很大的一部分。

4 Soares, Fábio Veras; Ribas, Rafael Pérez; Osório, Rafael Guerreiro, 2010, "Evaluating the Impact of Brazil's Bolsa Familia: Cash Transfer Programs in Comparative Perspective," *Latin American Research Review*, Vol. 45 Issue 2, pp. 173-190.

魯拉任內，對巴西貧窮人口施行家庭津貼 (Bolsa Família)，
只要一卡在手，就能提領現金。

魯拉第二任期間，巴西的經濟體質獲得相當改善，加上農產和原材料出口大增，經濟成長顯著。即使2008年全球面臨金融危機，巴西也比其他國家更能在這波風暴中穩住，沒有一家銀行倒閉，維持低通膨，也比大部分國家提早復蘇。單就國民平均所得來看，魯

拉執政8年總共成長23%；而卡多索期間(即1994-2002)只成長3.5%。八年前魯拉選上總統，人們好奇等著看他如何駕馭巴西這個看似極端的國家[5]。結果是，魯拉發揮一生各階段所磨練出來的經驗，同時也激勵出巴西的潛能。魯拉的成功，一方面歸因於特殊的人格魅力：風趣幽默、溫暖體貼、情感洋溢；一方面來自他懂得國家治理：理性冷靜、堅定執著、善於溝通。魯拉戰勝橫亙在生命歷程中的許多磨難與不平，把個人的奮鬥融進多數巴西人掙扎求生的歷史中，讓自己成為國家轉型最有力的代表。這樣的領導人，巴西人怎麼會不愛？

不過，巴西依然沒有真正面對社會不平等的問題。

魯拉執政的表現雖為多數巴西人所肯定，但這個巴西並不是一個平等的巴西。減少貧窮雖然意謂降低不平等，不過降低的速度異常緩慢。財富集中的情形非常嚴重，例如最富有的5%人口擁有全巴西40%的財富。即使魯拉政府在短期間內已經盡量幫助窮人脫離困境，平順處理貧窮問題，不過對縮小貧富差距的成效不大，離社會平等的理想依然非常遙遠。尤其經濟穩定成長階段，人人有錢賺，但原本有錢的人一定賺得更多。經濟成長與所得分配因而存在著吊詭——成長與平等的分配不可能一起發生。

社會歷史學家佩里・安德森以南非種族隔離政策來類比巴西窮人與富人之間的關係，非常精確。縱使南非的黑人在廢除隔離政策後成為自己的主人，南非社會畢竟還在資本和悲慘間拉扯，富裕(白人占多數)與貧窮(黑人為基底)依然是現實裡最大的鴻溝[6]。同樣

---

5 廖美，〈擦鞋童變巴西總統〉，《中國時報》民意論壇版，2002年10月27日。

6 Anderson, Perry, 2011, "Lula's Brazil", *Londen Review of books*, Vol. 33 No.7, March.

的，巴西窮人的處境在形式上很像「種族隔離政策」，雖然魯拉用社福政策解開他們長久被隔離的狀態，不過，進一步的公平和包容，根本還沒有開始著手。

巴西無法實現公平狀態，有其歷史淵源。據統計，巴西從非洲引進黑人爲奴隸，總計有400萬人，是美國輸入奴隸總數的8倍。巴西的奴隸制度直到1889年才廢除，也是美洲大陸最晚的。這麼大量的奴隸人口，長期被壓制在社會底層，而被解放的年代又相對晚近；相反的，特權階級和既得利益則已長期生根。回顧巴西的公民參與史，即使從1930年代，巴西就已立憲通過民主選舉，不過在1985年以前，文盲並沒有投票的權利；這也說明長久以來，政治領域爲什麼不積極處理不公的問題，因爲受壓迫的人連意見表達的管道都被剝奪了。

如果美國是用親屬血緣來定義種族，巴西則用外表來辨別。不過，不像美國談到種族問題的嚴肅凜然，巴西人採取比較打趣的姿態。巴西有句俗諺——「每個人都有一只腳在廚房」，即在說明，他們的祖先多半都是奴隸。在歐巴馬以「地球上最受歡迎的政治人物」讚美魯拉的那個場合，魯拉對歐巴馬的褒揚則是：「他是美國總統中第一個跟我們有相同臉孔的人。如果在巴伊亞首府薩爾瓦多遇見他，會認爲他就是當地人。」巴伊亞首府薩爾瓦多是巴西歷史上第一個殖民首府，也是當時奴隸交易的中心，目前在巴西擁有最多黑人人口密度。魯拉對歐巴馬的讚詞，在美國人看來，可能魯莽而不知輕重，似乎意味在巴伊亞首府有很多長得像歐巴馬的黑人。如果不了解巴伊亞之於巴西的意義，魯拉對歐巴馬的品頭論足，聽來的確很刺耳。然而，魯拉要說的無非是，在巴伊亞首府的黑人是溫暖、自在與友善的，而歐巴馬的外貌和性格，就像他們其中的一員。

弱勢族群「溫暖、自在與友善」的特性，或許就是巴西一再延遲處理族群不平等的內在原因。除非劣勢族群集體站出來要求自己的權利，期待由上而下的改革被排上議程，其間可能是漫長的等待。

像很多發展中國家一樣，巴西的現代化過程也是傷痕累累，而且通常由政治部門阻滯社會與經濟的進程。因此，當社會和經濟獲得大幅進展，長期處於老大地位的政治部門，自然遠遠落在後頭，不能達到負責與透明。

年輕人對政治的看法，最能反映一個國家未來政治的走向。如果把年輕人界定在15到24歲間，這個年齡層約占巴西人口的五分之一(合計3400萬人)，其中83% 住在都市，另外17% 住在鄉村地區。巴西進行一項名爲〈巴西的年輕人和民主：參與、領域和公共政策〉的研究，針對15到24歲的年輕人，於2004-2006年之間，在七個大都會和首都地區，進行有史以來最大規模的年輕人調查。調查的方法有兩種：問卷統計量化調查(共訪問8000人)和小團體面對面深入座談(計913人)[7]。量化分析發現，他們中有將近三成既沒有在學也沒有工作，大部分的年輕人對政治人物不信任，六成五的年輕人認爲巴西政治人物沒有代表公共利益，不過，有八成五的人主張應開放政府與公民對話，畢竟，政治還是保障權益不可或缺的管道[8]。

巴西大小黨林立，多屬柔性政黨，不以意識型態爲主導，而以人格特質爲依歸，黨員轉換政黨的頻率很高。由於沒有理念對立的政黨，執政者爲了通過法案，最快而有效的方式就是賄賂議員。卡多索就曾爲修改憲法讓總統得以連任，跟國會議員買票。魯拉任內

7 Silva, Itamar and Anna Luiza Salles Souto, 2009, *Democracy, Citizenship And Youth: Towards Social and Political Participation in Brazil* (New York: I. B. Tauris Publishers).

8 前揭書，頁182-183。

最大的醜聞，也來自對國會議員的賄賂。

至於地方級政治人物，對政黨認同的錯亂，更到了讓人無從辨別的程度。一個最明顯的例子是在2003到2010年擔任馬托格羅索州的州長佈萊羅・馬季(Blairo Maggi)：他除了是全世界出產最多數量大豆的資本家，本人屬大衆社會主義政黨，同時也是巴西共產黨的繼承人；2006年總統大選，他一方面公開支持魯拉，另一方面則爲同黨的總統候選人阿爾克敏(Geraldo Alckmin)助選。他對政黨的不在意，進一步說明在當代資本主義下，政黨政治已經越來越無關緊要了。

被魯拉選擇繼任的羅賽芙也從自身所創的民主勞工黨，轉到魯拉的工人黨。去年(2010)大選，魯拉爲羅賽芙助選，幾乎形影不離，當時大選的競選廣告就用「形影不離」的意象，向選民訴求，希望他們站在支持政策延續的立場，支持羅賽芙。廣告以熱情的森巴風唱著：

魯拉總是和她在一起
我們也是
巴西已經變得比較好
我們希望它更棒

關注魯拉後的巴西，不能不了解羅賽芙的特質。雖然羅賽芙第一次的民選經驗就是挑戰總統大位，不過，她在魯拉執政時期，在政府部門是非常能幹的執行者，先是擔任能源部長(2002-2005)，後來接任政務總長(2005-2010)。她個性活躍，論辯清晰，很有說服力。關於她心智的活絡，可從下面的小故事看出一斑。有次，羅賽芙的一位朋友問她：「馬克思主義是不是一種科學？」羅賽芙則提出另一個問題來回答：「那麼，超人究竟是一隻鳥，還是一架飛機？」[9]

羅賽芙一開始因爲支持墮胎，加上選前爆發政府部門的貪腐事件，導致第一輪投票得票率只有46.9%，未能達到過半數的當選門檻。到了在第二輪投票，宗教議題隨著墮胎問題躍上檯面。根據巴西最有公信力的民調機構 Datafolha 在選前一周的調查發現，67%的巴西人不在乎總統的性別，不過卻只有47% 的人願意接受總統沒有宗教信仰。

在巴西選舉中，用宗教來檢證候選人，並不是新議題。卡多索在1985年曾競選聖保羅市長，在與對手的政見辯論中，就被新聞記者問到他是否信仰上帝？那時的卡多索是無神論者，他拒絕回答(因爲事先曾被告知，將不會詢問他關於信仰的問題)。那一次，卡多索落選了。當卡多索1994年決定競選總統，他早早就公開自己已經是信徒。

巴西以信仰天主教爲大宗。近年，福音派教會成長迅速，大約有20% 的巴西人宣稱自己是靈恩派(福音派的一支)，他們的政治影響力也變大，擁有巴西第二大電視台和一些出版社。巴西的福音教派跟美國有所不同，他們在經濟事務上採取比較偏左進步的觀點，而且分散在許多不同政黨，不像美國只存在共和黨中。有一個說法是，沒有信仰的人在巴西是最後的少數，他們在政治場域的處境比黑人或同性戀者還要艱困。

爲了拉攏福音派，羅賽芙在第二輪投票競選期間，避談婦女墮胎合法化，而這個議題，卻是巴西婦女當前最嚴重的問題。根據國家補助的研究發現，五個巴西婦女中，有一個面臨非法墮胎，而其

---

9 Carvalho, Luiz Maklouf, 2009, “Mares nunca dantes navegados (Uncharted Waters),” piauí 34, July.

中有15% 因秘密墮胎導致死亡。總的來看，巴西每年有20萬婦女因不安全的墮胎併發其他病症而住院，這個情況發生在窮人身上的機率尤其大，而他們主要是工人黨的支持者。荒謬的是，選舉政治潛在的妥協特性，常常以模糊立場來面對嚴肅議題；在此，我們又看到一個鮮明的實例。

拉丁美洲國家近20年陸續選出女性的國家領導者，從尼加拉瓜(Violeta Chamorro，1990)、智利(Michelle Bachelet，2006)、阿根廷(Fernández de Kirchner，2007)，到巴西的羅賽芙(2010)。只是，羅賽芙治理的幅員廣大，完全不是其他人可以比擬。巴西是僅次於印度、美國的第三大民主政體，人口數和土地面積居世界第五，目前的經濟規模則居世界第八位。魯拉八年執政，讓巴西走進優異又矛盾的道路。究竟，透過市場的重新建構，將產生什麼樣新型態的社會？在這之中，將出現什麼樣新的社會和政治行動者？

作爲魯拉繼承者的羅賽芙，短期仍然面對許多未完成的任務，包括巴西貨幣里阿爾高估、治安問題、青少年吸毒、教育和健保的組織不完備、失控的公共花費、過熱的游資充斥和急需而落後的內需建設。此外，農業科技改良，大規模機械化耕作，使得巴西農村土地更集中；而另一方面，在都市的房地產價格則更高昂。羅賽芙的長期目標，涉及如何深化社會改革。除了持續家庭津貼計劃，巴西更需要進行土地改革、翻修稅法、改善年金體系和持續提高最低工資。只要觸及改革，就不可能讓所有人滿意，也都在向社會的不同階層挑戰。

拉美社會長期以來，面臨左派與多元文化主義對壘。回溯1980年代末和1990年代初形成的「華盛頓共識」，把貿易焦點放在拉美國家和東歐剛從共產主義轉型的國家，以市場爲導向，企圖藉由增加競爭和提供工作機會，來降低貧窮。這個自由經濟目標，在拉美實行的結果，正好相反。許多國家都因爲推動自由經濟，讓貧富差距變得更大。於是，整個拉美國家開始抗拒這個共識，查維茲於1998年當選委內瑞拉總統，就是對這個共識最鮮明的拒斥。

委內瑞拉在查維茲高度的政治動員下，變成一個相當極化的社會[10]。又因盛產石油，可透過石油的收租經濟來進行分配，政府部門變得高度中心化而無效率；在公共領域，則慢慢變成查維茲一人訴諸大衆的模式。

反觀巴西，因爲國土規模和經濟潛力，巴西的外交政策無可避免要和經濟發展策略掛鉤。一直以來，巴西的外交政策主要是爲促進經濟發展而考慮，任何政策的改變，都與經濟發展的想法相關[11]。尤其是與美國的關係，巴西不但從未挑戰美國對拉美自由貿易的願景、區域安全合作和民主集體防衛；相反的，還常常跟美國站在同一陣線。傳統上，巴西和美國的差異不在意識型態或政治上，像查維茲般水火不容，不過也因本身幅員廣大，意識到自我的重要存在，在合作過程比較可以針對合作計劃提出具體的修改建議。可以說，直到魯拉當政，巴西才開始從與美國的雙邊關係，發展成與世界其他國家的多邊關係。魯拉任內，不管在國內或國外，幾乎都可以得到不同政治光譜者的支持。想必，羅賽芙也希望能夠接收魯拉所得到的最大共識。

巴西國旗橫越球形的長幅，上面寫了一句葡語箴言Ordem e Progresso，代表「循序與進步」。兩百多年來國政的挫敗經驗，讓巴西人喜歡自嘲國旗上的那句格言，應該是「混亂與落後」。巴西

10 這個極化的現象，甚至也進入學界的分野；就是，我們很容易在學界研究中，讀到不是支持查維茲的研究，就是反對查維茲的研究。

11 Mullins, Martin, 2006. *In the Shadow of the Generals*, chapter 4, pp. 73-99.

人融合歐洲、非洲、亞洲和美洲印第安人的背景與價值於一爐，這種屬性非常獨特，更從他們活潑躍動的文化中展現出來。不管日本人或義大利人，他們的後裔在海外最大集中的城市，都在聖保羅。進一步了解巴西極端的國民性，可從一般人常掛在嘴邊的一句話窺知：「不是八就是八十」。這種極端的態度：既是慷慨的，也是自私的；深帶同理心，但也非常殘酷。可說瞬間擺盪在興奮與失望間，幾乎沒有中間地帶。

只要拜訪里約熱內盧，這個城市提供的，就是視覺上巴西民族性的縮影。你會看到一個貧富對比鮮明的城市。富區諸如科帕卡巴納(Copacabana)和伊帕內瑪(Ipanema)占據視野廣闊的河岸與海景，窮人則住在地基非常不穩定的山坡小丘，其中條件最壞的貧民區被稱爲發圍樂(favela)。

對於巴西，一般人的認識是足球、森巴舞、海灘嘉年華。還有呢？喜歡音樂的知道波薩諾瓦(Bossa Nova)[12]，也可以哼幾句波薩諾瓦的經典歌曲〈來自伊帕內瑪的女孩〉；愛好流行文學的，還知道村上春樹曾爲這首歌寫了一個短篇，標題是〈1963/1982的伊帕內瑪女孩〉。充滿新希望與遠景的巴西，會像伊帕內瑪沙灘上的陽光，從中走來如詩般搖曳生姿的女孩嗎？

當世界大部分的人只被巴西足球明星的足下球技所吸引，或讚嘆巴西女郎在海灘展現的比基尼泳裝，巴西沒有鳴金擊鼓，悄悄讓自己成爲輸出工業和農業的重要國家。飛機和汽車都是目前出口大宗，農田和農場則餵養世界上多數的人口，聖保羅的市區集聚著南半球最大的銀行、財富、貿易和產業。我們應該注意的不只是巴西

12 一種混合冷調爵士和森巴樂曲的新音樂，從1960年代初試樂風，40年來已具有濃厚的巴西調性。

目前實際的物質成就，同樣也應關注他們究竟是用什麼樣的方式達到今天的成就。

成為獨立國家已經超過200年，雖然從1930年代就有民主選舉的形式，其間政治結構危危顫顫，又在1960年代遭逢政變，直到1985年右翼軍事獨裁結束，巴西才脫離威權統治。因為政權型態的差異，巴西很難跟蘇聯和中國的極權經驗相比。縱使花了很長時間，才進入真正的民主社會，巴西每一步的政策改變，都經過冗長的論辯，直到走到投票箱前，每個人都可以修改自己的選擇。雖然黨派林立，但作為民主體制，巴西很能成為其他國家的模範。因為，它權力轉移的過程是平和的，對律法有基本尊重，而當政府沒有做到應該做的事，就會面臨汰換。

當巴西變得更繁榮、有影響力、也懂得發揮領導，它與世界其他國家的互動將越來越多，我們因此需要了解巴西人如何想問題，怎麼做事情。倒是，很多巴西人的行為的確讓外人摸不清：例如，為什麼允許幾乎是全面性摧毀亞馬遜河流域的開發計劃，當它的生態系統對全球暖化的衝擊是這麼的巨大？為什麼在大城市中有那麼多令人難以理解的暴力衝突？一個看起來誠摯熱絡的社會，為什麼對基於階級和膚色而產生的不平等視若無睹？這些問題，都需要進一步思索。而思索的起點，則來自一個關注的凝視。

廖美，紐約市立大學經濟學博士候選人。目前於紐約布魯克學院商業與政府研究中心工作，專事勞動經濟分析。

思想訪談

永遠的造反派：
袁庾華先生訪談錄

陳宜中

袁庾華先生，湖南湘鄉人，出生於1946年。7歲隨父母遷往河南，在鄭州定居。初中後，到鄭州肉聯加工廠當工人。文革之初，是該廠第一個造反派。爾後，一直到文革後期，是河南省造反派的中堅人物。因文革政治問題數次入獄、出獄，最後一次被關了十多年。1989年初出獄，從事木材生意。1995年起至今，與邵晟東、王宏川共同創立、經營鄭州思想沙龍。在大陸左右派近乎決裂的今日，鄭州思想沙龍仍是左右派共用的民間思想平台。他自許為永遠的造反派，旗幟鮮明的毛派。在此訪談中，他多方面肯定毛澤東，並為文革造反派辯護，同時勾勒出大陸民眾社會中的毛派面貌。他呼籲各種思想趨向的對話交流，共促中國的民主進程。他主張結合程序民主與大民主，停止對文革造反派、六四分子和法輪功分子的政治迫害，並堅持政府須承擔起醫療、教育、住房、養老等社會保障。

此一訪談於2010年7月17、25日在鄭州進行，由陳宜中、張寧提問。經陳宜中編輯、校對後，由袁庾華先生修訂、確認。

一、造反經歷

袁庾華(以下簡稱「袁」):我1946年出生,是湖南湘鄉人。我爺爺及其前二代都經商,解放後定成分爲工商業兼地主,他自己一直沒有受到過打擊,只是其成分影響了我這個投身政治的孫子。我父親解放前讀的是湖南大學土木工程系,大半輩子從事黃河水利建設。

陳宜中(以下簡稱「陳」):您何時到了鄭州?

袁:1953年,我母親把我從湖南帶了出來。1954年到了鄭州。

陳:1957年反右時,您父親是否受到影響?

袁:他被稱爲「漏網右派」。文革剛開始,劉少奇、鄧小平主政時,很多知識分子都被戴了高帽,我父親也一樣。當造反派起來以後,包括我父親,90%以上的知識分子都是支持造反派的。他們在解放後的歷次政治運動中,都是當權派的犧牲品;到了文革造反派起來打倒當權派以後,他們就支持造反派。但在文革後期和文革後,他們思想也向右轉。

陳:您在鄭州讀小學、中學?

袁:小學六年,初中留級一年。我姐姐大我兩歲,她讓我很早就對文學產生興趣。我經常去河南省圖書館等,翻過的書數量很大,有名的都翻。我所上的鄭州十中,後來還一直保留了我讀《資本論》的筆記,儘管我當時根本看不懂。

陳:初中後,就去工作了?

袁:1964年我參加工作,去了鄭州肉食加工廠,1965年合併到鄭州肉聯。這是蘇聯援助156個項目中的一個,勞動條件還不錯。問題是:單位裡在1957年反右擴大化以後,政治上高壓——這是大陸社會在文革前的普遍現象。我很難適應當時工廠裡的社會關係，所以只上夜班，白天就泡在省圖書館。

陳：您何時開始參與政治活動？

袁：1965年11月，姚文元寫〈評新編歷史劇《海瑞罷官》〉。我投書給《光明日報》，說應該肯定對農民的讓步政策，以減少農民負擔。到了1966年6月6日，黨支部組織車間群眾貼出了批判我的大字報，說我替吳晗翻案。8月26日，因為廠黨委違反中央搞文革的「十六條」規定，直接操縱給知識分子和群眾戴高帽遊街，我寫大字報反對，後來也被戴了高帽。

陳：您何時成了造反派？

袁：1966年12月10日，中共中央關於工礦企業抓革命、促生產的文件下發，宣告工人可以成立群眾組織。我動員幾個朋友成立了我們廠的第一個群眾組織「燎原戰鬥組」，第一號通告就是：不再承認黨委領導！不到一天，我們廠就已經成立了一百多個群眾組織。

在落實毛主席批示的中央要求銷毀所有整人材料的指示時，形成了三種意見，也據此分化成為三派群眾組織：第一種是，相信黨委將按照中央指示銷毀整群眾的材料(保守派)；第二種是，相信黨委，但要有工人代表參與(中派)；第三種是，不相信黨委，由群眾親自銷毀(造反派)。

1967年1月1日，河南七個造反派組織奪了省委的權，我被分工到「省委政法領導小組」負責，幹了七天就掛印而去。中央沒承認這次奪權。後來，我參加了籌備「河南二七公社」的工作，這是河南全省的造反派組織。

陳：造反派奪權後，何時被鎮壓？

袁：沒多久，就出現了「二月黑風」。1967年2、3月間，中央右派支持各省軍區鎮壓造反派。新疆、內蒙、青海等地軍隊還對造反派開槍。其中，青海省軍區副司令趙永夫在林彪、葉劍英的支持下，2月23日開槍殺了幾百名造反派。全國鋪開大規模抓造反派(京滬等少數地方例外)，抓了幾百萬。我前三次被抓，中途都被造反派搶走。第四次被抓，是因爲我爸非要我回工廠。

在「一月風暴」造反派奪權後，專政機關的各個看守所、拘留所只剩下極少數被關的人；用員警嘲笑我們的話說，這就爲我們大批造反派後來被關騰出了地方。但沒關多久，4月初，毛主席批示的中央軍委十條命令等文件下達，制止了軍隊抓人。所以大多數造反派出獄，但還有幾個沒放。爲了解救仍被關押的同志，我們造反派就在公安局門口靜坐、絕食。5月4日，省軍區組織十萬保守派群眾，用木棍、鐵棍打傷了我們很多人。這是河南第一次大規模武鬥，我們稱之爲「五四慘案」。

陳：您在武鬥中扮演什麼角色？

袁：整個5月我們一直挨打，發生一系列血腥事件。30日，省軍區、公安局保守派的頭頭，組織、指揮新老保守派搞全市戒嚴，對我們全面進攻。我們死傷嚴重，俘虜被發配到農村勞動改造。31日，二七公社召開緊急擴大會議，當場我們痛批原公社負責人搞「右傾機會主義」。我們提出要「文攻武衛」，重組了二七公社領導班子，叫做「火線指揮部」。

我們立刻反擊成功，俘虜了一萬多名保守派，沒有虐待，教育釋放。6月3日，我們在保守派指揮部的地下室裡，發現了機關槍、衝鋒槍、小砲(手榴彈)。6日，我們突襲、查封了軍隊控制的河南日報社。接下來的整個6月份，雙方力量平衡，傷亡率都很低。7月22日，江青在接見河南省代表時肯定了「文攻武衛」的口號。「文攻武衛」，實際上就是必須保衛我們言論、出版、結社、遊行示威的民主權利。7月25日，中央公開表態支援了「河南二七公社」，我們迅速控制了形勢。

陳：反擊之後，還有哪些發展？

袁：造反派勝利後回到工廠，全廠的造反派組織聯合，還有原領導幹部、軍隊代表參加了領導班子。我是核心領導小組的組長，就是肉聯廠的一把手。

我在社會上被人稱爲「極左」，進廠掌權後，又被人斥之爲「極右」。因爲我首先壓制了造反派的報復情緒，不許打人。同時，我在廠裡的很多問題上，有意地把自己調整到新的弱勢群體、我原來的對立面、保守派的一邊來。過去站在保守派一邊的領導幹部，只要寫個檢查，一律解放。這些做法使我們廠在生產上獲得了很大的成功，恢復到歷史上的最好水準。當時中央和地方的報紙都報導了。作爲最早穩定下來的全國大型肉聯廠，我們還擔負了援越抗美戰爭所需要的全部軍用肉鬆的生產。

陳：您何時第二次入獄？

袁：1968年秋，在「反多中心」運動(實際上是掌權的軍隊和地方官僚整激進的造反派)中，我被打成河南極左代表人物，被整入監獄。網上有篇我的文章〈「九大」前後在市看守所〉就是寫這段經歷。69年底，我出獄回到單位，在基層做工人。半年以後，我又因所謂「洩露機密」被關進監獄，沒有任何拘留、逮捕手續，被關押了兩年零五個月。

陳：1970年第三次入獄的背景爲何？

袁：當時全國搞「五一六」啊！鄧小平也承認全國當時關了上千萬人。河南專案組有三大專案，其中我是一大專案。關於這次入獄的情況，網上也有我一篇文章，叫做〈文革中的河南省看守所〉。從1969年前後軍宣隊進駐單位和清理階級隊伍開始，全國開始全面清算造反派。1970-71年的「一打三反」運動是整個文化大革命中間最黑暗、最恐怖的一段。文革中被判死刑的80-90%以上，都發生在這段時間。

1972年底給我平反後，也對我1968年被整的事平了反，恢復了我在廠裡的常委職務。

陳：「一打三反」的目的是什麼？

袁：「一打三反」說是打擊現行反革命、反貪污盜竊、反投機倒把、反鋪張浪費。但實際上是借助這些名義，對造反派進行全面整肅。一些地方還槍殺了一些造反派，比如河南有一個新的「信陽事件」，槍斃了好多個造反派。1971年一些省的軍管會已準備好要殺一大批造反派骨幹，只是因爲「九一三」事件，林彪集團垮台才沒有得逞。

1973年各地林彪死黨被打了下去，1974年「批林、批孔」的時候，各個單位都去監獄裡把自己的造反派骨幹、頭頭救出來(稱作「打開監獄找左派」)。1975年鄧小平搞整頓，又抓了一些突出的造反派，像鄭州的張永和等。當然，更多的是調離，甚至調離到外地去，使你失去群眾基礎。再一個就是辦學習班，比如鄭州辦了個萬人學習班，把我們都關到學習班裡面。

張寧(以下簡稱「張」)：關了多長時間？

袁：1975年的夏天到冬天吧！但1975年底，中央從清華、北大開始反擊右傾翻案風，我們就從學習班直接殺出來了。到1976年的2、3月份，我們把以劉建勳爲首的河南省委給衝垮了。後來發生了清明節事件，即清明節前後所謂的「四五運動」，主要是高幹子女搞的，鄧小平、葉劍英直接參與。在河南，以「肉聯」爲代表的我們這一部分人，反對「四五運動」的陰謀。網上也有我一篇文章，叫做〈鄭州市的清明節事件〉。

張：您認爲「四五運動」是一場由高幹子弟發起的、脫離民意的運動？

袁：本質上是貴族子女的造反。

我們反擊派又起來後，在鄭州形成了幾個大的山頭。大致分成兩派：一派是保紀登奎、劉建勳的，叫「紅綠派」，因為他們貼的標語都是紅紅綠綠的；另一派就是「反擊派」。1976年9月1日，我們到中央去反映楊貴的問題。3日，中央決定楊貴不再到河南工作。在北京彙報期間，中央通過清華、北大和其他的管道，徵求了我們對河南新省委班子的意見。我當時的意見就是讓耿其昌擔任一把手，因為耿其昌這個人很老實，1958年毛主席來河南就願意聽他講實話。後來，這就成為我所謂「妄圖篡奪省委領導權」的證據！

毛主席去世後，10月7日我到達北京，兩天後才知道所謂的「粉碎四人幫」已經發生了。後來我在蘭州被捕，又被押送回鄭州，在看守所裡待了三年多。當時，在河南要動殺戒的話，第一個殺的大概就是我。

陳：後來被判了幾年？

袁：以「妄圖篡奪省委領導權」的罪名，判了我15年。我的判決書乾乾淨淨，沒有任何刑事罪名，全都是什麼反黨、反人民、反社會主義、顛覆無產階級專政的反革命罪行。

二、獄裡獄外

袁：在監獄，我保持了自己的尊嚴，從來不剃一天光頭，也從來不穿一天囚服。我有篇文章叫做〈我們不要一個員警世界〉，在後記裡，有一段是關於我的監獄生活。

陳：監獄裡有書可看嗎？

袁：在監獄裡，我曾經關了兩年多小號。我沒有出賣幹警或任何人，因此留給大家比較好的印象，加之我給他們做工作，讓監獄同意我經手給犯人訂了幾百種、上千份的雜誌。我也把家裡給我的錢，讓一些幹警經常去替我買書。1980年代各個時期有名的書，我買了不少，主要是翻譯的理論著作。

陳：小號是關禁閉？

袁：對，就是關禁閉，很殘酷的。潮濕的糞水，媽的，我全身都起著疙瘩。帶著鐐銬，沒有燈也沒有窗。我在小號裡曾經死去過。

陳：有沒有刑求、虐待？

袁：沒有打。因為我是政治犯，他們一般不敢輕易動手。當時監獄和看守所還受毛澤東時代政策的約束，沒有像今天這樣的各種極其殘酷的肉刑和牢頭獄霸。

張：六四的時候，您已經出獄了？不是只有認罪才能減刑嗎？

袁：1989年六四的時候，我天天都上街，跟著遊行隊伍走。我從來沒有認過罪！甚至從來不用監獄規定的那些用語，什麼「政府」、「幹部」，也從不自稱「犯人」。我從此至今幾十年來養成一個習慣——從不用官方主導話語。提前出獄是因為一些獄中幹警為我說話，我不會忘記在十幾年監獄生活中他們對我的照顧。

陳：去木材公司是哪一年？

袁：是1989年6月26日。我到木材公司，後來當了法人代表。在這個單位，我重新開始實驗我在監獄裡面搞過的民主管理。本來監獄裡的犯人各種亂七八糟的事都有；但是在我的小組裡，大家和睦相處、民主參與，囚室裡有兩個大書架並訂有幾十種報刊。我到了木材公司以後，搞了十二個民主管理組，取消一切規章制度，讓全單位的所有人都來當頭，共同來管理。包括經濟效益，也都很成功。但是後來，上級把我們這個單位和別的單位一合併，這個實驗就進行不下去了。

在經濟最熱的1992-93年，我帶成百上千萬的資金到東北做買賣。那種來往招待，我無法適應，天天想到個「死」字。到了1995年以後，有所改變，因爲當時國家要「民進國退」。我看到這個趨勢，就動員單位的職工分流出去，搞個小商店什麼的。等到好不容易把職工都動員出去以後，我也解放了。就和您也認識的邵晟東，一「左」一「右」，搞了一個知識分子沙龍。

陳：鄭州思想沙龍是從哪年開始？剛開始的情況和現在相比是如何？

袁：1995上半年開始的。剛開始體制內的參與者多一些，比如河南省社會科學院當時有好多人參加。頭幾年，我們每個禮拜六下午三點聚會，開始吵架、爭論中國的前途，一直到天明。這個沙龍也經歷了幾次危機，它堅持下來與王宏川女士有很大的關係，尤其是這些年來，相當的工作都是她承擔的。

陳：沙龍以外，您還參與哪些社會活動？

袁：1990年代後期，我在鄭州幾個學校講學。2000年以後，也到北大、清華、北航、復旦這些學校，去給進步的學生團體講解新中國的歷史和國際政治。這幾年就更多了，差不多有近百所大學吧！2001年夏秋，在沙龍的提議、支持、配合下，我以個人名義邀請了大陸的自由主義、左派、新儒家、民族主義、新權威主義等思潮的一些代表人物，分兩批到北戴河對話交流，也是我主持的。這是他們在民間第一次坐在一起。

2000年6月12日，鄭州發生了國際上著名的造紙廠工人抗爭。2001年9月9日，全國第一個在公共場合紀念毛主席的群眾聚會，也是在鄭州開始的。官方出動了上萬員警，幾層包圍，全部荷槍實彈。

陳：2008年以後，社會活動比往年又更活躍了一些？

袁：對，這兩年各地的情況更活躍一些了，而且是左翼占主流。

主要是群眾自發集會紀念毛主席的活動，近三年已遍及大陸30個省、直轄市、自治區的幾百個地方(網上看不到西藏的資訊，但大家都知道藏族人更普遍崇敬毛主席)，有的集會規模達成千上萬人。這是民間社會對「十七大」的非毛(澤東)化「主題」指導思想的強烈反彈；反過來，又以這種廣泛的民意，影響推動了中央決策層對宣傳毛主席的不同態度。

張：您所謂的左翼是指毛左？

袁：在大陸，毛派已經成爲左派的主體。幾年前外地左派進京，在京的年輕左派會問他是「毛左」還是「馬左」。但現在就不一樣了，大家一聚在一起，不管老少都自稱爲「咱們毛派」！像「凱迪」這些主要的右派大網站，也基本上把左派統稱爲「毛左」、「毛派」。可以說，大陸左派以此趨於統一，儘管「毛派」內部在理論和政治主張上有很大差異。不自稱「毛派」的大陸左派群體，首先是以汪暉、崔之元爲代表的學術領域內的「新左翼(這是他們可以接受的稱謂)」；但是，無論他們自己的思想或者他們吸取的主要理論資源(如西方馬克思主義)也都受毛主席思想很大的影響，這無非是「出口轉內銷」嘛！凡是熟悉他們的毛派也持理解的態度。其他，如「托派」、「蘇派」、「朝派」等等，人數寥寥無幾，又不敢公開反毛、宣傳自己的主張，左右爲難的仍在不斷邊緣化。

陳：我注意到，當您提到「右派」的時候，有時狹義有時廣義。或者是指太子黨和官僚資產階級，或者也包括廣義的自由派。這個觀察對嗎？您能否談談對「改革開放」的看法？

袁：「太子黨」和官僚資產階級是當代中國最右的政治力量，我們稱之爲大右派。所謂「太子黨」應該是指一部分有政治野心的，以高幹子女爲主的群體，絕不是指所有「紅二代」。去年在北京有個論壇，談到中國有兩種資產階級，一種是官僚資產階級，另一種是自由資產階級。我們一些人認爲：按照毛主席的鬥爭策略，只能選擇一個主要矛盾，那就是官僚資產階級。但是中國社科院的馬克思主義學院，卻主張把自由資產階級當成主要矛盾，所以當時吵翻了。

關於「開放」。其實，當年在文革的全球性衝擊下，大批西方國家和中國建立了外交關係。新中國進入聯合國後，就開始了一條切實維護自己國家利益的對外開放路線。但是到了鄧小平，情況又不同了。

1980年代我在獄中看到《文摘報》的文章中說，英美官方談中國「開放」，其英文用的仍是和晚清打交道時用的「門戶開放」一詞。作者認爲這樣對我國在國際的影響不好，希望有關方面解決一下，結果至今也沒有改變。對於鄧上台以後這幾十年的「開放」，幾乎所有左翼都是一致否定的。事物都有兩面性，應該說，很多家庭也在「開放」中受益；但最大的受益群體是官僚資產階級以及他們的家族和附庸，也爲他們幾乎肆無忌憚的貪污開闢了一條寬暢的退路。而最大的受害者是整個國家和民族。

關於「改革」，我就談一點感受吧。改革開放開始時，我在監獄裡面，從報紙上看到一些特別敏感的東西。比如說，1980年代初河南有個戲劇《七品芝麻官》，裡面有句戲詞是「當官不爲民做主，不如回家賣紅薯」。全國都在反覆地宣傳這句話。對我來說，這句話極其敏感，因爲這說明文革中群眾直接參與政治的權利，被當官的收回了。我在報紙上還看到一個例子：有個人叫劉冰，原來是清華大學的黨委副書記，後來到了蘭州大學當副校長；發生了一起學生鬧事，劉冰說學生反映的問題都是真實的，但是你們身爲學生怎麼直接來找我這個副校長？這就釋放出一個強烈的信號：恢復等級！

三、對毛主席的評價

張：「當官不爲民做主，不如回家賣紅薯」在當時的確很流行，但是我不覺得這代表了一個不同的時代。其實老百姓從來沒有做過主，過去也是由毛主席、共產黨爲我們做主，由各級幹部爲我們做主。

袁：我們在文化大革命中，所有老百姓都可以直接參與政治，但現在好像又重新回到文革以前一樣，當官的爲我們做主，這就是一個很大的轉折。

陳：關於毛主席以及文革本身，您願意也做一些批評嗎？對毛主席以及文革的評價，當然不是三言兩語能說清楚的。不過，從延安整風開始，到1950年代反右、三面紅旗、到文革、到四五事件，您在肯定毛的革命本色之外，是否也願意談談毛作爲革命領袖的失敗甚至投機？

袁：總有人對我講，就是毛澤東在，也不會喜歡我這個造反派。我承認！但是，要投身中國的革命，還是必須跟他走。我因文革問題四次被捕入獄，每一次的第一個罪名都是「惡毒攻擊偉大領袖毛主席」。除了整我的人強加給我的東西以外，我當時也確實說過一些不符合毛主席思想的話(恐怕這也是我與大陸今天一些主要反毛人物的區別，他們文革當年崇毛的調子要比我高得多)。我在監獄中也對文革做過全面回顧和反思，幾十年的反覆思考，使我更認識到：毛主席在人類社會進步中的巨大作用，主要體現在文化大革命上。放手讓6、7億人口中的絕大多數(95%以上)直接地、全面地行使廣泛的民主權利，而不是僅僅爲國家和地區選幾個做主的人。應該說，在公司、工廠這些與自己切身利益息息相關的單位中的個人尊嚴和民主，比當總統、州長的選民更重要！這是人類歷史上僅有的一次最輝煌的「實驗」和探索，其中難免有錯誤和挫折，不會有人說它是完美的。

關於延安整風，我沒有專門研究過。高華的《紅太陽是怎樣升起的》一書我看過，總覺得他存在太強的主導性，過於牽強附會，這是熟悉黨史的人都會有的感覺。至於審幹中確實會存在的問題，只要看一下劉少奇、彭真、康生、羅瑞卿、周揚等人解放後整人的作風就可以想像得到。我們恐怕還要考慮當時四面受敵和從國統區新來的大量複雜成分(國民黨的女特務甚至混到共產黨中央最嚴厲的保衛工作負責人的床上)這些嚴竣因素。試想一下，還有沒有其他人在這樣的條件下，比毛主席領導得更好？我們還可以比較一下在這前後，蔣介石身邊經常搞的「整肅」，1930年代斯大林的「清洗」，以及美國1950年代初的「麥卡錫主義」。我認爲，無論如何，延安整風主要是完成了在戰爭年代裡共產黨思想政治上的高度統一，而這爲不久後開始的全國內戰的迅速結束提供了一個有力條件，從而使中國人民減小了代價。同時，人們熱議的延安整風的「非蘇俄化」，不是也有利於共產黨接管大陸政權後國家的獨立性嗎！？

1957年的反右比較複雜。有羅隆基這些人自身從來就不懂政治的問題，也有掌權後的整個共產黨的集團意志和毛主席等人的較量。對上層右派民主權利的剝奪，在當時的中國政治中亦屬正常；其後，他們的生活待遇一直很高。應當同情的是，由於中央書記處的「擴大化」錯誤，造成下層的幾十萬所謂「右派」的悲慘遭遇。後幾十萬人大多是從左的立場給各地各部門各單位的官僚主義提了點意見，相同於文革中的造反派。我父親那輩人晚年回顧說：「57年，毛澤東就想用知識分子搞文化大革命啊！」2007年反右50週年，一些當年右派的親屬在全國搞簽名時，一些自由派的著名人物不予支持，說簽名的人當年是左派。我在全國各地遇到過不少人，當年被打成右派，今天卻是相當積極的毛派。例如濟南的曲琦，1957年被打成右派，一直到改革開放後才被平反，安排爲山東省委黨史辦的副主任。他說，他原來很恨毛主席，但接觸了大量黨史資料後，他才認識到極左極右都是劉少奇、鄧小平搞的。他現在省吃儉用，把絕大部分離休工資都用來宣傳毛主席的思想。

所謂「三面紅旗」的問題，其中的「總路線」非議不多，現在官調還在用「又好又快」，暫且不談。「大躍進」當中的餓死人問題是大陸近幾十年來最熱議的問題，我認爲，第一，餓死人不等於「大躍進」。新中國大多數經濟門類、工業基礎都是大躍進奠立的；沒有大躍進，新中國的經濟發展至少要滯後一、二十年，儘管其中發生的「浮誇風」造成的代價也是巨大的。更重要的是億萬勞動人民在「大躍進」中的思想大解放，整個民族展現了幾千年來從沒有過的高昂精神面貌。

第二，1960年前後確實發生了大面積嚴重的餓死人現象，但也要客觀地、歷史地看。如果餓死的有幾千萬，屍骨在哪？按當時的中國人口和家庭多子女結構，應該給絕大多數家庭留下深刻的記憶，而現實是幾十年來只有少數文人和搞政治的人在熱議此事。而且，他們也只議此事；之前1940年代幾次餓死人的嚴重現象，1929-31年中國人口淨減5100萬，司徒雷登指責中華民國餓死了兩億人，這些統統不議。更不議1960年前後餓死人後，至今再沒有發生大面積的餓死人問題——因爲毛澤東時代建了8萬多座水庫和農村的合作醫療制度。

第三，1960年前後的餓死人事件的首要責任，是以毛主席爲首的黨中央。用鄧小平的話說：當時我們的頭都熱了。毛主席爲此承擔了責任，但是，在第一線主持工作、直接推動「浮誇風」的劉少奇等人反而要了滑頭。熱議此事的文人也爲他們洗脫責任，只把矛頭對準毛主席一個人。至於其中發生的「廬山會議」中彭德懷的問題，熟悉這段歷史的人都知道，這是蘇聯煽動的一場裡應外合的未遂政變。對於「大躍進」這些問題，我在幾十個市縣搞過大量的調查，不僅僅是查當地的地方志、人口志、氣象志、防疫志，而且還和美國賓夕法尼亞大學一學者直接到「信陽事件」的農村調查，應該說是有點發言權的。2008年是「大躍進」50週年，我連續在浙大、復旦、山大、南開等高校爲此做過專門講座，網上有相關的一些資料。

關於「人民公社」，我只想說我贊成它的方向。而且我也知道，如果沒有這個體制，像水利這些對中國農業特別重要的問題(大陸是三分之二的乾旱半乾旱地區，歷史上經常發生的大面積餓死人，大都是旱災所致)都難以解決。我更看到了「人民公社」所取得的了不起的農村改造和進步。但是，我反對它的官僚化。

文革和四五事件，我前面已談。

對於所謂「毛作爲革命領袖的失敗甚至投機」，海內外有這樣一個說法：文化大革命實質上是毛澤東以自己的巨大威信發動群眾打倒了共產黨，最後是玉石俱焚。這個說法當然不正確，卻給人以啓發。原中央文化革命小組成員王力、穆欣在各自的回憶錄中都談到，1966年國慶日的晚上在天安門的城樓上，毛主席對中央文化革命小組的這些「秀才」們說：這次文化大革命，他是決心進行到底的，讓他們(共產黨的官僚集團)先槍斃他本人！毛主席的夫人江青從文革初期到文革後期都在講，她是準備被殺頭的。毛主席著力培養的張春橋，在其權力達頂峰時也說，他早晚是要被他們殺頭的。毛主席在文化大革命中，尤其是在「九大」前後反覆講，不是一、兩次或三、四次文化大革命就能解決問題的。包括文革初期給江青的信，說明他從一開始就做好了失敗的準備。至於「投機」，我不會有這樣的感覺，它和鬥爭策略有本質的不同。

陳：在毛的思想中，領袖、黨、群眾、無產階級、國際，各自的位置始終不夠清楚，是不是？

袁：在這些問題上，毛主席和經典的馬列著作（包括普列漢諾夫）有很大的不同，他尤其強調人民群眾在歷史進程中的決定性作用。因此，我們常說，毛主席的路線就是群眾路線。他晚年的認識也是在探索，這大概就是「不夠清楚」的問題。

陳：文革的基本精神是造反有理，但實情難道不是「奉旨造反才有理」？

袁：據我和很多當年造反派領袖的廣泛交流，才知道確實有「奉旨造反」的；例如在浙江、陝西等地，有些造反派領袖是周恩來給他們打過招呼的。但就全國文革運動來說，這只是一個少數現象。毛主席文革初期給江青的信中說，這次文化大革命只是一次認真的演習，他是當然的「導演」，文革中強調「緊跟毛主席的戰略部署」、「牢牢掌握鬥爭的大方向」就是這個道理。但是，毛主席在文革中的很多提法和部署，又都是來自各地造反群眾的發明創造。用網上老田的話說，毛主席是最大的「抄襲」者。

陳：您前面介紹了您的造反經歷。在您的敘事當中，造反派起來造反、反擊是合理的。理由是：官僚走資當權派整人在先，造反派則是在暴力壓制下造反、反擊，而這是在行使所謂的大民主權利。然而，如今我們知道，文革中有很多人冤死，其中也有一部分是被造反派給整死的。這並不是說當權派就沒整人，或沒整死人，而是想問您：文革中的革命暴力與反革命暴力，跟文革的基本性質難道沒有關係？今天，有些所謂的左派說：文革中泛政治化的群眾運動與敵我鬥爭是好東西，但暴力則可以避免。這種說法是對文革的正確詮釋嗎？不知您如何理解這些問題？

袁：恐怕任何革命都包含暴力，只是形式、隱顯、程度、代價有些不同。英國、法國的大革命其「革命暴力與反革命暴力」的問題更殘酷！文革是高度集中、疾風暴雨的階級鬥爭，用中央一位「老革命」的話說：他們要我們的權，我們要他們的命！如此，又怎能避開暴力？包括自由派，現在很多研究文革的文章都已指出：幾十年來很多宣傳造反派的暴力和罪惡都是顛倒事實的！例如，比較集中的文革初期那一段，主要是高幹子女在「破四舊」中大搞「血統論」草菅人命。此時，中國還沒有造反派，正是在這以後批判了「血統論」的壓制，造反派才衝殺出來。

應當承認，造反派在批鬥當權派時，也程度不同的使用過暴力。這當然不對，但也難免。我們在大量的「傷痕文學」及影視作品中到處看到當權派坐牢，而實際上他們坐牢的恐怕只有造反派坐牢人數的萬分之幾。他們被千萬次地炒作宣傳，而被殘酷鎮壓的千百萬造反派卻被有意忽視，而且前者的暴行又栽在後者頭上，這就是大多數後人所知道的文化大革命。

四、中國的左派與右派

張：您對1980年代還有其他什麼印象或看法？

袁：1980年代對我有個好處，就是所謂「啓蒙」什麼的，大量的西方理論被介紹進來。各種西方的理論，不管是波普爾，還是馬爾庫塞等，我方方面面都看。

張：傷痕文學看過沒有？

袁：傷痕文學看過一些，有些套蘇聯的傷痕文學，更多是「公子落難，小姐相助」那一套俗不可耐的玩意兒。也有的給我留下一些較深印象，比如劉心武寫學校的時候，有一篇談到：那個學校的校長是1957年反右時的急先鋒，整人的人，後來在文化大革命中被人整了。這就讓我想到：文化大革命中被打倒的當權派，很多都是反右時整人的積極分子，好像受到了報應！印象深的還有一篇被批判的小說《重逢》：審問學生領袖葉輝的正是當年被他保了的書記，政變後當了政法書記；在法庭上重逢時，年輕人的大義凜然和那個官僚的猥瑣，寫得很好。

張：在我印象裡，您對胡耀邦是比較沒有好感的。

袁：我對胡耀邦有好感的一面，就是平民這一面，沒有架子。沒有好感的就是，胡耀邦說話不負責任，全國都知道他外號叫「胡大炮」。比如當時全國關了成百萬的造反派，胡耀邦、趙紫陽對外國記者說：「可以負責任地告訴你們，中國沒有關押一個政治犯」。

陳：對1992年鄧小平南巡以後這一波發展，您怎麼定位？比如說，它還是不是社會主義？是「中國特色社會主義民主」？是官僚權貴資本主義？有些學界左派說，胡溫新政已經比江時代好很多了；說中共有高度的調適能力，說「中國模式」代表人民的真實利益；說現在的中共比西方國家的政黨都要好，因爲那些政黨都官僚化、國家化了，只有中共貼近人民；甚至說胡溫政府就是左派政府；說現在的中國特色「民主」，比起「西方式民主」要民主得多；說「重慶模式」是中國式民主的光明未來，等等。您同意這些「左派」觀點嗎？您的分析是什麼？

袁：大陸早有這樣一種說法：鄧小平說要搞一段資本主義，是薄一波不讓公開這句話。這幾十年來我們強調的「效率優先」，在世界上是通用的「右」的標準。毛主席說，如果我們這個黨變質了的話，會是個法西斯黨，還不如資產階級政黨。

要定位「左」，首先要給「右」定位。毛主席有句話：搞社會主義不知道資產階級在哪裡？就在共產黨內！就是黨內的資產階級，黨內的走資派！毛主席1963年用「官僚主義者階級」這個詞，和德熱拉斯的《新階級》有相同的地方。這50多年來，「官僚主義者階級」始終是中國最主要的右翼集團。

所謂「重慶模式」只是一地一時的「調色」現象，它不會改變中國，甚至也不會改變重慶地區的資本主義道路。它也和中國未來的民主沒有多大的關係。但是，不管是薄熙來或其他人今天宣傳毛主席，我都持歡迎態度。

陳：照這種定義，幾乎所有後發國的社會主義革命，在奪權後都發生了類似情況，都出現了官僚統治集團。包括蘇聯、東歐、古巴、越南、中國大陸、北韓等，幾乎沒有例外。可是這種官僚機器，一般會說它還是左派，是左派的官僚國家機器。右派的官僚機器很多，像是俾斯麥時代的德國；戰後的南韓、台灣；70年代政變後的智利，等等。

袁：您說的也不錯。我也認爲至今爲止，全世界沒有一個國家真正地建成過社會主義。毛主席時代搞的是社會主義革命和建設，而他一再強調，這將是一段相當長的歷史時期。在我的文章〈我們不要一個員警世界〉裡面，我也談過：人們曾經期望用政黨政治來改造國家官僚機器，但事與願違的是：20世紀以後，凡是執政的政黨，都盡量去適應官僚機器。結果，各個政黨都官僚化了，都變質了，其群眾性、民主性都逐漸失去。所以說，20世紀應該稱爲官僚政治的世紀，包括蘇聯和中國。

張：就是說，通通都是右翼？

袁：官僚化一般就是右翼化，尤其是對原來的左翼來說。我在俄羅斯科學院回答其學者提問時說：從江、胡以來，中國已經進入了常人政治時代；更重要的是，我們也進入了一個成熟的官僚政治的時代。不管是西方的總統，或是中國的國家主席、總理，都不是主宰者——官僚集團才是真正的主宰者。但是中國和西方有一點不同的是：西方的權力集團和利益集團需要在國會外進行交易，然後按照一定的程序，來完成他們所交易的東西。中國的權力集團和利益集團已經高度一體化，在這樣一個龐大的集團面前，國家主席、國務院總理個人所起的作用是微乎其微的。

陳：您怎麼看待官僚主義與資本主義的關係？資本主義也有許多種，當前中國特色官僚資本主義顯然有其特殊性。

袁：古今中外，官僚主義都是個頑症，資本主義更強化了官僚主義。就是當年毛主席那樣的威信魄力，在共產黨這個官僚集團面前也常常顯得無奈。在「四清」搞不下去後，實在沒有辦法，所以他說「只有自下而上的發動群眾，全面揭露我們的陰暗面」，這就是搞了文化大革命！除了支持國家統一的最基本條件(中央的最高權力和軍隊主體)，把共產黨的官僚集團砸了個稀巴爛，天也沒塌下來！西方的官僚主義所受到的制約也是幾百年來民眾鬥爭取得的，只是其民眾參與的廣泛性、對官僚主義進行鬥爭的徹底性，遠不如中國的文化大革命。官僚主義唯一的致命敵人，就是最廣泛的民眾組織的鬥爭。

陳：在形式民主或程序民主問題上，您說它是必要的。但在我印象中，願意肯定形式民主的必要性的大陸左派，幾乎鳳毛麟角。今天大陸所謂的左派，不管是老左、新左還是毛左，幾乎都不承認這一點。而承認這一點、但和您一樣認爲形式民主有所不足的人，一般都還是被歸爲右派。換句話說，您屬於極少數的例外。您承認形式民主有其必要，但因爲您強烈肯定毛主席和文革，所以仍被視爲左派。換成別人，誰要是說形式民主有必要性，很可能會被扣上漢奸、西奴的大高帽。情況不是如此嗎？

袁：首先，左右派的區別就在於對現有的利益格局和秩序的根本態度，維護它的就不是左派。我不反對形式民主、選舉民主，但我認爲還不夠，必須有大民主來補充不足。我和顧准的女兒最近在昆明討論：爲什麼顧准在74年提古希臘城邦民主？顧准認爲，文革中的中國是世界的革命中心；也正是文化大革命，使中斷了兩千多年的希臘民主得以重新繼續。不過，當時希臘居民有公民權的不超過20%，但是在中國的文化大革命中，95%的人直接行使民主的權利。西方的程序民主，我贊成用熊彼得或者邱吉爾的話來說：它是最不壞的東西，這是指在沒有一種更好的民主制度的情況下。而即使有了更好的、更實質的民主，程序民主也是必要的。但是，程序民主又是不夠的。所以我在〈我們不要一個員警世界〉裡面提出：就今天的條件和已有的經驗來說，把古希臘民主精神、程序民主、以及文革中的大民主結合起來，應該是一種比較好的民主方式。

您說的「大多數」左派，是你們學界看到的少數幾個文人而已。我想，他們不會自稱「毛派」，他們在大陸的民眾社會中也基本沒有影響。我的「民主觀」和大多數底層毛派是相通的。

對自由派也被稱爲「右」的問題，我覺得它是相比較而存在的。中國新左派和自由派在上世紀末大論戰的時候，美國媒體介紹說何清漣是中國新左派的代表人物，因爲她批評政府和主流。大陸一些左派代表人物也認爲她還有王力雄，應該算是左派。儘管他們反毛，但他們批判現在的權貴，他們甚至比左派起的作用都大。但是，對於中國未來的走向，他們主張走英美道路；而英美道路在世界利益的格局中，代表了「右」的東西。

陳：所以，您認爲今天中國也存在「左翼自由主義」、「自由主義左派」、「社會民主派」這些範疇？

袁：有自由主義的左翼，那就是您說的「自由主義左派」嗎？

用毛主席的話：除了沙漠，凡有人群的地方都有左中右，一萬年以後也是如此。

我也想談一點大陸自由派的問題。在1980年代的大陸知識界，基本上是自由主義一統天下。1990年代在有意炒作的「南巡」經濟熱的誘惑、李澤厚的「告別革命」、王蒙的「躲避崇高」的推動下，知識界發生了分化。然後是新左派和自由主義的大論戰，正式分裂出一支「新左翼」的隊伍。現在，在美國新保守主義的強烈影響下，相當一部分自由派的中堅人物正在紛紛投向保守主義的陣營，以保持和當前歐美國家主流政治思潮的一致，並向曾是自己打倒的「孔家店」頂禮膜拜。也就是說，大陸自由派正在經歷最大的一次分裂。同時，我們回顧這三十多年大陸自由派主導的「民主運動」，如果以十年爲一段，則呈現遞退和不斷萎縮的趨勢。不禁想起王蒙引用的毛主席的一段話：「秀才造反，三年不成，三十年也不成！一是只說不做，二是互相瞧不起」。我想，自由派是否需要認真地總結一下？照老路走下去，再有三十年仍是無所作爲。

至於「社會民主派」，其概念在今日中國仍是模糊的。從官方到文人，恐怕更多是想把它用作工具或過渡。

陳：近年來積極爲「中國模式」辯護的論者，有不少是國家主義左派。按照部分學界左派的邏輯，談「政治專制」就是在詆毀中國。套用他們的話：中國特色社會主義民主是全世界最民主的！中國根本不需要跟西方那種早已完全空洞化的「程序民主」或「選主」發生任何關係！只有自由派西奴，才會真把什麼「程序民主」當回事兒！所以我覺得，您對民主的看法，在泛左翼陣營內部似乎相當非主流。至於您所謂的「底層毛派」，又真的認爲形式民主有其必要，只是有所不足而已嗎？

袁：毛澤東時代的主要左翼群體，也就是造反派，這幾十年來在深受了專制的殘酷迫害後，普遍渴望民主。而對於大多數有左翼傾向的民眾來說，他們只是一時還沒有分清程序民主和我們自己主張的大民主的不同，以及兩者結合的必要性，但也同樣要求民主。在大陸社會中強烈要求民主的，是毛派及其影響的廣泛的底層毛派群眾。大陸民主運動的希望，或者取得民主的主要希望，就在底層毛派的群眾運動。當然，僅僅是他們也完成不了這一歷史使命。

您說的那些所謂「左派」一般都在體制內，較少受到專制的壓迫。自由派中也有這種情況，甚至害怕廣大左翼民眾的迫切民主要求，有意強調他們更重視似乎和民主沒有直接關聯的「自由」，還有的更擔心社會民主運動。但王力雄(《黃禍》和《天葬》的作者)就說：「在中國，唯一能夠凝聚起全社會反抗力量的，不幸的是只有三個字：毛澤東！」蕭功秦(新權威主義的代表人物之一)說：「早早晚晚，各種各樣的社會矛盾都會打著毛澤東的旗號有一場總的爆發！」

陳：還有一點，在「反右擴大化」的定性問題上，您的看法跟一些左派是不同的。您說，反右擴大化主要是官僚整人、當權派整人。但在今日的國家主義新左、老左之中，有些人並不承認這一點，甚至有人公開表示反右擴大化完全合理。2007年是反右五十週年，這類爲反右擴大化辯護的左派說詞，在網上都還找得到。

袁：不！網上和我觀點相同的文章有很多，例如最早在大陸網上發表的李憲源文章〈對57年右派和造反派的共同審視〉。

陳：把當前「中國模式」說得極度美好、美妙的人，不光是大右派，也有不少自稱爲「左派」。在您看來，改革開放以後，中國是否也有些「進步」之處？比如說，「成分論」取消了，這算是一樁改善嗎？的確，現在貧富差距與社會不公正很嚴重、極嚴重，但是經濟生活的改善是否不無意義？一黨專政還在，但是比起毛時代，「專政機關」的作爲是否全無改進？我猜想，您不會說前三十年都是社會主義，都是完美的；也應該不會說改革開放全是官僚資本主義復辟，全然是倒退？以上提問涉及很真實的問題，我想知道您比較全面的意見。

袁：1966年秋，造反派就是在毛主席、江青的支持下衝破「血統論」才起來的，文革中通過相應的中央文件(例如中共中央1972年45號文件第7條規定，和國務院1973年貫徹45號文件的相關文件)，用法規肯定了這一造反的成果。也就是說，「成分論」這些問題都是毛主席在時解決的。至於專政機關的問題，今天不是有所改進，而是相當糟糕。應該說，毛主席在文革中大範圍實踐的大砍監獄、大放犯人回家、讓群眾專政的司法改革，是世界上最好的一條經驗。至於經濟生活，就是消費，這些年的確是提高的較快，但後遺症更嚴重。

改革開放前的30年，也分三個階段：文革前17年、文革10年、政變後的3年。正是因爲前17年的問題嚴重，才有文革如此大的革命。1960年代初，毛主席就意識到了這些問題。他說各單位的黨委書記搞獨立王國；工會、婦聯、共青團都是御用組織；各級人大代表等，根本就不代表人民群眾(參考王力的《文革反思錄》)。

1976年10月政變後的3年，是恢復前17年。準確地說，前30年是面向社會主義的反覆鬥爭史。

五、四種社會保障

陳：接下來想請您談談您的「234」主張。「2」是指形式民主與大民主的結合；「3」是要求停止對文革造反派、六四分子、法輪功分子這三種人的政治迫害；「4」是說醫療、教育、住房、養老這四種社會保障必須實現。其中「3」和「4」比較容易懂，「2」還牽扯到文革。

袁：那就倒過來吧！「4」就是四種社會保障：看病、上學、住房、養老。在改革開放以前，社會保障一定程度上是做得比較好的。當時，儘管中國的醫療水準還不高，但應該說是不存在看不起病和見死不救的問題。世界衛生組織、世界銀行把那個時代中國的醫療，稱爲所有發展中國家的楷模。包括右派，在這個問題上的反駁都是無力的。我們的大學曾經是免費的；在文革期間，中小學基本上做到免費，只爹爹幾個錢。當時如果說要結婚了，不光是你自己考慮安家的問題，單位都得替你考慮，哪怕是十幾平方米，哪怕要排隊，單位有爲你解決住房的義務。

儘管當時物質條件還比較落後，但是包括城市裡的養老、退休，包括農村裡的五保戶，應該說已經起到了社會保障的作用，並且，是一直朝這個方向發展。

陳：三座大山(醫療、教育、住房)以及養老的問題，是今天許多人關切的。您說中國需要完善的社會保障體系，我個人非常同意。但是，您堅持完全的國有制嗎？或主張恢復單位責任制？像是醫療體系，世界各國就有很多不同模式。養老以及退休年金，也有種種不同的搞法。我主要是想問您：毛時代的具體作法，您認爲未來還行得通嗎？在今天的現實條件下要落實社會保障，您覺得該怎麼做比較好？該採取哪些機制或制度安排？在您的想像中，國家所扮演的角色除了統籌、調節外，還必須直接提供服務嗎？要全盤取消市場機制嗎？

袁：關於社會保障，毛澤東時代的許多有益經驗至今看來仍是行之有效的。至少在醫療、教育上要「全盤取消市場機制」，住房、養老在國家保證的前提下可以有市場的補充作用。

我們今天搞的醫療保險是美國的制度。美國不好的那套，和中國很壞的官僚體制結合在一起，又進入市場，因此搞出了全世界最糟的東西！社會上甚至稱醫院爲「屠場」。世界衛生組織公布的醫療衛生公正程度，中國排在全世界191個國家中的倒數第四位！我們很多報紙自己都登了。在醫療問題上，我們絕不能走美國那條效率最不好、也最不公正的道路。醫療關係到人們生存權利的問題，人都要生病，生病之後，這個國家、這個社會能不能保護你？連動物都要保護，人能不保護？在這個問題上，如果說外國的經驗可以借鑑，我覺得作爲一個轉折，可以先採取印度的雙軌制。

最終，如果要解決中國的問題，就整體來說，還是要走社會主義的道路。爲什麼呢？中國應該說是一個資源有限的國家，而且又不具備對外擴張的特點或力量。在這種情況下，只能以公平合理的分配爲主，再以其他的擴大資源爲輔。

陳：社會主義也有許多種，包括所謂的市場社會主義。在西方，談「公平合理的分配」較多的，是社會民主主義者、左翼自由主義者等，但他們所主張的「混合經濟」不全盤反對市場機制，而主要是反對「強者愈強，弱者愈弱」的自由放任。在意識型態的層面上，您爲甚麼有必要強調公有制？主張公有制的人，或反對自由放任的人，不見得就全盤反對市場機制。所以我還想問：您有多反對市場機制？多強調計畫經濟的必要？

袁：我想，涉及到一些能夠發揮個體積極性的地方，還是應該發揮個體的積極性。但涉及到國計民生一些重大問題時，就不能交給個人。比如說醫療問題，因爲涉及到人的生命，絕不能交給市場。

陳：可以理解，您不接受自由放任，不接受馬克思和恩格斯所謂「市場的無政府狀態」。但是，受國家調節的市場機制，您也全盤反對嗎？戰後，北歐把社會保障搞得比較好。但是在所有權和市場機制問題上，我舉兩個例子。一個是奧地利：國有部門曾占總體經濟一半以上，但仍是市場經濟。另一個是瑞典：大企業都是私營的，但是社會民主運動有力量，所以政府對私營大企業的利潤有較大的汲取能力，汲取來搞社會保障。我的意思是說，有些是國有化程度較高的，像奧地利；也有些幾乎沒什麼國有化，像瑞典。但兩者都算是「受調節的市場經濟」，而且都達成了相當程度的社會保障。

袁：我在監獄裡的時候，看過奧地利的克萊斯基、瑞典的帕爾梅、德國的勃蘭特當時的討論文集。其中，有些東西是可以給人啓發的。像德國的「參與式社會主義」，就具有我們「鞍鋼憲法」的特徵。當然還有很多各國的經驗，包括以色列的，我覺得都是可以汲取或參照的。但我認爲到今天爲止，真正的計畫經濟沒有任何一個國家搞過。

陳：您主張自下而上的「民主計畫經濟」？

袁：對！我曾經這樣說過：過去以蘇聯爲首的社會主義國家，包括中國1958年以前搞的那套，應該叫做「指令型經濟」而不是計畫經濟。用我的話來說，所謂的計畫經濟，最重要、最關鍵的是民主性，第二才是科學性。

陳：我想，今天就不談民主計畫經濟，因爲牽涉到的問題很多，講不完。在我聽來，您的基本立場似乎是：社會或經濟基本權利(指醫療、住房、教育、養老的權利)必須得到保障，而這得由政府來擔保。但是在具體的機制或制度設計問題上，您還保持著一些彈性。雖然您可能對自下而上的民主計畫經濟有憧憬，但那是您相對遙遠的左派理想、未來目標。這個理解對嗎？

袁：對！國家就應該承擔起每個人應該有的基本的社會保障。

六、三種人的平反

陳：那我們轉到「3」，就是三種人的平反。

袁：「3」的要求很簡單，就是要停止對三種人的政治迫害：一個是文革中的造反派，一個是「六四」分子，一個是「法輪功」人員。這三種是完全不同的意識型態。爲什麼我特別提這三種呢？因爲這三種是制度性的政治迫害。直到今天，很多單位在入黨、提幹的事情上，都還要先審查當事人的親屬中有沒有這三種人。

對這「三種人」的後二種人的迫害，海外已有很多宣傳；但恰巧忽視了第一種人，也就是造反派這個最大的受迫害群體。一個當時人口只有2300萬的雲南省，對造反派的判刑達5萬人之多；而現任省委書記在地方志上寫的是判了20多人。在浙江，1970年代末僅在看守所等關押場所，整死的就有2000人。江西一個撫州市就槍斃了20多個造反派；福建泉州一個公社(鄉)就槍斃了4個造反派；浙江兩個造反派領袖張永生、翁森鶴被判無期徒刑，已服刑30多年至今還有5年(在中國判無期徒刑，實際執行一般不超過15年)。這些人中絕大部分都沒有刑事犯罪，是對群眾做過很多好事的人。在清查造反派中被牽連、「被批鬥」關進「學習班」(變相監禁)的，很多省都有幾百萬人之多；至今，幾十年過去了，他們中的很多人生活還極其淒慘。

陳：您說要平反這三種人，是否還意味著主張最大程度的政治自由權利，以及最大程度的言論自由權利？

袁：對！但我不會說這些是什麼自由主義的主張。我認爲人的基本政治權利，從言論自由到結社自由，到出版自由，到遊行示威的自由，都必須得到保障。

陳：但您的一些左派朋友今天可能會說：這些是西方式的自由權利，只不過是西方價值而不是中國價值。照其邏輯，主張這些「西方式」權利或價值的人，幾乎就是「漢奸」了。

袁：毛主席也講過這些基本權利，甚至多次講到結社、集會的權利。文革大民主時的結社不需要向任何部門登記，你自己發表個宣言就算登記了！文革時期1975年的憲法，還又加上了兩項權利：一個是大民主的權利，一個是罷工的權利。這是1950年代憲法所沒有的東西，在文革中加上了。但在文革結束之後，1982年就把這些又取消了。這些最基本的政治權利，我認為是共同的社會進步所帶來的東西，理所當然應該受到保障。所謂「漢奸」，在外國軍隊沒有進入之前，能當漢奸的就只有那些有權力能出賣國家利益的。

陳：您怎麼看〈零八憲章〉要求保障基本權利的那一部分？

袁：我不贊成〈零八憲章〉的主要觀點，它的反毛觀是包括我在內的大多數中國人所反對的。但是我認為他們有表達己見的權利，更反對當局對劉曉波的鎮壓。

陳：我的觀察是：廣義的政治自由權利，您認為是歷史過程中底層人民奮鬥、鬥爭出來的，不但應該維護，甚至應該繼續擴大。所以，您和政治自由主義的基本訴求是有交集的，但您強烈反對大陸政治自由主義者的「反毛」傾向。

袁：言論、結社、集會、遊行、出版這些基本的自由，是全世界進步人民幾百年來的鬥爭所取得的東西。政治自由主義者反毛，經濟自由主義者尤其是官僚更反毛，都是徒勞的。官僚最恨毛主席，又不得不勉強打著毛的旗號。因為，現代政權的合法性無非是兩個：民選和革命，而他們唯一的合法性就是對毛主席革命成果的承繼。一些自由派天真地等待毛澤東在中共檔案解密後徹底完蛋；而30多年來，官方半官方為妖魔化毛澤東作了多大的努力，但收到的效果卻是民間社會一波更高一波的「毛主席熱」。現實社會的黑暗和記憶中的毛澤東時代的強烈對比，要比千萬篇文章的作用大一萬倍。我給您的〈毛主席去世時，聯合國和所有西方國家領導人對他的評價〉(網上書上都有)，有兩個突出特點：一是在人類歷史上，在人類思想史上評價毛澤東的巨大作用；二是，也更重要的是毛澤東對未來的世世代代的影響。這些西方政治家不會是廉價的吹捧，他們也並非贊同，只是客觀些。

陳：您說言論、結社、集會、遊行、出版這些基本的自由權利必須得到全面保障，這我完全同意。但在今天的大陸，還有哪位所謂的左派，以同樣的力度，公開提出過同樣的說法？您能舉出幾個名字嗎？

袁：黑龍江當年文革奪權後的省紅色革命委員會的一把手范正美，儘管至今仍是毛派，但在他的書中和在「烏有之鄉」(大陸左派網站)發表的文章中，不但公開批評毛主席的錯誤是沒有把民主制度化，甚至主張憲政民主。當然，我不同意他這個觀點。

七、兩種民主的結合

陳：我們轉到「2」吧，就是形式民主和大民主的結合。我順著剛才的話來問：如果保障了政治自由權利，多個政黨、針鋒相對的不同政見就一定會出現。那麼，從您的角度來看，競爭性的政黨政治是必要的嗎？這是第一個問題。

您前面提到：形式民主是必要的，但有所不足，所以也需要大民主。如今我們知道，政黨政治有些表現較好，有些較差。正如許多人所看到、指出的，政黨政治顯然有其不足，因此，種種其他的民主機制或監督形式也有其重要性。那麼，您所謂的「大民主」具體指的是哪些民主形式？又如何去補程序民主、政黨政治、定期選舉之不足？這是第二個問題。

袁：我不反對「競爭性的政黨政治」，但認爲還應該要有更廣泛、更活躍的社團政治。我前面談過，我主張的是古希臘民主精神、西方的程序民主和中國的大民主的結合。我認爲在目前情況下，就已知的政治經驗來說，這是最好的一種民主方式。單一的程序民主有兩大問題：一個是它限制了更多的東西；另一個是金錢的作用。在單一的程序民主制度下，人民的政治參與就只是選舉；在選舉以外的時期，能夠表達意見的空間就小了，不能全過程地參與，不能全民參與，不能政治做主。而後者正是大民主的優勢，所以我主張要結合形式民主和大民主。

陳：金權政治在美國特別嚴重，所以不少美國自由派希望採取北歐的公費選舉制度，並對政治獻金進行更嚴格的規範。但是關於美國，也不能只看到它的選舉政治；各種各樣的社會運動、草根民主運動，其實相當活躍。

袁：我不否認您說的這些。我也認爲歐洲國家的選舉政治比美國好。在同樣一種政治、同樣一條路線的情況下，我認爲多黨比一黨好，多派比一派好。用毛主席的話就是：黨外有黨，黨內有派。黨外無黨，是帝王思想；黨內無派，是千奇百怪。比如「九大」就是一個多派系的局面。右派攻擊最多的就是「九大」，但恰恰「九大」是我們黨在前後十七次黨代會裡面最具有西方那種民主東西的，在會裡批判、交鋒、串聯、拉選票的都有。毛主席鼓勵這種東西，而鄧小平恰恰相反，要求全黨全國必須和中央在政治上保持一致——這是改革開放以來黨的最重要的紀律。

陳：有人說：現在中國就是多黨啊！是共產黨領導下的多黨格局，而這是中國特色社會主義民主的好東西！

袁：民盟一個副主席那次來的時候，說民主政黨都是小妾。我說：「你太高抬自己了！」現有這些民主黨派在中國的政治生活中，一點作用都不起！

陳：您說在「同一條路線、同一種政治」的情況下，多黨比一黨好。這是否暗示：要是多黨制產生了不同的政治路線，就不能接受多黨制？

袁：我講，在同一條路線的情況下，多黨比一黨好，多派比一派好。這就是說：程序民主還是必要的！但是程序民主還不夠，需要拿大民主來補充。

實際上毛主席是贊同多黨多派的，1957年他曾經要把《文匯報》和《光明日報》，甚至北京大學給民盟、民革。只是他也受制於整個共產黨集團。

陳：「大民主」指的是什麼？又如何補程序民主、政黨政治之不足？

袁：「大民主」包括大鳴、大放、大字報、大辯論，這些中國人叫以「四大民主」或「四大自由」爲代表的政治民主。此外還有以《鞍鋼憲法》爲代表的經濟民主，以「群眾專政」爲代表的司法民主等。當時在文革中還有個口號叫「瞪大眼睛，瞅著中央」和「頭上長角，身上長刺」，就是說每一個人都應該具有造反精神。毛主席更提倡「反潮流精神」並把它載入黨的「十大」文件中。他在文革前就一再鼓勵地方在中央出了修正主義後，要造反打到北京來。毛主席還歷來主張「虛君共和」，這是他從1950年代到文革多次重申的。「虛君」就是中央是虛的，各地方保持自己的政治和經濟文化各方面的獨立性，這就爲造中央反準備了條件。上述這些都是程序民主、政黨政治所沒有的。

陳：我比較想問的，倒不是毛時代如何好，而是「大民主」對當下和未來的意義。您剛才提到兩條：一條是「瞪大眼睛，瞅著中央」、「頭上長角，身上長刺」，這是鼓勵大家勇於造反；另一條是動員全民、全民參與。關於這兩條，我想先提出一個問題。

「瞪大眼睛，瞅著中央」有各種不同的機制，包括輿論媒體的監督，網路上的言論監督，也包括您說的大鳴、大放、大字報、大辯論。但是比方說，如果我覺得小孩的上學、教育讓我很苦惱，或我家太窮想要改善經濟生活；或如果我對我的單位，不管是公司、工廠還是學校的「民主」問題都不感興趣；那麼，您的「大民主」會強迫我積極參與嗎？

革命時刻都是相當短暫的。在革命熱度消退之後，參與程度很自然地就會降低。現在西方有些共和主義者提倡公民參與，因爲權力沒人積極監督就會更腐敗。但是提倡公民參與，不等於強制公民參與。如果有些人連票都不想去投，更不想積極參與；如果這些人覺得參與或投票無用，或覺得這個國家、這個社會基本還行，沒有極嚴重的官逼民反，於是想把重心放在私生活方面；那麼，像這樣的人，您怎麼看待？

袁：文革中已經有這樣的情況。文革最高潮的時刻是1966年秋冬到1968年秋冬，那時在城市裡，幾乎95%以上都捲入了狂熱的政治運動之中，只有百分之幾的「逍遙派」。1969年以後，直接參加政治活動的已經不是大多數人。我只是說人民應該有民主參與、監督政府的權利，但是政府或任何人沒有權利去強迫別人參與。這應該是我的觀點。如果不用大字報的方式，用報刊、網路這些東西行不行？當然也可以嘛！但是，小報對政治的影響不大；大報的話，即使有了所謂的「新聞自由」，也還有市場和利益的問題。所以靠報紙的出版自由是不夠的。在文革中，大字報就是出版自由，這是經濟成本最低的。至於今天的網路，是更方便、廣泛、便捷，但也更容易被官方權力和資本給控制，還容易分散人民的情緒，所以至今還不是廣大工農群眾方便使用的政治武器。

張：老袁，如果言論自由的權利獲得了實質保障，誰會去禁止大字報？

袁：現在的問題是：中國大陸的民主恐怕是先從牆上大字報開始的，你不能等著他哪一天睡醒了宣布要保障言論自由，對吧？

張：六四的時候大家都在貼大字報，也是從文革學習來的？

袁：您把66年的報紙拿來看，一模一樣，全是從1966年學來的。

張：延安時期就有諸如「輕騎隊」這樣的批評性牆報。我並不否定大字報的歷史作用，尤其是在文革時的作用，普及到平民。我只是說，「大民主」和「形式民主」(其實是法定的公民基本權利)在邏輯上並非並列關係，而是種屬關係。而您剛才也說，要以大民主補充形式民主。這是不是隱含著以形式民主爲主，以大民主爲輔？

袁：我覺得是兩個的結合。對左派，我就用毛主席的話，說美國的制度中也有好的東西，我們主要反對它的帝國主義政策。我對右派會說六四也好，西單民主牆也好，不是都貼大字報嗎？不從大字報上突破，中國就得不到民主！

我想再回到宜中剛才的問題。我的一個看法是，任何社會群眾都不可能有持續的政治熱情，包括在文革中也是如此，總是有疲勞的時候。就像一切活動一樣，折騰得太久了，就厭惡了，就討厭政治。但你遠離政治，就會使少數人更多地壟斷利益。這種壟斷到了一定程度就得罪大多數人，於是又把大多數人的政治熱情喚醒了。這就是所謂「七、八年來一次」，它是必然的規律。或用毛主席的話說，小官、工農兵總是要革命的。

我的另一個觀點是，21世紀比較理想的政治型態應該是社團政治。社團政治包括政黨政治，但是不限於政黨政治。在西方的程序民主中，已經形成了政治家族，實際上帶有世襲的特徵。假如我們能走向一種比較合理的社團政治，就不會讓少數政客壟斷政治權力。

陳：形式民主，不管是看西方、看台灣還是看南韓，都有缺陷，包括政治權力的寡頭化，包括政治議程被壟斷。那麼，要如何因應這些問題？您的回答似乎是訴諸一種比較理想化的人民性。但是，除了人民的積極性或積極的人民性，是否還有一些更具體的制度安排？您所謂的社團政治，在制度層面上跟政黨政治有何重要區別？

袁：社團政治跟政黨政治有根本的區別！政黨政治仍然是科層制的，更多還是金字塔式的，很容易官僚化。而社團政治比較扁平化，難以官僚化；其缺點是不夠穩定，優點是容易改正錯誤。

所謂制度安排，就是政治體制改革。在大陸左翼陣營中，有一種誤導，好像一提到政治體制改革，就是右派的專利。但難道中國現有的政治體制是無產階級的？是社會主義的？是維護勞動人民利益的？去看看《毛澤東傳》，毛主席後半生不就是致力於對1950年代那個體制——也就是現在的上層框架——進行了重大的改革，甚至是革命嗎？！因爲1950年代那個體制是新民主主義革命的成果，新民主主義革命是共產黨領導的資產階級性質的革命，不適應無產階級的繼續革命。1982年的《憲法》及其對1950年代體制的恢復，就是要反對毛主席的文化大革命，並否定「革命委員會」這些革命體制。要左派去維護現有體制，恐怕是政治常識中最可笑的事情。

所以，對毛派來說，制度安排當然重要，儘管現在還沒有較爲完善的設計，仍有待於在社會政治運動的實踐中探索。我想，除了大家熟悉的那些基本人權外，就中國大陸來說，首先要有兩個「四大」作爲基本保證。這就是政治上的「四大自由」：大鳴、大放、大字報、大辯論；經濟上的「四大社會保障」：免費醫療、免費基本教育、基本居住條件保證、基本養老條件保證。後者不用解釋，大家都明白，只是一些過分強調效率和某種道德觀的人會有異議。

關於政治上那「四大自由」，一般認爲只要有了言論、出版、結社、遊行示威等民主權利，「四大自由」的要求就是多餘的了，因爲上述民主權利幾乎各國憲法都有。但實際上，在中國、在西方，當民眾要「行使」這些權利時，都受到政治上(包括程序)或經濟上(包括市場)很大的限制。可以說大都是些擺設，實際作用不大。而中國文革中億萬民眾廣泛使用的「四大自由」受經濟政治限制最小，使用上最方便。今後作爲制度安排，可以、也應該有一些程序規範，但以基本不影響「四大自由」應有的作用爲前提。

在管理機構的制度建設上，新中國也有一些重要探索已成爲經驗，例如「三結合」體制。在「大躍進」的群眾運動中誕生，又被毛主席總結並樹立起來的《鞍鋼憲法》，其「兩參一改三結合」就是工人參加管理，幹部參加勞動，由幹部、技術人員和工人三結合組成管理企業的領導班子。文化大革命中的政權機構「革命委員會」，其組成成分有前後兩個「三結合」。先是軍隊代表、幹部代表、群眾代表的「三結合」，定性爲地方和單位的「臨時權力機構」。後來，1973年左右，軍隊代表退出地方、單位的革命委員會；革命委員會的構成改爲老(幹部)中(年幹部)青(年新幹部)的「三結合」，是一個漸減的「吐故納新」體制。

後兩個「三結合」有三個重要特點。第一，在全面建立了革命委員會後的1970年精簡機構中，一個省革命委員會的工作人員只有幾百人。1970年前後，除了國家對外職能和軍事體制外，全中國沒有了「部長」、「廳局長」、「處長」、「科長」、「股長」和「省長」、「市長」、「縣長」等稱呼，代替的是「委員」、「組長」，這時的中國是歷史上官僚等級意識最少的時代。1970年前後又被稱爲經濟建設史上的「小躍進」，工農業生產的發展速度超過1958年和「改革開放」以來的任何年代。

第二，各級革命委員會成立時就被要求有幾派政治力量，這就保留了權力機構內的「反對派」力量，儘管不同時期角色不同。中共「九大」主席台上，毛主席左邊坐的是當時的主要左派，主要右派力量則坐在他的右邊。我本人在革委會內就經常充當「反對派」的角色；我在革委會內「頂」，也可以聯合其他派別爭取在某一個問題上的多數，還可以在會外組織群眾施壓，貼大字報，1969年以前我們還有小報。第三，革命委員會中群眾代表占三分之二。他們中只有很少人手中有實權，這使他們較少較慢被權力腐蝕。當然，他們也同樣時時受到群眾的「四大(自由)」的威懾。

其次，王洪文任中央副主席、吳桂賢任國務院副總理，其薪水還在其上海、西安的工廠裡領原待遇。除了工作居住等條件還有的一些特權，最多有點臨時性補貼。照吳桂賢的回憶，他連好茶葉都喝不起。各地各級都是如此，用毛主席的話說，就是「升官不發財」。更重要的是，占三分之二的群眾代表中的大多數，除了有資格參加一些會議外，仍是一個「老百姓」，只是幹活要多，福利要少。起的作用正是主席說的：「從群眾中來，到群眾中去」。少數參加領導工作的群眾代表則是「三三制」，就是三分之一在你原來的崗位上；三分之一去搞調查研究；三分之一參加領導工作。對老幹部，也強調了勞動制度的問題。

以上這幾點對官僚主義的打擊改造的力度是很大的，其民主性很大的優於「代議制民主」即「程序民主」。在司法體制的改革上，則有「群眾專政」的經驗。

陳：您所謂的群眾專政，是專誰的政？

袁：毛主席把馬克思主義的道理簡單歸結為一句話：造反有理！毛主席的無產階級專政，也可以簡縮成四個字：群眾專政！這不是那種只會鎮壓別人的東西，說到底就是群眾直接行使國家權力。但是這裡面還是有制衡，還是有分權的，這就是和程序民主結合起來了。按照左派的觀點：形式民主是對大民主的補充，因爲大民主才是真正行使了民主權利。

在司法上，我們在文革中搞群眾專政的時候，把維護社會治安的責任交給群眾；抓人、判人的問題，也讓所有群眾討論；判後管理犯人的權力也交給群眾，極少設監獄。而且，連續6、7年在全國大、中城市都沒有員警。儘管還存在一些問題，但社會犯罪率相當低，民眾的安全感最強。

毛主席還一直有「第二武裝」的思想，就是武裝工人、學生，幹什麼呢？代替常備軍。這是巴黎公社的原則，用武裝的人民代替常備軍。瑞士只保留了少量的軍官，大部分的武器都在老百姓家裡面。這就是一個全民皆兵的方式，以色列也是全民皆兵。文革中，全民擁有武器，當時不下幾百萬枝槍在民間，反而沒有出現誰去報復殺人。在整個氣氛比較好的情況下，武器反而是威脅了想壟斷權力的少數人。

陳：在現代社會，一定程度的官僚化大概不可避免。您承認這點嗎？

袁：是不可避免。

陳：中國大陸現行的官僚資本主義體制是個極端，我想您同意這點。您說程序民主是必要的，但是仍然不夠民主。所以，您主張納入更全面的自下而上的民主機制，特別是群眾參與，並「落實」群眾「四大自由」權利的行使。但您剛才也提到，即使是在所謂的「三結合」體制中，占三分之二的群眾代表通常並沒有實權。在我看來，這還是一種代表制。現在中國約有14億人，所謂的群眾代表性，不可能脫離代表制、代表的產生機制、群眾代表的權利和功能等問題。有代表，就有代表和被代表者之間關係(包括異化)的問題。即使像您這樣強烈反對官僚專制，並主張最大程度民主參與的人，恐怕也還是在主張某種(更帶民主性的)代表機制和監督機制。因此，我覺得您用「群眾專政」一詞(它暗示群眾與國家權力的同一性)，可能會產生誤導。

憲政自由主義者一般更強調公民權利的保障，和以憲政機制去規範國家權力、官僚權力、民主權力的行使；而這不僅僅包括對「四大自由」(民主自由權利)的保障，也包括不被官僚權力或「群眾專政」傷害的某些「消極自由」權利的保障。您覺得自由派太擔心「暴民」，但反過來說，「群眾專政」一詞很嚇人，可能會嚇跑很多您的潛在支持者。

袁：沒錯，「群眾專政」會嚇壞自由派。所以，它不是第一步，它不是轉型民主所要求的東西。它是我這種左派未來追求的目標，而不是今天要做的事情。

陳：您是希望左派接受形式民主，自由派接受大民主？

袁：就是有條件地尊重對方的民主。我對左派講：程序民主是不完整的，那你用大民主補充它，不就是了嗎！？我對自由派講：大民主沒有程序，那你讓程序跟它結合起來，不就是了嗎！？沒有對對方的尊重的話，哪一種民主要求都不可能解決中國的問題。

陳：在您看來，現在大陸的左派和自由派，誰更支持您這個想法？是左派？

袁：大多數毛派群眾和我的認識是相通的，自由派的一些代表人物也能接受。

陳：最後，能否談談您對未來的展望？

袁：對形勢的判斷，必須建立在對形勢的了解。在這方面，官民之間有很大的差距，是相當不對稱的。比如說「群體性事件」，根據官方公布的數字是：2001年突破了一萬起，2005年是87,000起。2006年以後，官方不再公布統計數字了。前不久辛子陵講話中說2008年是18萬多起，而我們每一年在報上可能會看到幾十起，網上最多可以看到上百起。就我們看到、知道的這些「群體性事件」中，有一個共同的特點，就是民眾不像文革中分成兩派(而且文革當時工人農民的多數，是保當權派的「保守派」)；除了地方官員雇傭的黑社會勢力外，在場民眾不管是有關的無關的、有錢人沒錢人，全都去反官反警。

另一個網上常用的名詞叫「裸體做官」，指相當多的官員把老婆、孩子、財產都轉移到國外去了，或者讓老婆、孩子跨著國界做生意也方便隨時轉移。去年，媒體熱議影視界「大腕」們的「移民風」。今年，《南方週末》等驚呼又出現了最大的一次企業家「移民潮」。而他們都是離開「中國特色」就發不了財的人，所以只能有一種理解：首先是這些權貴對中國的未來失去了信心。

如果把上述兩種現象聯繫在一起，就會使不少人想入非非。但中國人有一句老話：「死了張屠夫，不吃混毛豬」，跑的貪官、大腕再多，天不會塌下來！我的左派朋友們：不要以爲沒有這些貪官群體中國就危險了！應該說，正是他們的存在，才使中國越來越危險！只有他們才會裡應外合肢解中國，只有他們才會「引狼入室」！

但是，就是美國也沒有膽量敢淌入中國的「汪洋大海」裡。所以，我也勸自由派的朋友們：不要把希望全寄託在美國這個最實用主義的滑頭身上！這麼大的中國的事，還要靠中國人自己解決！也不要老是擔心什麼「暴民」的，從「八九風波」到今天內地這些大規模嚴重的「群體性事件」中，你們見到過「暴民」們燒民房、搶商店、傷害百姓嗎？這是「文明」程度再高的歐美國家的「群體性事件」(他們叫「騷亂」)中，所看不到的現象。一些美國學者曾對我說：在美國，包括在你們台灣，給工人講政治他們都聽不懂；但到了中國大陸這裡，普普通通的工人農民給我們這些大學教授講「階級」、「階級鬥爭」，講得頭頭是道。哪見過有這樣政治素質的民眾啊！應該說，這就是文化大革命留下的遺產。我想，這也是我對中國前途的信心所在！

陳宜中，中央研究院人社中心副研究員，並擔任本刊編委。研究興趣在當代政治哲學以及社會主義思想史。

中國知識界的國家主義誘惑

近十年來中國國家主義思潮之批判

許紀霖

一股國家主義的思潮正在中國思想界興起，風頭所向，橫掃左翼、保守兩派陣營。在中國當下的語境下，國家主義(statism)從民族主義(nationalism)發展而來，但比民族主義更極端，更政治化，強調國家在社會生活各個領域的至高無上的核心地位，因爲國家代表民族和人民的整體利益，可以抵禦私人利益對政治過程的滲透和干擾。中國的國家主義並非傳統的皇權專制主義或現代極權主義的翻版，它的正當性以人民主權論爲號召，有某種似是而非的民意基礎，通過民主而實現威權，乃是一種民粹式的威權主義。中國的國家主義在中國崛起的大背景下，力圖證明自己是一種與西方不同的、具有中國特色的政治道路和政治模式，是足以挑戰普世性的西方民主的制度創新，正在通過將人民利益與中華文明的神魅化，建立一種國家的拜物教。

這一新崛起的國家主義思潮從何而來，其理論脈絡和基本訴求究竟如何，它又將走向何處？我們不得不探究清楚。國家主義思潮不僅在中國思想界內部發酵流行，而且正在與官方的主流意識型態日益靠近，在「唱紅打黑」的局部地區甚至有大規模實踐的可能性。1930年代德國和日本的歷史表明，一旦國家主義彌漫成勢，將陷整個民族於災難之中，我們不得不認真對待。

一、從左到右：國家主義的兩條思想脈絡

當今中國思想界國家主義思潮的幾位重要代表人物，大都從1980年代的啓蒙陣營中走來，或者在1990年代曾經受過啓蒙的薰陶。1980年代的新啓蒙運動，其核心訴求是人的自由與解放，雖然建立現代的民族國家也是啓蒙的內在目標之一，但在啓蒙運動當中，民族主義的背後有普世的現代性價值作爲規約，比較起個人解放的狂潮，民族主義並非是1980年代的顯學。到1990年代，民族主義思潮開始嶄露頭角。1990年代出現的民族主義是一個內部非常複雜的思潮和運動，有溫和的文化民族主義，乃是爲了在認同現代性的普世目標前提下，實現本民族的文化認同；也有激進的種族性反西方主義，旨在反抗西方各種霸權，以獲得中國「可以說不」和「不高興」的資格；還有自由主義的民族主義，將建立現代普世文明作爲民族國家建構的根本使命。自1999年中國駐南斯拉夫使館被美國「誤炸」之後，中國逐漸形成了民族主義的狂飆，到2008年北京奧運火炬全球傳遞事件形成了高潮。在「中國崛起」的大背景下，民族主義趨於政治化與保守化。而國家主義的出現，正是民族主義與浪漫主義、歷史主義互相結合的產物。民族主義追求民族國家的崛起，這無可非議。但國家主義不同，它主張以國家爲中心，以國家的強盛、國家能力的提升作爲現代性的核心目標。國家不再是實現公民利益的工具，國家本身就是善，具有自主性的國家理性，國家就是其自身的目的。

1990年代初開始的中國經濟高速發展，使得國家的財政能力、動員能力和控制能力有了質的提升，在國際關係當中擁有了可以與美國、歐洲相抗衡的強大國力，這個令人生畏的巨無霸究竟是福還

是禍？思想界對此有不同的聲音。古典自由主義者相信：一個缺乏現代民主制度的國家，將是可怕的壓抑性權力。他們主張要繼續發展社會，通過成熟的市民社會和公共領域限制國家的專斷權力。在自由主義的內部，近年來也出現了一種試圖將國家主義與自由主義融爲一體的國家自由主義觀點。高全喜認爲：自由主義具有兩個面向，一個面向是保障人權，制約國家權力，另一個面相是構建一個現代國家。「首先要建立一個現代國家，要建立一個利維坦，在這個利維坦之下才有現代公民。」[1] 他強調說：「真正成熟的自由主義是最講國家利益的，可以說，自由主義等於個人主義加國家主義。」[2] 然而，就整體而言，中國的自由主義缺乏關於國家的整體性論述，在民族崛起的歷史過程當中，國家究竟起著什麼樣的作用，國家是否有可能代表民族的整體利益，擁有自身的國家理性？這些在自由主義缺席的領域，國家主義便乘虛而入，國家主義正是基於這幾年的馬基雅維利熱、霍布斯熱、卡爾・施米特熱發展出一套關於現代國家的論述，回應了思想界的「國家饑渴症」，掀起了一股國家主義的狂飆。

在中國思想界，國家主義思潮有兩個不同的脈絡和來源：一個是集體右轉的激進左翼，另一個是近10年新崛起的施米特主義。

激進左翼的保守化是近年來思想界出現的一個令人驚異的現象。左派的本來涵義是同情底層民眾，對資本權勢和政治權勢不妥協的批判與反抗，這是激進左翼的魅力所在。中國的左派有老左派和新左派之分，老左派指的是堅守正統社會主義意識型態的原教旨

1 高全喜，〈自由主義與民族主義〉，共識網：http://new.21ccom.net/plus/view.php?aid=3449

2 高全喜，〈論國家利益：論一種基於中國政治社會的理論考察〉，《大國》叢刊，第2期(北京大學出版社，2004)。

主義者，他們本身就是現存政治體制的一部分，可謂是假左派和真保守派。新左派指的是在1990年代自由主義與新左派大論戰中崛起的一支新的思想力量，他們所焦慮的是1990年代之後一個被「資本主義化」的中國，認定中國在改革當中所出現的問題，從政治腐敗到社會不平等，都是西方新自由主義惹的禍，他們希望中國超越西方的資本主義道路，走一條制度創新之路。其思想資源，除了西方的各種左翼理論之外，還一廂情願地從毛澤東時代的社會主義傳統之中發掘正面的價值。新左派的基本立場有兩個，一是同情和讚美底層民眾，二是痛恨西方的資本主義及其民主。當他們認爲1990年代的國家意志在步「新自由主義」後塵、損害底層民眾利益的時候，新左派對權力的批判是有相當殺傷力的。然而到了21世紀之後，當他們發現國家意志逐步從「錯誤的」新自由主義轉爲「正確的」社會主義軌道時，新左派於是開始右轉，全面擁抱國家，激進左翼嬗變爲保守的國家主義。2008年國慶60年之際，一批新左派的代表人物加入了謳歌「偉大的60年」的輿論大合唱。他們通過選擇性的遺忘與記憶機制，將前30年和後30年視爲中國社會主義模式一以貫之的成功經驗。王紹光在權威的《中國社會科學》上發文，論證中國60年的發展，就是堅持社會主義方向的結果，「只要堅持社會主義的方向，未來的道路一定會越走越寬廣。」[3] 汪暉將60年的經驗歸結爲中國擁有「相對來說獨立而完備的主權性格」，這一獨立自主性通過政黨的實踐而完成，「由於中國政黨與國家有一種獨立的品格，因而也發展了一種自我糾錯機制。」[4]

3 王紹光，〈堅守方向，探索道路：中國社會主義實踐60年〉，《中國社會科學》，第5期(2009)。

4 汪暉，〈自主與開放的辯證法：關於60年來的中國經驗〉，載《21世紀經濟報導》國慶特刊，2009年9月。後來汪暉將訪談錄中的觀左與右、激進與保守，本來就並非絕對的兩級，在特定條件之下，它們可以相互轉化，甚至弔詭地結合爲一體化的形左實右：下半身是同情底層民眾的左派，上半身又是擁護威權的右派。當代中國的新左派，一開始便具有某種國家主義的內在趨勢，甚至與國家威權難捨難離。早在1996年，甘陽就提出中國要「走向政治成熟」。在他看來，中國經濟發展之後，爲了避免經濟上強大、政治上軟弱的狀況，必須在政治上成熟起來。其具體方案是通過全國的公民直選，克服日益膨脹的地方利益，讓國家從人民那裡直接獲得合法性授權，以建立一個以「大眾民主」爲正當性基礎的強有力的國家[5]。甘陽是一個激進的民主主義者，同時又是一個保守的國家主義者，他所迷戀的正是馬克斯・韋伯式的民主威權主義。民主具有雙重的功能，它既可以讓公民擁有政治的自主性，也可以加強國家威權的合法性基礎，使得威權統治更加鞏固。韋伯看中民主的，正是後者的這一工具性功能。威權主義不是不要民主，他們要的只是「一次性的授權」式民主。韋伯曾經對魯登道夫將軍說：「在民主制度下人民選舉自己信任的領袖，如果領袖說：『閉嘴吧，照我的辦！』民眾和黨派就可以放心隨他去做。」魯登道夫大喜：「我很喜歡這種民主！」[6]中國早期新左派的激進民主方案，就是這樣一種韋伯式的以建立強有力國家爲宗旨的民主威權主義。

早在1990年代初，王紹光就與胡鞍鋼一起，提出了一份引起了

(續)

點發展為一篇更系統化的論述，參見汪暉，〈中國崛起的經驗及其面臨的挑戰〉，載《文化縱橫》雜誌，第2期(北京，2010)。

5 參見甘陽，〈中國何時成為一個「政治民族」〉，博客中國網：http://www.blogchina.com/20080610549408.html

6 比瑟姆(David Beetham)，《馬克斯·韋伯與現代政治理論》，徐鴻賓等譯(台北：桂冠圖書公司，1994)，頁261。

激烈爭論的「加強中國國家能力」的報告，明確地將國家能力表述爲「國家實現自己意志的能力」，具體表現在吸取能力、調控能力、合法化能力和強制能力[7]。新左派的集體右轉，並非晴天霹靂，而有其內在的思想與歷史邏輯。以拒斥議會民主制爲號召的民粹式民主，在國家制度上勢必要落實在以民主爲合法性基礎的個人或寡頭式威權。中國的新左派雖然致力於反抗強權，但在他們的心目之中，真正的敵人只有一個，那就是西方的新自由主義。當國家與新自由主義同流合污的時候，他們是國家的批判者，一旦國家疏離西方的新自由主義的「錯誤」方向，回歸社會主義的「正確」軌道，那麼國家在他們眼裡便化身爲底層民眾的希望所在。汪暉在1990年代末和21世紀初都以「批判知識分子」的姿態，尖銳地批判全球化資本主義與官僚化的「非政治的政治」。然而近一年來汪暉從總結建國1960年來中國崛起的獨特經驗，到肯定「政黨的國家化」、黨國代表人民的普遍利益[8]。這些遽然的「轉向」似乎透露出在新的政治環境下新左派政治策略的重大調整：當訴諸「全民直選」或「底層民主」受到壓抑、此路不通的情況下，他們的政治重心從訴諸社會運動轉向期望國家意志，從「覺民行道」的下行路線拐向了「替君行道」的上行路線。

國家主義的另一條思想脈絡是施米特主義。自從劉小楓將希特勒的桂冠法學家卡爾・施米特的思想引進中國思想界，近10年來在法學界、政治學界颳起了一股施米特旋風。旋風所到之處，到處播下了國家主義的種子。施米特主義在中國政治論述中的代表，非強

7 王紹光、胡鞍鋼，〈中國政府吸取能力的下降及其後果〉，《二十一世紀》，第21期，1994年2月(香港)。

8 參見汪暉，〈中國崛起的經驗及其面臨的挑戰〉，《文化縱橫》雜誌，2010年第2期。

世功莫屬。2004年，烏克蘭等國發生「顏色革命」，強世功惋惜烏克蘭政府囿於自由主義的憲政觀念，對政治缺乏本質的理解，錯失武力鎮壓反對派的意志決斷，最後拱手讓出政權。他以施米特的口吻，大談「顏色革命」給中國留下的教訓：「政治問題的關鍵不是對與錯的問題，而是服從與不服從的問題。只要不服從政治權威，『說你錯，你就錯，做對也錯』」[9]，「政治的首要問題是分清敵人與朋友。在敵人與朋友之間，不存在自由的問題，只有暴力和征服。這就是政治的實質，自由主義者往往不敢面對的實質。」[10]

近10年來，以施米特主義為中心，馬基雅維利、霍布斯等人的國家理性一脈學說在一些知識分子那裡大熱，他們對國家的理解充滿著德國浪漫主義式的膜拜：國家不再是實現人民利益的工具，而是有著自身目的、理性與功能的有機體；國家權力不再是不得不有所限制的必要的惡，而是代表民族整體利益和公共意志的善；國家將不再受到宗教和倫理價值的束縛，它具有自主性的理性，擁有不可分割、不可轉讓、至高無上的主權意志。強世功借助西方的憲政理論，對中國政治體制的正當性作了系統論證，認為中國的國家意志就是黨國意志，中國革命的現代傳統決定了在成文的國家憲法之上，還有黨的意志的不成文憲法，中共是代表人民根本利益的最高主權，就像國王的兩個身體：黨是靈魂，國是肉身。黨政軍「三位一體」的主席制正是中國獨特的憲政體制[11]。在國慶60週年之際，

9 強世功，〈烏克蘭轉型中的憲政權威〉，《21世紀經濟報導》，2004年12月08日。

10 強世功，〈烏克蘭憲政危機與政治決斷〉，《21世紀經濟報導》，2004年12月15日。

11 參見強世功，〈中國憲法中的不成文憲法——理解中國憲法的新視角〉，中國選舉與治理網：http://www.chinaelections.org/newsinfo.

各種對中國獨特政治模式的頌揚紛紛出爐，張維爲總結說：「政府是必要的善。在中國漫長的歷史中，繁榮的時代都離不開比較開明的強勢政府。不同於美國人所主張的『政府是必要的惡』，中國的變革由一個開明的、致力於發展的政府所領導」[12]。潘維講得更明確：「中國政治模式最根本的特徵是擁有一個先進的執政集團。中國共產黨是當下領導中國現代化事業的執政集團。這個集團宣稱代表全民向現代化前進的福祉，公正無私，紀律嚴明、團結統一，使分散自由的中華民族擁有堅強的政治領導核心。」[13]

這些保守化的新左派和施米特主義者，並非那些體制內部捧著馬列飯碗、思想陳腐的原教旨主義者，而大多是受過系統西洋教育的現代知識分子。他們在「中國崛起」的感召之下，從「現實的就是合理的」出發，以十八般武藝紛紛論證「合理的現實」。國家主義思潮並非一個統一的思想共同體，雖然理論資源、政治主張並不完全重合，卻有著一個共同的價值立場，即對最高主權和國家意志的膜拜，相信國家代表人民的整體利益，只有加強黨與政府的執政能力，中國才能實現政治上的崛起。這些國家主義知識分子供職於北大、清華、香港等海內外一流大學，以獨立的民間知識分子自居，卻與體制保持著各種若即若離的曖昧關係。而支撐其主張的，不是教條化的馬列主義，而是西方從左到右各種時髦的理論。在我看來，值得認真對待的，不是國家主義的主張，而是其主張背後的理據，正是這些似是而非、卻頗能迷惑人的理論，吸引了不少渴望中國崛

(續)

asp?newsid=165143

12 張維為，〈中國成功背後的八個理念〉，中國共產黨新聞網：http://theory.people.com.cn/GB/10158261.html

13 潘維，〈中國模式：人民共和國60年的成果〉，《綠葉》雜誌，2009年第4期(北京)。

起的知性學生。

二、「回應性民主」，還是「回應性威權」？

中國的改革走的是與俄國不同的道路，經濟改革領先，而政治改革滯後。進入21世紀之後，國內要求民主化的聲浪一直居高不下。「民主」是這個時代的神聖概念，如同過去的「革命」一樣，沒有人敢公開反對民主，分歧僅僅在於，究竟要的是什麼樣的民主？

中國的自由主義者提出的是憲政民主的方案，他們要求將國家的正當性建立在憲政民主的基礎之上，確立憲法作爲國家政治生活的最高原則，黨政分離，在體制內部實現有限的權力制衡，並建立完善的市民社會與公共領域，實現社會相對於國家的自主性。自由派的這一溫和的改革訴求，在1990年代後期和21世紀初曾經一度活躍過，近年來由於受到外部環境的壓抑而沉寂下去。另一個民主的選項是社會民主主義方案，試圖從西方馬克思主義理論出發，將社會主義的平等訴求和公有制方案，與西方的議會民主制度相結合，實現民主化的社會主義理想。這一民主方案曾經一度引起高層的興趣，但很快也被邊緣化。在近年來出現的國家主義思潮之中，施米特主義很少談論民主，他們關心的只是最高主權的決斷能力。而新左派有自己的激進民主理想，甘陽曾經提出過全民普選的方案，以實現韋伯式民主威權主義的強大國家，王紹光、崔之元、汪暉等主張底層的大眾民主，即使他們集體右轉成爲國家主義者，民主也一直是新左派的核心方案之一。

在新左派當中，對民主問題有系統思考和論述的，當屬王紹光。2008年他在三聯書店出版的《民主四講》，是一個相當另類的民主方案。所謂另類，乃是相對於競爭性選舉民主而言。從西方的民主歷史進程來看，古希臘和羅馬實行的是古典的直接民主，公民直接參與並決定政治共同體的公共事務，而現代民主則是一種間接的、程序性民主，人民經由競爭性的選舉，挑選精英作爲自己的代表而間接實現統治。這一由熊彼特所定義的程序性民主，在現代民主的實踐中被廣泛採納，比如亨廷頓就是以此來衡量一個國家是否有民主，並提出「民主的第三波」理論[14]。西方現代的代議制民主，遭到了王紹光激烈的批評，斥之爲不是民主，而是「選主」，「限制了民主直接參與決策的機會」、「限制了大多數人參政的機會」、「無法改變選舉的『貴族』、『寡頭』色彩」[15]。這些批評雖有言過其實之處，但應該承認有其道理。以政黨競爭爲中心的選舉性民主的弊端，西方當代的公民共和主義、社群主義、激進民主論早就有深刻的分析和批判，指出其削弱了公民的政治參與精神、選舉容易被金錢勢力操控、導致日常政治的官僚化等等。這些代議制民主的批評者們因此而提出了協商民主、參與民主、政治的公共善等多種民主方案，試圖彌補代議制民主的內在缺陷。不過，這些民主方案並非要替代乃至推翻以競爭性選舉爲核心的代議制民主，而只是在認同現代民主的制度性建構前提之下，以古典的民主精神拯救現代民主之不足。

然而王紹光所試圖做的，乃是提出一個替代性的另類民主方案，即所謂的「真正的民主」，是「人民當家作主的民主，而不是被閹割、經過無害化處理的民主」[16]。表面看起來，王紹光想恢復的是古典的直接民主傳統，而且將這些民主權利賦予左派心目中的

---

14 參見亨廷頓，《第三波：二十世紀後期民主化浪潮》，劉軍寧譯(上海：三聯書店，1998)，第1章。

15 參見王紹光，《民主四講》(上海：三聯書店，2008)，第1講。

16 王紹光，《民主四講》，頁242。

人民——底層的民眾。這一理想固然不錯，問題在於中國畢竟不是古希臘城邦，在一個地域遼闊、人口眾多的大國，究竟如何實現直接民主？王紹光例舉了資訊公開、聽取民意、吸取民智、實行民決等多項參與機制之後，索性爽快地透出底牌：他所說的「真正的民主」，就是毛澤東當年的「逆向參與模式：群眾路線」！[17]

古希臘民主與「群眾路線」，表面看起來都是直接民主，但二者之間在性質上迥然有別：古希臘城邦的政治主體是公民，但毛澤東「群眾路線」中的政治主體卻是統治者；古希臘城邦關心的是誰來進行統治，而「群眾路線」在意的只是如何有效地實現統治。在王紹光看來，民主與其說是一種「誰來進行統治」的政權形式，不如說是「如何有效統治」的政府治理形式[18]。民主是什麼？「民眾表達意願，政府做了回應，民主就是這個東西。」[19]王紹光認爲，民主雖然有眾多涵義，但最重要的是「政府對人民的回應性，即政府的政策在多大程度上反映了公民的需求、要求和偏好，這種意義上的民主更貼近民主的真實含義」[20]。王氏的這種「回應性的民主」，將政治的主體偷偷地從公民置換爲統治者，因此民主的內涵也發生了變化。古希臘民主的內涵在於如何將被統治者的意志凝聚爲共同體的意志，而「回應性民主」所關心的，只是統治者如何回應、採納和代表被統治者的意志。協商性民主、網路民意、專家獻言、公眾諮詢等這些直接民主的方案，既可能是代議制民主的補充，也有可能成爲開明威權的一部分。當王紹光斷然排斥了代議制民主的基

17 參見王紹光，《祛魅與超越》（北京：中信出版社，2010），頁194-206。

18 參見王紹光，《祛魅與超越》，頁124。

19 〈王紹光談民主和「選主」〉，《東方早報・上海書評》，2009年10月18日。

20 王紹光，《民主四論》，頁73。

本建構之後，他所能想像的民主的實踐空間，只能祈求於毛澤東留下的民粹主義遺產了。

在王紹光的「回應性民主」方案之中，一般民眾通過抽籤、商議、輿論和參與獲得底層民主，民眾通過這些方式表達民意，由政府回應吸納，最後由國家集中體現人民的根本利益。這種大眾民主+威權回應的民主威權模式，無疑是毛澤東「民主集中制」的精神傳承，群眾的「民主」只是一個象徵性的形式，而統治者的「集中」才是真正的決斷性意志。但「民主」又不是可有可無的，它可以爲「集中」的專斷意志提供形式上的合法性。這一模式有一個致命的弱點，乃是底層大眾與上層威權之間，由於缺乏競爭性的選舉和制度化的監督問責，上下脫節，民眾的利益和意志無法通過體制的保障，有效地轉化爲政府的意志。在西方的民主架構之中，有議會代表選民監督政府，有司法按照人民的最高意志審查政府是否違憲。但在「回應性民主」之中，政府的權力只要自我聲稱代表人民的根本利益，便可以無所約束，暢通無阻，肆無忌憚地侵犯具體的公民利益。最近頻頻發生的以公共利益的名義拆遷、徵地這類政府侵權行爲，便是「回應性民主」虛幻化的最好例證。

「回應性民主」究其實質，乃是一種「回應性威權」(responsive authoritarianism)。既有「民主」，也有威權，通過統治者對被統治者利益與意願的回應而獲得「民主」的美譽，從而加強國家威權的統治正當性。這種看似開明的「回應性威權」，政治的主動性始終掌捏在政府的手中：回應和採納民眾的意見，是統治者開明的表示，不回應、不採納，你也無可奈何，缺乏任何制度性的約束。這種民主，更接近傳統儒家中的民本政治，民本與民主，雖一字之差，卻相距千里。民主政治是通過制度性的競爭選舉而實現「人民作主」，而民本政治則是統治者作爲政治主體「爲民作主」。王紹光雖然一再聲稱要實現人民的當家作主，但在他的「真正的民主」方案之中，人民最終還是陷入了「被代表」、「被採納」、「被回應」的被動地位，民主與否的主動權始終牢牢地掌控在統治者的手中。

在現代的民主與儒家的民本背後，有著不同的政治理念。潘維在這一點上倒看得比較清楚，他說：「中古以後的西方發展出『權利本位』思想，而中國的『責任本位』思想則延續至今。『責任本位』和『權利本位』兩個概念凝聚了中西方思想的基本差異，這種差異構成了中西模式差異的思想淵源」[21]。「權利政治」的主體是公民，公民在法治的保護下有權捍衛自己正當的權益，也有權向自己選出的官員問責。而「責任政治」的主體是統治者，從儒家民本思想的道德要求來說，官員必須心繫百姓、服務民眾，但這個民眾是抽象的、象徵性的圖騰之物，民眾對官員缺乏制度性的監督，所謂的責任只是軟性的道德束縛，官員實際負責的對象，不是下面的民眾，而只是他的上司。官僚體系內部，層層向上負責，個個向下問責，好一個中國特色的吏治景象！

民主對於公民共同體來說，是一個社會自治的問題，而對於政府來說，是一個公民向政府授權的過程。這個授權，不是韋伯所說的一次性權力轉移，而是通過議會和司法的間接監督和公眾輿論、協商民主乃至全民公決的直接問責，經常性地審查政府決策的正當性。「回應性民主」因爲缺乏制度性的授權，而只有自我聲稱式的代表，所謂的回應只是一個匱乏客觀標準和有效監督的開明專制式人治。於是，「回應式民主」從追求民主始，到葬送民主終，不是人民當家作主，而是讓威權爲民作主，最終蛻變爲一個自我否定、

21 潘維，〈共和國一甲子：甲子探討中國模式〉，《開放時代》，2009年第5期(廣州)。

自我顛覆的「回應性威權」。

「回應性民主」蛻變爲「回應性威權」的過程，是一個不斷去政治化的政治過程，也就是作爲政治主體的公民意志不斷被代表、被邊緣化，而「誰來統治」的問題偷偷轉換爲「如何統治」的問題，於是是否要民主的問題在近年來的中國嬗變爲如何善治(good governance)的問題。當新左派出身的王紹光還不願放棄民主旗號的時候，其他的國家主義者們索性直接以善治和良政替換了令人心煩的民主。張維爲坦率地說：「良政比民主化更爲重要。中國拒絕『民主與專制對立』這種老生常談，認爲一個政府的性質，包括其合法性，應由其實質內容，即良政來決定；應由政府能向人民提供了什麼來檢驗。」[22] 不錯，善治裡面也有很多好東西：法治、參與、公正、透明、責任、有效、穩定、嚴謹。然而，與「回應性威權」一樣，政治的主體依然是政府，而非公民，政治被技術化、非政治化了，政治的過程成爲一個公民缺席的政府治理問題。而這個期待著成爲良善的政府，卻是一個缺乏制度性監督的、無所不在、無所不能的絕對權力。

然而，在國家主義者們看來，中國的國家權力從古至今竟然不是太強了，而實在是太弱了。他們相信，中西之間的實力差距，不是文明的有無，而是國家能力的強弱。吳增定說：「西方現代國家之所以擁有極強的擴張和征服能力，是因爲他們的國家權力對社會領域具有高度的整合與動員能力。」[23] 韓毓海重新審視500年來的中國與世界歷史，認定「這500年來世界史的消長，其核心實際上就在

22 張維為，〈中國成功背後的八個理念〉，載中國共產黨新聞網：http://theory.people.com.cn/GB/10158261.html

23 吳增定，〈重談現代中國革命的「歷史必然性」問題〉，載「共和國六十年：回顧與展望」，《開放時代》雜誌，2008年第1期(廣州)。

於『國家能力』這一點上。」中國之所以逐步衰落，就是因爲缺乏一個強大的中央政府。他讚頌1949年以後「中華民族的偉大復興，首先肇始於中國革命以建立基層組織的方式，極大提高了社會組織能力和國家效率」[24]。王紹光是最早提出「國家能力」概念的學者，在他看來，除了關心民主這個政權形式之外，還要重視國家能力的問題，許多民主國家因爲缺乏有效的政府能力而陷入長期的民主衰敗。「只有一個強有力的國家才能實現高品質的民主」[25]，「國家是最大、最有效的人權組織」[26]。王紹光的看法只有一半是對的，一個高品質的民主國家固然離不開強大的國家能力，但一個強有力的國家並非天然是「最大、最有效的人權組織」。有像菲律賓那樣無能處理香港人質事件的民主國家，但也有朝鮮這樣的踐踏人權、卻能打入足球世界盃的極權社會。強有力的國家權力，既能大善，也能大惡。國家權力說到底與人性相關，人性之中神魔交錯，在好的制度下有可能成爲天使，在壞的制度下會墮落成魔鬼。一個強有力的國家最需要的是民主制度，需要健全的憲政和法治，以防止權力的作惡。能力卓越的國家，既能創造人類的經濟奇蹟，也有危害人權與人類的可墮落性。西方國家之中，英美之所以強盛而不墮落，乃是有可靠的文明制度加以規約，德國和日本之所以強盛一時而最終敗北，正是片面追求國家能力的擴張、背逆人類普世文明的結果。

在《民主四講》之中，王紹光區別了政權形式與國家能力二個不同的概念，前者與制度是否民主相關，後者與國家是否擁有控制力相關[27]。我們也可以這樣理解，政權形式涉及到文明的價值及其

24 參見韓毓海，《五百年來誰著史》（北京：九州出版社，2009）。
25 王紹光，《民主四講》，頁130。
26 王紹光，《祛魅與超越》，頁114。
27 王紹光，《民主四講》，頁130。

建制化，而國家能力取決於政治體制的合理化。合理化的政治體制會提升國家的控制能力和統治效率，比如增強經濟競爭力、迅速解救人質等，但也有可能壓制人權、野蠻拆遷、非法徵地等等。因此，政權形式是否民主，是否符合普世文明的價值觀，就顯得非常要緊。離開了民主奢談國家能力，蘊涵著巨大的道德風險和政治危機。當新左派的「回應式民主」只不過是一種善治主義的開明威權之後，民主對威權的約束便變得非常的虛弱。開明威權是一種高度合理化的行政權力，它具有自我理性化的功能，可以高效率地實現國家的最高意志。理性化的威權只是以具體的政績目標作爲其行動的依據，淩駕於普世文明的價值之上，在倫理觀上它是虛無主義和技術主義的。而一種好的民主必定是有價值的，其真正的意義不在於所謂的「人民當家作主」，而是能夠揚善抑惡，體現出更高的文明價值。

這裡說的好的民主，乃是指能夠保障人的自由本性的民主。從民主制度的歷史實踐來說就是憲政民主，即以自由爲最高倫理原則的憲政所規範的民主。王紹光最討厭對民主的修飾和限制，在他看來，「真正的民主」是不受限制的、人民直接當家作主的民主。果真有這樣純粹的民主嗎？假如不受更高倫理價值的規約，即使直接體現了絕大多數公民的意志，民主也有可能墮落成可怕的暴政。蘇格拉底便是民主暴政的犧牲品。民主不是只有一種形態，它僅僅表明權力來自於人民的授權或者同意，民主可以與各種主義相結合：憲政主義的民主、威權主義的民主或者民粹主義的民主。民主不是一個自明性的制度，它總是要被修飾，被賦予一種更高的價值；或者是自由的價值(憲政民主)、或者是權威與秩序的價值(威權民主)，或者是抽象的人民整體意志(民粹民主)。不同的民主方案選擇，其實是對價值的抉擇，不同價值觀的民主，當然有好壞、高下之分。而從自由主義的價值標準來看，所謂好的民主，一定是能夠保障人的自由選擇與基本權利的民主，而不是擁有強大的國家能力的民主。所謂好的政府，也不是無法無天、能力超強的巨無霸，而是符合倫理價值、權力相互制衡、又有行政效率的政府。

中國新左派所欣賞的民主，其實是一種混合式的民粹主義威權民主。他們既相信人民的最高意志，又寄希望於政府的強大威權。民主與威權，有時候並非衝突，在現代政治的條件下，往往會發生弔詭的結合。因爲民主可以爲威權統治提供正當性基礎，而現代的威權統治除了訴諸於整體性的人民意志，別無其他合法化來源。於是，民主便與威權攜手共建強有力的國家，用新左派的話說，叫做「下層與上層聯合夾攻中層」。這裡所謂的下層，指的是底層民眾，上層指的是中央政權，而中層則是地方政府及其利益集團。王紹光說：「古代的帝王都知道，他們往往跟最底層的民眾結合，來制約中間的官僚。美國也是這樣，聯邦政府繞過州政府，跟州裡的黑人結合起來，迫使州政府在民權方面讓步。」[28] 韓毓海講得更透徹：不要以爲民主就是簡單的「官民對立」，從中國歷史來看，「國家和普通老百姓其實有著共同的利益和共同的敵人，而這個敵人也就是豪強和『豪民』。」[29] 無須過多引證，我們便可以發現保守化的新左派的民主方案，其實是一個民粹式的威權主義，或者說威權式的民主主義。西方的左派也相信民眾的力量，相信大眾民主，但他們與包括國家、帝國在內的各種壓抑性權力決不妥協，比如《帝國》的作者哈特和奈格里將打破壓抑性權力的希望，寄託在組織起來的

28 王紹光，〈和平崛起與國家良治〉，《21世紀經濟報導》，2003年12月29日。

29 參見韓毓海，《五百年來誰著史》（北京：九州出版社，2009）。

全球民眾身上。21世紀中國的新左派們卻放棄了原來的社會運動訴求，乞靈於國家威權來回應民眾的意願。他們雖然反對官僚國家，卻沒有像西方左派那樣對國家有天然的警惕，相反地，他們將希望寄託於一個民粹式國家，一個以人民的名義實現統治的回應性威權。

爲什麼民粹式的民主最後有可能轉化爲民粹式的威權？這乃是因爲民粹式民主有其不可克服的內在矛盾：一方面它反對任何代議和官僚的權力，希望通過民眾的直接參與政治，實現民眾的自我統治和自我管理；另一方面，它又不得不將分散的民眾意志迅速、有效地集合爲一個統一的人民意志，將參與的政治意志轉化爲爲統治的行政意志。於是，民粹式民主只有兩個選項：一個是徹底的無政府主義烏托邦，比如歷史上的巴黎公社與哈特、奈格里的全球民眾聯盟，但這些由人民直接統治的方案都沒有成功過；另一個選項是將民眾意志交給一個「偉大不朽的立法者」，由具有神魅性格的偉人或革命的精英政黨，代表人民的同一性意志進行統治，法國大革命時期的雅格賓專政、俄國革命中的蘇維埃政權和毛澤東的文化大革命，無疑都是具有威權性質的民粹民主。當代中國的新左派們試圖在世俗化的後革命時代，延續這一民粹式民主的精神傳統，創造一個「回應性威權」的新模式。民主通向威權的道路，其實並不遙遠，只要去掉各種修飾、打破各種規約，將民主的希望寄託於一個回應性的「爲人民服務」政府，民主就會蛻變爲威權，而威權也樂於自稱「民主」或「善治」，樂樂呵呵地笑納來自國家主義的大禮，從而獲得統治的合法性。

三、施米特主義的幽魂：國家的絕對權威

改革開放三十多年來，中國社會出現了巨大的變化與轉型，各

種力量都從毛澤東時代的全能主義控制之下解放出來，原來的政治共同體開始解體，但新的政治共同體卻遲遲未能重建，於是產生了深刻的**共同體危機**。如何重建政治共同體？在中國思想界，形成了兩種對立的思潮，一種是洛克式的有限政府學說，另一種是霍布斯、施米特式的絕對國家理論。中國的自由主義所要重建的政治共同體乃是以社會爲中心，通過市民社會與公共領域的建設，形成具有相對自主性的社會與倫理共同體。在政治體制上，建立以憲政和法治爲核心的有限政府，這個政府可以是強大的，卻必須是分權與限權的。自由主義的這一訴求在1980-90年代的國家改革實踐當中得以部分的實現，這就是鄧小平及其繼承者的「小政府大社會」的改革思路。進入21世紀之後，形勢逐漸發生了逆轉，「加強黨與政府的執政能力」悄悄取代了原來的「小政府大社會」，成爲支配性的主流意識型態與政治實踐。新的政治路線之正當性究竟何在？國家主義思潮恰逢這個時候浮出水面，試圖全面修正「小政府大社會」的改革方向，重建一個以國家爲絕對權威的施米特式政治秩序。

施米特式政治秩序的要害在於同一性與代表性。施米特主義的研究專家米勒指出：「作爲對自己理論的總結，施米特主張國家依賴於人民的同一性——人民乃是由通過劃分敵友得到民族意志而構成的政治單位，還依賴於這個政治統一體經由政府的代表性。……大眾民主很明顯是爲施米特所肯定的，只是這一民主必須直接包含威權主義，並通過代表性和同一性這兩個範疇而與之保持一致」[30]。關於施米特式政治秩序，需要注意的是三點：第一，政治共同體最重要的是保持同一性，而這一同一性是通過排除內部和外部的異質

30 揚－維爾納・米勒，《危險的心靈：戰後歐洲思潮中的卡爾施米特》，張美、鄧曉菁譯(北京：新星出版社，2006)，頁42。

性而得以實現的，內部的異質性是各種私人的利益，外部的異質性便是民族的敵人。第二，同一性雖然要借助民主的形式，然而，最終體現在統一的國家意志之上，由其代表人民的意志，擁有超越於憲法與法律之上的最高和最後的決斷權。第三，國家意志是絕對的、唯一的，它以主權的形式表現出來，至高無上、不可分割，也不可轉讓。中國的國家主義者們所要建立的，正是這種施米特式的政治秩序。

國家主義首先追求的乃是政治的同一性。同一性當然是現代政治的重要目標之一，然而自由主義與國家主義對此的方案是不同的。自由主義承認現代社會利益與價值的多元性，追求的是在保持合理的分歧基礎上，實現共同的政治生活，政治的同一性以共用的公共理性和憲政爲核心。而施米特式的國家主義將政治的本質解釋爲就是區分敵我，政治共同體「我們」的形成，有賴於一個共同的敵人。民族的同一性是對異質性的排斥，警惕各種私人利益對國家意志統一性的消解與破壞。因此，當代中國的國家主義思潮雖然來自不同的思想傳統，但他們都擁有一個共同的外部敵人，那就是西方，具體地說就是西方的新自由主義和代議制民主。一個具有高度同一性的西方的想像性存在，成爲國家主義自身同一性所賴以存在的外在依據。施米特有一句名言：「告訴我誰是你的敵人，我就能告訴你你是誰。」[31]同樣，中國的國家主義對中國模式的自我定義，也取決於西方這個敵人的對立性存在。在他們看來，西方的代議制民主縱容社會上的私人利益通過政黨的競爭介入公共政治過程，使

31 施米特，《辭彙》，轉引自邁爾，〈古今之爭中的核心問題：施米特的學說與施特勞斯的論題〉，林國基譯(北京：華夏出版社，2004)，頁58。

得議會變成缺乏統一意志的各種私人利益、特別是有產階級特殊利益的競技場[32]。在這裡，公與私在政治的過程之中被斷裂爲兩個對立的極端，公是絕對的善，私是絕對的惡。各個政黨所代表的只是私人利益，在議會當中私意之間交易和妥協的結果，只能形成眾意。而所謂的公意，則另有代表，那就是國家。

所謂的私意、眾意和公意，最早是由盧梭提出來的。公意是盧梭政治思想中的核心概念，是一個與私意、眾意有區別、又有聯繫的概念。按照盧梭的說法，公意永遠著眼於公共利益，而眾意只著眼於私人利益，眾意不過是私意(個別意志)的總和而已[33]。也就是說，眾意是私意之和，公意是私意之差，公意是所有私意中共同的、重疊的或交叉的那部分[34]。早在十多年前，崔之元就撰文重新討論盧梭，他提出：一個徹底的、民主的自由主義者，不能不關心公意[35]。盧梭的公意理論是現代政治中的核心命題，一個統一的政治共同體當然需要有一個共同的意志，而這個意志不過是上帝的超越意志的世俗化形態而已。但盧梭有一個致命的問題，他將公意與私意絕對地對立起來，公意的產生以個人意志的泯滅爲前提，這樣，在他的

---

32 參見王紹光，《民主四講》，頁38-70。

33 參見盧梭，《社會契約論》，何兆武譯(北京：商務印書館，1980)，頁39。

34 中國老一輩政治哲學家、清華大學政治系教授張奚若，形象地用算式解釋盧梭的公意、私意和眾意：「公意是以公利公益為懷，乃人人同共之意。如甲之意=a+b+c，乙之意=a+d+e，丙之意=a+x+y。所以公意=a。而眾意則是一私利私意為懷，為彼此不同之意。因此眾意=a+b+c+d+e+x+y。所以公意是私意之差，而眾意是私意之合。」參見張奚若，《社約論考》(上海：商務印書館，1926)。

35 參見崔之元，〈盧梭新論〉，載崔之元，《第二次思想解放與制度創新》(香港：牛津大學出版社，1997)。

公意王國之中，個別意志與私人利益完全非法化，導致了後來法國大革命恐怖的雅格賓專政。而美國的革命和建國走的是另一條道路。以麥迪森爲代表的聯邦黨人相信政治是建立在私利的基礎之上，私人利益之間的衝突不可避免，因爲人性本身具有可墮落性，而人的理性也有易謬性。「異議、爭論、相衝突的判斷，利益紛爭，互相敵對和競爭的派系的不斷形成，這些都是不可避免的。之所以這樣，是因爲這些現象的動因已經『深植於人性之中』。」[36] 盧梭與麥迪森的對政治的不同立場，乃是基於對人性的不同理解，在麥迪森看來，人性有幽暗的一面，有逐利的衝動，但只要有適當的分權制度，以惡制惡，相互平衡，可以將惡轉化爲善，將私人的利益轉化爲公共利益。而在盧梭看來，人性本身是善的，政治的過程就是一個揚善除惡的過程，如何克服私欲走向大公，走向公共的善，成爲公意是否能夠實現的關鍵所在。

追隨盧梭思路的中國新左派們，同樣表現出對市場與私人利益的仇視。王紹光認爲：「市場是必要的，但市場必須『嵌入』在社會之中，國家必須在市場經濟中扮演積極的角色；不能允許、也不可能出現一種『脫嵌』的、完全自發調節的市場經濟。」[37] 汪暉也說：「當市場化改革成爲主潮之際，若沒有國家內部、政黨內部和整個社會領域中存在的社會主義力量的制衡，國家就會迅速地向利益集團靠近」，而正是中國特有的社會主義傳統挽救了國家的私有化[38]。他們與他們所反對的新自由主義雖然水火不容，卻共用著一

36 大衛・赫爾德，《民主的模式》，燕繼榮等譯(北京：中央編譯出版社，1998)，頁113-114。

37 王紹光，〈大轉型：1980年代以來中國的雙向運動〉，《中國社會科學》，2008年第1期。

38 汪暉，〈中國崛起的經驗及其面臨的挑戰〉，《文匯縱橫》雜誌，

個基本的預設：市場與國家是絕對的天敵。新自由主義認爲禍首是國家，所以要實現完全的市場化，相信市場化可以救中國。而新左派們的診斷則倒了過來：市場是一個壞東西，只有通過國家強有力的干預，讓市場重新嵌入到社會，才能避免資本主義之禍。無論是新自由主義，還是新左派，他們都忽視了一個事實：中國今天所出現的，恰恰是國家與市場的互相鑲嵌化！國家不一定反市場，市場也不一定與國家對立，中國的權貴資本主義，正是市場與國家私通所產下的怪胎。

新左派們討厭市場，也同樣討厭市民社會。改革開放三十多年來，中國出現了一批NGO(非政府組織)，在維護公民權益、公眾慈善和公共服務等方面發揮著自己獨特的作用。王紹光是較早對NGO有系統研究的學者，但他的研究結果證明的是，「近年來被一些人吹得神乎其神的『公民社會』實際上是個無所不包的大雜燴」[39]，「大量所謂『市民社會組織』不過是些追求一己私利的利益群體或壓力集團而已」[40]。公民組織是志願性、自主性的社會團體，包括政治、社會、福利、文化、娛樂、體育各個領域，它不是政府規劃的結果，而是在社會中自發成長出來的，自然無所不包，關鍵是以什麼眼光來看。若以大一統的尺度視之，NGO的確是各色人等、參差不齊的「大雜燴」。但以現代社會的標準來看，正是社會多元、分化和活躍的表現。王紹光將NGO的功能分爲外部效應和內部效應兩種，外部效應注重的是獨立於國家、限制政府的權力，內部效應則是在社團內部培養公共精神、合作互信和交往能力。讚賞社會運

(續)

2010年第2期。

39 王紹光，《祛魅與超越》，頁31-33。

40 王紹光，《安邦之道：國家轉型的目標與途徑》(北京：三聯書店，2007)，胡鞍鋼序。

動的汪暉比較強調NGO的外部效應，他試圖「通過社會對於國家的民主控制，來防止國家成爲國內壟斷和國際壟斷的保護者」[41]。而在王紹光看來，非政治的、休閒娛樂性的NGO，要比政治性的公民社團可愛得多，他希望社會上的NGO都能夠非政治化、樂樂呵呵、溫和順良，與政府保持和諧的互動。他一再強調：「一個有效的國家是市民社會的前提條件。……當國家相對強大並充滿活力時，市民社會更有可能繁榮起來」[42]。具有諷刺意味的是，在現實中的中國，當「當國家相對強大並充滿活力時」，社會卻發生了潰敗，有市民而無市民社會，有公民卻無公民組織。一個缺乏自主性社會組織的眾人只是一盤散沙的雜眾，而雜眾的普遍存在正是威權主義的社會溫床，因爲唯有霍布斯式的利維坦，才能將雜眾的分散意志整合爲統一的人民意志。當自主性的公民社會缺席的時候，當各種社會組織被剝奪了制約國家的外部功能、只剩下休閒娛樂的內部效應的時候，國家便成爲了宰制社會、無所約束的巨無霸。國家主義雖然攻擊的是市場，但他們的真正敵人卻是社會，他們與新自由主義看似對立，卻在仇視社會上空前一致：**新自由主義試圖用市場替代社會，而國家主義則要用國家消滅社會。**

無論是保守化的新左派，還是施米特主義者們，都將中國未來的希望壓寶在一個強大的、無所不能的、至高無上的國家身上。在他們看來，無論是議會民主制度中的政黨，還是市民社會中的NGO，更不用說追逐自我利益的個人，都只代表萬惡的私意，即使折騰了半天民主，最終形成的也不過是一個「大雜燴」的眾意。而

41 汪暉，〈為未來而辯論：在日內瓦論壇上的演講〉，海裔譯，烏有之鄉網站：http://www.wyzxsx.com/Article/Class17/200812/62335.html

42 王紹光，《祛魅與超越》，頁142。

真正的公意，所謂廣大人民最根本的利益，與這些私意、眾意皆無干係，唯有大智全能的政府，才是公意的真正代表，擁有至高無上的、不可分割的、不可轉讓的最高決斷權。汪暉原來是一個具有相當批判意識的知識分子，然而在近兩年發生了令人驚訝的「轉向」，從批評「非政治化的政治」轉向提出「黨國代表普遍利益」論。在2007年發表的〈去政治化的政治、霸權的多重構成與六十年代的消逝〉長文之中，他一方面批評現代政治的日益官僚化和去意識型態化，尖銳地批評「當代中國意識型態國家機器的運作方式並不是按照特定的價值或意識型態運轉的，而是按照『去意識型態的』或『去政治化的』邏輯運轉的——儘管它經常訴諸於意識型態的語言。」另一方面，他又認爲「政黨在執政過程中逐漸地變成了國家體制的主體，從而政黨不再是某種政治理念和政治實踐的行動者，而更接近於一種常規性的國家權力，亦即在一定程度上『政治化的』的權力機器」[43]。從而爲兩年後認同黨國的普遍利益埋下了邏輯的伏筆。到2009年建國60年之際，汪暉接受《21世紀經濟報導》專訪，隨後又在《文化縱橫》雜誌發表〈中國崛起的經驗及其面臨的挑戰〉，正式提出「黨國代表普遍利益」論。汪暉論證說，1949年中國革命所建立的國家，從一開始就代表人民的普遍利益，只是到1980年代市場化改革之後，分化了的各種利益滲透到國家意志之後，國家才面臨著私人化的威脅。由於國家是市場化改革的主導，又深深鑲嵌到市場之中，國家開始被利益化，國家的各個部門成爲各種利益集團的代表。「如何讓國家能夠成爲普遍利益的代表，已經成爲一個

43 汪暉，〈去政治化的政治、霸權的多重構成與六十年代的消逝〉，《開放時代》，2007年第2期，同主題更通俗的表達，亦可參見汪暉，〈「去政治化的政治」與大眾傳媒的公共性〉，《甘肅社會科學》，2006年第4期。

極爲尖銳的問題。」他因而將代表普遍利益的希望，寄託在共產黨身上：「中國的社會主義實踐致力於締造一個代表大多數和絕大多數人民的普遍利益的國家，國家或政府與特殊利益的紐帶的斷裂是以此爲前提的。」因爲共產黨遠離經濟活動，不像西方那樣是私人利益的代表，而代表多數人的多數利益，有可能自我更新，是反腐敗的中堅力量[44]。

汪暉的這些論述，乃是建立在如此的國家信念上：現代國家應該是與私人利益相區隔的、純粹的公意和普遍利益的代表。在市場社會的背景之下，當政府被各種分化了的私人利益深刻滲透的情況下，拯救國家的唯一希望乃是由一個宣稱代表了人民根本利益的政黨來統率國家意志，而中國的社會主義實踐，正好提供了相應的歷史傳統。然而，汪暉的思路裡面隱含著一個他未曾意識到的自我矛盾，一方面他看到了黨的去政治化，不再具有意識型態價值，而日益成爲技術化的官僚政治，他希望恢復爲特定政治價值進行政治辯論，因爲政治本質上就是衝突的。另一方面，他又幻想黨能夠代表無衝突的、所有階級的公共利益，而這種虛幻的公共性又只能建立在技術官僚政治的基礎之上，以去政治爲其前提。汪暉所理解的政治，是一種非官僚的、民眾直接參與的大眾政治。但這種激進的左翼政治，與國家的官僚性格是格格不入的。汪暉與王紹光同樣，由於拒斥現代的代議制民主，底層的民眾意志無法進入上層的國家層面，聚合爲國家意志，於是他只能寄希望於一個所謂代表普遍利益的政黨。但是無論在理論還是經驗層面，汪暉又無法對此作出稍有

44 汪暉，〈中國崛起的經驗及其面臨的挑戰〉，《文化縱橫》雜誌，2010年第2期，亦可參見汪暉，〈自主與開放的辯證法：關於60年來的中國經驗〉，《21世紀經濟報導》，2009年9月國慶特刊。

說服力的論證，於是只能訴諸社會主義歷史傳統的虛幻意識型態：「由於社會主義國家以代表大多數人民的利益爲宗旨，在市場條件下，它反而比其他國家形式更加脫離利益集團的關係。我們只能在這個意義上將它說成是一個中性化的國家。」[45] 現代政治當然是一種代表性政治，問題在於有不同的代表方式。在民主的制度框架之下，無論是政黨還是政府，要擁有代表權，首先需要獲得選民的授權，謝爾登·沃林指出：「代表權的本質是一個授權的過程」[46]。沒有授權，何來代表？但汪暉的代表說，顯然來自列寧式的「先鋒隊」理論，缺乏制度性的、程序性的授權，只是一個意識型態上的價值宣稱，是一種未經被代表者同意的自我授權而已。至於汪暉相信有一種代表人民普遍利益的「中性化國家」的時候，顯然背離了激進左翼的批判立場，而走向了保守的黑格爾主義。在激進左翼看來，政治是利益衝突的場所，而國家不過是一個具有特殊利益(無論是某個階級抑或自我利益)的支配性力量。姚洋是最早提出「中性政府」論的學者，他曾經一度熱烈稱頌中國政府是一個「以社會長遠利益爲追求目標」的中性政府[47]，但最近他終於發現，中國的確由一個中性政府統治，這是一個與各種利益集團分離的、沒有利益傾向性的中立政府，然而，當它掠奪公民的時候，也是「不問身份的」！[48]

汪暉的「黨國代表普遍利益」論，在陳端洪那裡，從憲法學角

45 汪暉，〈中國崛起的經驗及其面臨的挑戰〉。

46 謝爾登·沃林，《政治與構想：西方政治思想的延續與創新》，辛亨復譯(上海：上海人民出版社，2009)，頁292。

47 姚洋，〈是否存在一個中國模式？〉，載中國選舉與治理網：http://www.chinaelections.org/NewsInfo.asp?NewsID=168567

48 姚洋，〈北京共識的終結〉，載中國選舉與治理網：http://www.chinaelections.org/newsinfo.asp?newsid=184445

度獲得了細密論證。他根據盧梭、西耶斯和施米特的理論，區分了制憲權和憲定權兩種不同的權力。制憲權是一個民族的最高權力和政治決斷，它高於憲法，是憲法的意志來源；而憲定權只是根據憲法所產生的權力。「制憲權是一切權力的本源，僅憑共同體的存在就當然存在，是不可分割、不可轉讓的。憲定權是派生的，可以分割，端賴憲法而存在，受憲法之制約，斷不能染指憲法。」[49] 陳端洪是激進的，他像盧梭那樣，堅持人民主權思想，相信作爲最高的主權——制憲權應該在人民手中，人民必得出場[50]，然而，在現代政治之中，人民不可能時刻在場，於是只能委託代表行使人民主權。在陳端洪看來，這個人民的代表便是中共和人大，而且人大在黨的領導之下。「中國共產黨不是憲法創設的，而是中國人民在歷史的過程中創設的，中共中央是人民制憲權的常在的代表機構。這是主權意義的制憲權代表。」[51] 於是激進的人民主權論轉化爲保守的黨國主權論，黨國代表人民擁有超越憲法的不可分割、不可轉讓的最高主權，盧梭的人民必得出場，變成了黨國的隨時在場。

在當今的法學界和政治學界，類似相信「黨國與人民同一性」的學者不是個別的，而是形成了一股時髦的潮流，其中還有一些是留洋歸來的博士。他們用德國的憲法學理論生搬硬套到中國，以一套學科化的技術語言論證中國靜態政治結構的合法性，存在的就是合理的，歷史的便是正當的。他們所反對的正是自由主義的憲政原則，而將國家的最高權力以人民立憲權的名義託付給一個淩駕於憲

49 陳端洪，《制憲權與根本法》(北京：中國法制出版社，2010)，頁133。

50 參見陳瑞洪，《制憲權與根本法》，第2章〈人民必得出場：盧梭官民矛盾論的哲學圖式與人民制憲權理論〉。

51 陳瑞洪，《制憲權與根本法》，頁24。

法和政府之上的超國家權力。從西耶斯到施米特的這套歐陸的制憲權理論是非常危險的，主權者一旦以人民的名義擁有超越憲法的最高決斷權，就意味著權威與權力的一體化，權力這匹野馬再也得不到韁繩的制衡，有可能直奔深淵。從理論上說，似乎人民的意志超過其代表者的意志，然而誠如《帝國》作者所說：民眾是雜多的，是個別意志的多元體現，而人民永遠是一體的，只有一個意志[52]。一體化的人民意志只能被代表，人民意志的最高決斷，最終蛻變爲最高主權者的決斷。

漢娜・阿倫特在比較法國和美國革命時便指出，法國革命的致命失誤，乃是相信權力與權威來自同一源泉：人民，而美國革命的成功經驗，則可以歸結爲：權力屬於人民，權威在於憲法[53]。古羅馬共和政體按照西賽羅的名言，乃是權力屬於人民，權威屬於元老院。這一權力與權威二元化的古代傳統發展到近代，便演化爲權力屬於人民，權威屬於憲法的英美憲政。無論是人民還是及其代表者政府的權力行使，必須在憲定的範圍之內，受到憲法的制約。陳端洪按照西耶斯的理論，區分了制憲權和憲定權，他承認憲定權必須遵從憲法，但認爲掌握制憲權的人民有先於憲法、超越憲法的權力。問題在於，握有制憲權的主權者(無論是抽象的人民還是具體的「偉大而不朽的立法者」)其立憲的意志，僅僅憑藉主觀的、例外性決斷，還是仍然受到高級法的制約？所謂的高級法，乃是哈耶克所說的憲法之上的最高立法原則。在英美憲政裡面，比憲法更高級的法最初是自然法，後來是羅爾斯所論證的自由、平等的正義原則，它體現

52 參見麥克爾・哈特、安東尼奧・奈格里，《帝國》，楊建國、範一亭譯(南京：江蘇人民出版社，2003)，頁107。

53 漢娜・阿倫特，《論革命》，陳周旺譯(南京：譯林出版社，2007)，頁141、149。

爲比憲法更爲根本的公共理性。憲法權所尊奉的權威，不是憲法的法律條文，而是憲法的靈魂：以自由爲核心的最高立法原則。同樣，握有制憲權的人民在選擇自己共同政治生活方式的時候，也不得偏離最高立法原則，這一原則是立國之本，國之靈魂。英國之所以能夠實現光榮革命，美國之所以能夠在利益分歧的情況下實現合眾建國，其中最重要的原因乃是在建國的基本原則上有基本共識，憲政背後有公認的最高立法原則，因而具有長久的權威性和穩定性。制憲權與憲定權相互之間是有制約的。在日常政治之中，被人民授予統治權力的政府，必須在憲法的權威之下行使權力，不同權力之間相互制衡，以統一的憲法權威爲尺規，也以共同的憲法準則爲限度。在非常的制憲時期，人民雖然擁有高於憲法的制憲權，但這種制憲權又不是意志任意決斷，人民的意志決斷不是價值虛無主義的，而是以人民自身的最高利益作爲立憲的價值依據，以此構成立憲的終極性依據。這就是最高立法原則，比憲法更高的高級法。高級法作爲最高的權威，同樣規約了人民的立憲權。權力與權威的二元分立，可以有效地防止權力與權威一元化所帶來的「有權力就有權威」、「權力之上無權威」的狀況。不管這個權力掌握在具有立憲權的人民手中，還是擁有憲定權的政府手中，只要缺乏最高立法原則的規約，那都是可怕的權力。

對權力腐敗的預防，除了最高立法原則的倫理制約之外，最重要的是制度上的權力制衡：以惡攻惡，以權力制約權力。羅伯特・達爾指出：「如果不受到外部制約的限制，任何既定的個人或個人群體都將對他人施加暴政。所有的權力(無論是立法的、行政的還是司法的)聚集到同一些人手中，意味著外部制約的消除」[54]。然而，

54 羅伯特・達爾，《民主理論的前言》，顧昕譯(北京：東方出版社，

中國的國家主義者們最反對的就是對國家權力的限制，王紹光批評憲政民主說：「『自由民主』和『憲政民主』把『自由』、『憲政』置於『民主』之上，就等於把『民主』關入『鳥籠』。換句話說，『自由民主』、『憲政民主』就是『鳥籠民主』。」[55] 在他看來，只要統治者回應了被統治者的要求，代表了人民的利益，就是真正的民主，統治者的權力就不應受到制約。姑且不論他所說的民主只是一種以統治者爲主體的「回應性威權」，即使是全體公民選舉產生統治者的民主體制，假如民選總統的權力缺乏有效的監督和權力制衡，照樣會產生「民主的暴政」。王紹光曾經引用邁克爾・曼的觀點，將國家權力分爲基礎性權力與專斷性權力，認爲以民主爲基礎的集中性權力可以強化基礎性權力，避免專斷性權力[56]。然而，無論是俄羅斯普京式的強人民主、還是陳水扁時代的台灣民粹民主，都證明了只要缺乏自由的最高價值、沒有憲政的制衡以及有效的分權，即使在民主制度之下，專斷性權力也會比基礎性權力增長更快。過於集中、有效的國家權力，既能爲善，也能作惡，這是權力的邏輯使然，也是其背後的人性所決定的。

憲政具有雙重的功能，首先是賦予國家權力以正當性，將各自分散的政治力量整合爲統一的國家意志。這是「化多爲一」的功能，其次還有分權的功能，「化一爲多」。統一國家意志的方式可以是憲政，也可以不必通過憲政，比如用專政或威權的方式。專政和威權雖然可以有效地「化多爲一」，卻無法防止一統化的國家權力自身發生蛻變，蛻變爲無法無天的暴政。而憲政的好處，一方面同樣

(續)

2009)，頁29。

55 王紹光，《民主四講》，頁37-38。

56 王紹光，《祛魅與超越》，頁125-126。

可以有效地統一國家意志，但這個統一的國家意志，不是以權力的統一性，而是以權威的統一性來實現，這個權威便是憲法。任何國家權力，都必須在憲法的權威之下活動。19世紀英國唯心主義政治思想家格林認爲，主權有意志與權力兩個層面[57]。這意味著國家意志必須統一，但國家權力應該分立。爲什麼權力必須分立，爲什麼民主之上還要有憲政？《聯邦黨人文集》裡面有一段精彩的話：「如果人都是天使，就不需要任何政府了。如果是天使統治人，就不需要對政府有外來的或內在的控制了」[58]。行使權力的，都是凡人，不是神，而凡人一旦被賦予無限的、不受限制的權力，既有可能大善，也有可能大惡。美國建國之初，麥迪森正是意識到人性的幽暗性和理性的易謬性，所以才發明了憲政的鳥籠，以權力制衡權力，以利益對抗利益，以野心平衡野心。

憲政如果沒有分權，就不是真正的憲政。蘇俄留下的「憲政」傳統，乃是一種反憲政的「憲政」，是一種非分權的專政性「憲政」。而這種「憲政」只是賦予「專政」以統治的正當性。即使如此，由於其具有憲政的外在形式，這就使得後人不必訴諸革命(不管是暴力的革命還是和平的革命)，不必走從無到有的制憲，而是有可能通過憲政轉型的溫和道路，舊瓶裝新酒，在已有的憲政框架之內，通過多次修憲，在國家意志保持統一的前提下，逐步實現國家權力的內部制衡，從專政的「憲政」改良爲爲分權的憲政，實現有限的政府，這才是憲政問題的核心所在。阿倫特指出：美國建國的經驗表明，

57 參見金岳霖，〈T.H.格林的政治學說〉，載金岳霖，《道、自然與人：金岳霖英文論著全譯》，劉培育編(北京：三聯書店，2005)，頁296-297。

58 漢密爾頓、傑伊、麥迪森，《聯邦黨人文集》，程逢如等譯(北京：商務印書館，2004)，頁264。

「分權不會帶來無能，反而會產生和穩定權力」[59]。有效率的政府與受制約的政府並非不相容，有限的政府同時也可能是一個最強大、最有行政能力的政府。

當上帝死了之後，當天命殞落之後，現代政治的唯一正當性就來自人民。人民替代上帝具有了某種無庸置疑的世俗神性。施米特主義也好，民粹民主也好，回應性威權也好，它們的共同之處乃是巧妙地接過人民的名義，假借民主的形式，將民族國家的最終決斷權賦予某一個主權者。這是一個類似教皇的位置，是上帝意志的化身，超越於憲法與法律之上，擁有無限的制憲權和例外狀態下的決斷力。似乎民族的生命、國家的未來、人民的利益都寄託於這個唯一的最高主權者身上，任何對主權者的限制都是非法的，都意味著對公意的挑戰，對代表人民根本利益的絕對權威之顛覆。當代中國的國家主義者，雖然各有其不同的學術和政治背景，但在國家的絕對權威面前，卻通通成爲了虔誠的膜拜者。

四、趨於神魅化的國家理性

近十年來中國所出現的國家主義思潮，其要害乃是對國家理性的膜拜。在歐洲現代性的歷史過程之中，發展出兩種不同的理性傳統：啓蒙理性和國家理性，啓蒙理性的道德價值落實在個人的自由與解放。而國家理性按照梅尼克的分析，從馬基雅維利開始，國家作爲一個有機的個體，它像人一樣具有自身生存發展的理由，爲了這一目的可以不惜一切手段[60]。國家一旦具有了最高主權的形式，

59 漢娜・阿倫特，《論革命》，頁252。

60 參見梅尼克(一譯邁內克)，《馬基雅維里主義》，時殷弘譯(北京：

而不再有外在的道德規範，其內在的權勢如同惡魔一樣便自我繁殖，向外擴張。

中國國家主義的出現，與價值虛無主義有著密切的關係[61]。當代中國最深刻的危機是心靈危機，整個社會缺乏基本的價值共識和倫理基礎。當傳統的儒家價值觀被摧毀之後，中國人失去了認同的對象，於是民族國家便成爲了情感宣洩的世俗對象。而帝國列強的壓迫，則提供了這種民族國家認同的外部歷史條件。中國共產黨的革命建立了一個以共產主義烏托邦爲目標的國家意識型態，在毛澤東時代曾經作爲儒家思想的替代物，成爲中國人民普遍的價值信仰。然而，這一共產主義意識型態到文化大革命期間，通過其極端的、殘酷的革命實驗，而走向了其反面，到改革開放之後中國又重新陷入了巨大的價值虛空。1980年代的新啓蒙運動提供了一套普世主義的啓蒙價值，但到1990年代之後啓蒙價值不斷地受到質疑和批判，傳統的儒家價值遠去，現代的啓蒙價值又開始式微，於是，各種各樣的價值虛無主義在中國思想界蔓延生長，國家主義便乘虛而入，成爲一種虛幻的認同對象。國家主義是一種去政治化的政治，去價值的價值、去意識型態的意識型態。國家的價值目標變得無關緊要，唯一重要的只是國家自身的強大。而強有力的國家，不是建立在自由、民主和法治的文明基礎之上，乃是一種物質的實力和韋伯所說的制度合理化。這種高效率、合理化的國家具有所謂的「高適應性」，因此王紹光將國家的「高適應性」視爲與西方的民主制度相對抗的「制度自覺」和「制度自信心」，他相信中國作爲一個

(續)

商務印書館，2008)。

61 參見許紀霖，〈走向國家祭台之路〉，《讀書》雜誌，2010年第8、9期。

「高適應性體制」的國家，「會形成良性發展，不自由會變得自由，不民主會變得民主」[62]。只要國家強大了，似乎自由、民主便會接踵而來，國家理性本身成爲最高的、唯一的價值。國家作爲最高主權，其具體的代表者擁有超越憲法與倫理價值的最高決斷力。強世功模仿施米特的說法，呼籲在出現反對派、國家面臨緊急狀態的特殊時刻，主權者具有超越憲法的最高決斷權：「主權不服從憲政狀態，而是在關鍵時刻拯救憲政狀態。主權依賴的不是憲法，而是高於憲法的決斷。危機時刻的政治決斷之服從上帝的意志，而不是憲法。」[63] 雖然國家的最後決斷取決於上帝意志，但無論是施米特，還是中國的國家主義者，他們心目中的上帝並非一個價值的存在，而只是一個權力意志的存在，在價值內涵上，德國與中國的施米特們都是徹底的虛無主義者，上帝死了之後，除了權力意志(國家)別無一物，國家的意志便是上帝的意志，上帝的意志便是賦予主權者不可分割、不容分享的最後決斷權。國家主義所關心的真正問題，不是何種價值是好的——在他們看來，在一個價值多神的後現代社會，那是無法獲得終極答案的僞問題——而是誰擁有價值的決定權，誰是最高意志的主權者——擁有最後決斷權的主權者，他的政治決斷無需理由，也超越於任何宗教和倫理的價值，只需爲自身負責，即爲國家理性擔當責任。在最高主權者面前，信仰高於理由，猶如對待上帝一般。上帝世俗化爲國家的主體，無須思考，無須質疑，只須虔誠的信仰。

國家作爲一個人造的神，雖然代替了神，但正如施米特所發現

62 王紹光，〈打開政治學研究的空間〉，《中國社會科學院報》，第27期，2009年1月13日。

63 強世功，〈烏克蘭憲政危機與政治決斷〉，《21世紀經濟報導》，2004年12月15日。

的那樣，利維坦畢竟是人工合成的贋品，它是一個「會死的上帝」[64]。梅尼克在《馬基雅維里主義》一書中注意到，霍布斯的國家具有自我解體的可能性，其自我中心主義與利己主義，無論多麼理性，都無法產生一種將自利的、分散的個人凝聚起來的社會紐帶。某種更高的道德與思想價值必須添加到國家理性之中，於是德國的黑格爾主義，以歷史主義目的論的論證，賦予國家以最高的善。黑格爾的世界精神需要在歷史中逐步展現，它需要一個像國家那樣的權勢作爲主宰人類生活的載體。但手段成爲了目的本身，世界精神只是國家權勢的道德表述。國家理性獲得了一種偉大的道德尊嚴。這種自我道德正當化的國家理性，比較起霍布斯世俗主義的國家理性，具有更大的破壞性，這也是德國從國民國家一體化的國家主義走向民粹的法西斯主義的歷史淵源所在[65]。

當今中國的國家主義者們，也意識到霍布斯式的世俗國家理性由於其背後缺乏神魅性，而無法保持長久的穩定。現實的政治秩序雖然是霍布斯式的，但他們真正感興趣的不是霍布斯，而是施米特，那個將國家理性神魅化的施米特。國家不僅是功利主義的，而且是浪漫主義的；國家不僅能夠造福人民，維持穩定，而且國家具有內在的善，具有神魅性的價值。國家的神魅性自然不再是上帝或者天命這些超越性源頭，而是世俗性的「人民利益」或「中華文明」。因而國家主義的思潮不是孤立的，它總是要訴諸於其他的主義，不是民粹主義，便是古典主義。在當代中國，國家主義、民粹主義與古典主義以國家爲中心，結成了某種微妙的戰略同盟。

64 參見施米特，《霍布斯國家學說中的利維坦》，應星、朱雁冰譯(上海：華東師範大學出版社，2008)。

65 參見梅尼克，《馬基雅維里主義》。

民粹主義的國家主義將「人民利益」與「人民意志」加以神化，視為現代政治的最重要的正當性基礎，在儒家政治傳統之中，民本本身是合乎道德的，因此一個只要是自我聲稱回應了民意、代表了民生的國家，便獲得了道德性的存在理由。至於「人民利益」究竟如何實現？「人民意志」究竟為何物？這些都並不重要，重要的是人民與國家的同一性而塑造的神聖化國家，國家因為代表人民根本利益而自我神魅化。

古典主義的國家主義則將中華文明的重新崛起視為國家存在的價值基礎，而一個強有力的國家成為文明復興的載體與希望。梅尼克在評論黑格爾的世界精神與國家之間的關係時指出，黑格爾之所以將國家置於如此高的位置，「原因在於他需要它來落實他的宏偉觀念，即世界精神在歷史中，並且通過歷史逐步實現其自身。在歷史中，他現在需要一個像國家那樣的權勢，他將在一個特定和顯著的程度上作為理性目的的載體來行動，與此同時也將是一個主宰整個人類生活的載體。」[66] 同樣，國家主義也將中華文明復興的偉大藍圖寄託在一個強大的國家身上，作為文明復興的手段與載體的國家，反過來超越目的，手段成為目的本身，所謂的中華文明只不過是國家理性的價值表述，國家因此而獲得了某種道德神性。

當代中國的國家主義者將施米特主義直接植入中國現實，猶如《盜夢空間》中主人公將自己的理念植入對方的夢境一樣。他們正在從政治人類學走向政治神學，因為它建立在對人性的雙重假設之上，一方面是馬基雅維利、霍布斯式的自我保存說，每個人都追求個人利益的最大化，而利維坦式的國家正是維護公共秩序、實現個人福祉的最好保障。另一方面是德國浪漫主義式的人性論，人是一

66 梅尼克，《馬基雅維里主義》，頁510。

個具有自我創造、自我意志的個體，而個體的自我實現有賴於一個充滿民族個性的國家。國家主義的人性論基礎，前者是世俗化的唯物主義，後者是具有某種神秘性的唯心主義，兩者十分弔詭地結合爲一個整體性的「中國模式」：一個強有力的國家存在，既能滿足人民的安全和民生的需求，又是與西方迥異的「民族個性」的自由創造，是民族整體意志的完美體現。這樣，國家主義便從霍布斯式的政治人類學走向施米特式的政治神學，國家主義在與民粹主義、古典主義聯姻的同時日趨神魅化，而被浪漫化的「人民利益」與「中華文明」將成爲神聖國家的世俗性源頭。

德國、日本現代崛起的歷史表明，倘若國家理性缺乏宗教、人文和啓蒙價值的制約，任憑其內在的權勢擴張蔓延，國家理性便會從霍布斯式的功利主義走向保守的浪漫主義，蛻變爲缺乏道德取向的價值虛無主義，而最後催生出反人文、反人性的國家主義怪胎，國家能力愈是強大，國家理性便愈自以爲是，其墜落懸崖的危險性也就愈大。

國家，多少罪惡假汝之名而行！

許紀霖，華東師範大學歷史系教授、思勉人文高等研究院常務副院長。近年來主要從事20世紀中國思想史與知識分子的研究。近著有：《中國知識分子十論》、《大時代中的知識人》、《近代中國知識分子的公共交往》(合著)、《啓蒙如何起死回生》等。

「市場巨靈」的挑戰：
關於中國經濟奇蹟的奧秘

高力克

一、市場主義的觀點

在金融風暴席捲全球的2008年，歷經30年改革開放的中國取得了巨大的經濟成就，年度GDP達4.64萬億美元，排名從改革開放之初的世界第八位躍升至世界第三位，取代日本而成爲全球第二大經濟體，指日可待。30年中國經濟起飛的「奇蹟」，舉世驚歎。

是年，中美經濟學界有兩場紀念中國經濟改革30年的學術會議引人注目：一是北京大學光華管理學院第十屆新年論壇「中國改革三十年：評價與展望」研討會；一是由97歲的諾貝爾經濟學獎得主科斯教授舉辦的芝加哥大學「中國經濟改革研討會」。

2008年1月12日，北京大學光華管理學院的「中國改革三十年：評價與展望」研討會，薈集了吳敬璉、成思危、茅于軾、厲以寧、林毅夫、張維迎、周其仁、錢穎一、陳志武、樊綱等國內最有影響的兩代經濟學家，探討中國改革30年的成敗得失和未來改革問題。會議論文集《中國改革30年：10位經濟學家的思考》(張維迎主編)隨後出版。

中國經濟奇蹟的秘訣是什麼？國內主流經濟學家多將其歸因於

市場化改革的結果，這也是北大會議的主基調。張維迎在會議論文集序言〈理解中國經濟改革〉中指出：中國改革的路程如此漫長，改革的成就如此之大，都來自一個共同的原因，就是中國在30年中走了一條以市場化爲導向的改革道路。張將中國過去30年經濟改革及其成就，概括爲最爲關鍵的五個轉變：一、資源配置信號由計畫指標轉向市場價格；二、經濟決策的主體由政府官員轉向企業家；三、個人權益基礎由政府職位轉向私人財產；四、經濟發展的推動力由中央動員轉向地方競爭；五、經濟運行系統由封閉轉向開放[1]。

茅于軾將中國經濟改革的成功歸爲三大原因：一是讓人力、物力有自由流動的機會，每一點生產要素都有機會尋找最能發揮效果的結合點；二是對私有財產的保護，開放了個人經營的機會；三是採納了市場經濟制度[2]。

在林毅夫看來，中國經濟轉型的成功主要得益於其獨特的漸進改革模式。中國漸進的改革方式，首先是放權讓利，讓農民、工人有一部分自主權，然後變成部分的剩餘所有者，從而提高了他們的積極性。雙軌方式一方面允許農民、私營企業家、外資企業進入在計畫經濟時代、趕超時代受到抑制的輕工業部門。中國經濟由於這種符合比較優勢的資源配置的效率，所以經濟得以高速發展。同時，對於原來趕超部門中不符合比較優勢的、企業沒有自主能力的那部分，繼續給予必要的補貼和干預，使這些企業不至於破產，並可以達到穩定和經濟快速增長。這種漸進的改革方式由於舊的計畫體制的存在，經濟難免有所干預和扭曲。另外，由於市場安排的存在，

1 張維迎主編，《中國改革30年：10位經濟學家的思考》(上海：上海人民出版社，2008)，頁10-16。

2 張維迎上引書，頁93-95。

兩種體制就會發生衝突，因此國民經濟會出現很多奇怪的現象。在漸進改革過程中，當市場接軌越來越大的時候，一方面國家掌握的資源越來越多；另一方面，原來的扭曲越來越小。此即爲什麼漸進改革比蘇聯東歐「休克療法」的改革要好的原因[3]。質言之，中國轉型的成功，得益於推行一種漸進式、雙軌制、「摸著石頭過河」的轉型方式。

周其仁認爲，中國經濟高速增長的真正秘訣，是通過改革開放而大幅度地降低制度和組織的成本。這就使得廉價勞動力開始發揮作用，中國的農民、工人、技術員、企業家、地方和整個國家才能發力，才經由學習曲線的提升，把產品越做越多，越做越好，才可在世界上佔有可觀的一席之地。這就是重新界定產權、經過制度成本的顯著下降對經濟活動績效帶來的影響。然而，中國漸進式的改革開放也帶來一個結果，即權利界定不是全面並進，而是不整齊和不均衡的，遠未達到普遍的權利界定和保障。這就不可避免地帶來矛盾和衝突，特別是不同權利之間怎樣取得平衡，成爲改革的難點[4]。

樊綱則強調經濟效率的作用，他認爲中國過去30年的增長不僅僅是要素投入的結果，經濟效率的提高也是一個重要因素。這一期間，中國的生產力每年有3-4個百分點的提高。扣除要素投入的貢獻之後的「全要素生產力」(TFP)的提高幅度，就是度量效率改進、生產力改進所導致的增長指標。生產力改進的原因，首先在於市場化改革，還有人力資本的外溢效應、研發投入的增長、城市化、外資的增長和經濟結構的合理化[5]。

3 張維迎上引書，頁152。
4 張維迎上引書，頁180。
5 張維迎上引書，頁262-265。

和上述市場化改革論的觀點不盡相同，兩位美籍華人經濟學家更注重對外開放之於中國經濟增長的意義。錢穎一(伯克利加州大學教授、清華大學管理學院院長)指出：中國經濟增長的速度若從國際比較的角度看並非獨一無二的，導致它增長的基本因素也並不特殊。在中國始於1978年的經濟改革之前，日本1950年、臺灣地區1958年、韓國1962年相繼開始了經濟起飛的「東亞奇蹟」。導致中國經濟增長的因素亦與東亞國家和地區相似，如低通貨膨脹、高儲蓄率、高投資率、大量年輕勞動力(人口紅利)、重視基礎教育等。同時，中國經濟的問題也並不特殊，如法治不健全、腐敗嚴重和收入不平等，其程度大致與中國的經濟發展水準相一致，並不是特殊的問題。此外，中國經濟成功的原因也並不特殊。其基本推動力是三條並不特殊的經濟根本規律：一是把激勵搞對，二是讓市場起作用，三是實行對外開放[6]。中國改革的大方向是由計畫經濟向市場經濟轉軌。但市場經濟有好壞之分，世界上壞的市場經濟多於好的市場經濟。好的市場經濟和壞的市場經濟的本質差別，在於法治。中國要建立一個好的市場經濟而避免滑入壞的市場經濟，必須解決法治問題[7]。

陳志武(耶魯大學金融經濟學教授，長江商學院訪問教授)則更強調中國經濟起飛的全球化背景。在他看來，從1870年起，世界經濟開始騰飛，至1973年世界人均GDP增長了三倍多，二戰後更是呈加速度增長。到了1978年，世界已經爲中國積累了一次巨大的前所未有的發展機遇，此即「後發優勢」。鄧小平改革開放的意義在於讓中國終於走上軌道，並能利用這種來自西方世界的機遇快速發展。這就是中國「奇蹟」的大背景，捨此即不可能有中國奇蹟。先

6 張維迎上引書，頁191-201。

7 張維迎上引書，頁216。

有世界奇蹟，才有之後的中國奇蹟。中國改革開放所取得的成果，相當程度上重複了東亞地區在二戰之後、西方國家在更早些時候的經歷。巨大的廉價勞動力使中國成爲世界主要的製造基地，由此而產生的經濟增長奇蹟，與其說是中國人自己創造的東西，不如說是順應了某種更大的趨勢。中國的改革開放雖和華盛頓共識無關，但私有制、市場經濟和自由貿易等以什麼稱呼並不重要，關鍵看這些理念是否與人性相符合。市場經濟以及與其相配的法治、人權、民主、憲政，是人的本性所決定的，與人種、膚色、宗教無關[8]。中國的經濟成就至少包括兩個主因：已成熟的工業技術和有利於自由貿易的世界秩序。這種發展條件來自於西方，而改革開放的貢獻在於讓中國加入了世界潮流，搭上了全球化的便車。「後發優勢」在於「便車」已經存在。後發優勢表現在，越是後來加入全球貿易、資本全球化和現代科學技術行業的國家，其增長速度越快。但「後發優勢」也可以轉化爲「後發劣勢」。因爲恰恰是模仿的易於成功掩蓋了政治改革和法治的重要性，從而延滯了制度改革[9]。陳關於中國「後發優勢」和「後發劣勢」的觀點，多年前曾是林毅夫和楊小凱爭論的議題。

出席北大會議的經濟學家們都是市場經濟和改革的堅定支持者。他們認爲，導致中國經濟持續高速增長的根本原因是改革開放引入的市場機制。圍繞市場化改革，他們從生產要素自由流動、私有產權、市場、激勵機制、制度成本、全球化等方面，探討了中國經濟起飛的動力。張維迎的總結性觀點具有代表性：中國經濟發展的成就，在於走了一條以市場化爲導向的改革道路。

8 張維迎上引書，頁234-243。
9 張維迎上引書，頁246-251。

作爲中國經濟學家的代表，周其仁應邀在芝加哥大學「中國改革30年討論會」上的發言中，進一步闡述了他的市場主義改革觀。他將鄧小平經濟改革的貢獻概括爲「中國特色的產權界定」、「把企業家請回中國」和「重新認識看不見的手」。周強調指出，中國經濟增長取得的令人矚目的成就，爲鄧小平啓動的改革開放提供了一個無可更改的背書。正是改革開放大幅度降低了中國經濟的制度成本，才使這個有著悠久文明歷史的最大的發展中國家，有機會成爲全球增長最快的經濟。「廉價勞動力」不是中國競爭力的根本，改革前中國勞力和其他要素的價格更爲低廉，但那時候並沒有影響全球市場的「中國製造」。更深入的分析表明，知識擴展才是中國經濟成就的基礎。中國人、特別是年輕一代中國人之所以對知識的態度有了根本的轉變，是因爲改革激發了中國人掌握知識的誘因，而開放則降低了中國人的學習成本。綜合起來，早已存在的要素成本優勢、改革開放顯著降低制度費用、以及中國人力資本的迅速積儲，共同成就了中國經濟的競爭力。其中，制度成本的大幅度降低，是中國經驗的真正秘密[10]。周的觀點，代表了中國主流經濟學家關於中國經濟發展的市場主義詮釋。

二、張五常的「縣政府競爭論」

大洋彼岸芝加哥大學的「中國經濟改革研討會」，以張五常應科斯之邀撰寫的〈中國的經濟制度〉(The Economic System of China)爲主題論文。張的這篇雄心勃勃的洋洋數萬言的論文，受到

10 周其仁，〈鄧小平做對了什麼？：在芝加哥大學「中國改革30年討論會」上的發言〉，《經濟觀察報》，2008年7月28日。

與會的科斯等四位美國諾貝爾經濟學獎得主的高度讚譽，被蒙代爾譽爲「過去三十年所讀到的關於中國經濟的最具啓發力和最具魅力的論文」。與北大會議主流的市場論不同，作爲新制度經濟學和現代產權經濟學創始人之一的張五常另闢蹊徑地著眼於政府制度，將中國奇蹟的秘訣歸於中國獨特的地方化競爭制度。

不同於國內主流經濟學家之市場主義的經濟學解釋，張五常的中國經濟制度研究引入了政治經濟學視角，政府體制成爲其中國經濟研究的主要元素。在他看來，中國的經濟改革，實質上是一種約束競爭的合約安排的轉移，即從以等級界定權利的制度轉變爲以資產界定權利的制度。1980年代以來，承包合約在農村成功以後，逐漸擴張而被運用於工業領域，導致縣際競爭的興起。張強調指出，對於一個發展中國家來說，決定土地使用的權力最爲重要。沒有土地就沒有什麼可以發展。土地得到有效率的運用，其他皆屬次要。競爭的激烈程度決定著土地使用效率的高低。傳統的經濟分析將競爭歸結爲人與人之間競爭、戶與戶之間競爭、機構與機構之間競爭。中國的情況，則是在同層級的地區之間互相競爭，而因爲縣的經濟權力最大，這一層次的競爭亦最爲激烈[11]。

張五常認爲，中國經濟改革大體可分爲兩個階段：第一階段從1980年到鄧小平退休的1992年，這一階段的經濟發展集中在珠江三角洲，改革主要從以前的等級排列權利轉到以資產界定權利。1993年，中國改革進入第二階段，由朱鎔基掌管經濟，此時長江三角洲出現了爆炸式的發展，迅速超越了起步早10年的珠江三角洲，其發展效應波及中西部地區。1990年代經濟奇蹟的主要原因，在於縣的競爭制度的形成並發揮效應。長三角由於縣制度運作良好而超越珠

11 張五常，《中國的經濟制度》（北京：中信出版社，2008），頁144-145。

三角的經驗表明，那種不用政府策劃而單靠市場必然較有效率的看法是錯誤的[12]。

與市場和政府二元對立的經濟自由主義教條相反，張五常發現中國的政府體制對於市場經濟的發展具有獨特的優勢。在他看來，縣制度的實行須具備兩個特殊的條件：一是地區沒有頑固的利益階層；二是共產黨組織。越南即成功移植了中國的縣制度，像朝鮮和古巴那樣的國家也可能嘗試成功[13]。顯然，縣制度是中國這樣一個經歷了社會革命的共產主義國家的獨特產物。

張五常將競爭的縣制度視爲中國適應市場化轉軌的制度創新。在他看來，今天的縣無疑是一級商業結構，性質類同的商業機構互相競爭，是縣與縣之間激烈競爭的一個理由。張強調，中國的縣制度的每一部分都不是新的，新而重要的是這些部分的組合，通過承包責任合約的擴張：使用權的授予是換取履行，而這基本原則無處不用[14]。

作爲一個老牌制度經濟學家和產權經濟學創始人，張五常自然不否認私有制與市場的價值，但他更關注中國經驗中政府體制獨特的「合約結構」功能。在他看來，中國改革的經驗證明，私產與市場對改進人民的生活無疑重要，但必須加入界定經濟制度的合約結構與安排來看問題。中國的經濟制度牽涉到一個罕見的廣泛而複雜的合約結構，這種安排促成的縣際競爭，關鍵性地解釋了「中國問題」。而沒有中國政府或共產黨的主持，中國的經濟制度不會奇蹟般地發展起來[15]。張激賞中國經濟制度的高效率，他甚至盛讚「中

12 張五常上引書，頁148-149。
13 張五常上引書，頁158-159。
14 張五常上引書，頁160-163。
15 張五常上引書，頁164-166。

國的經濟制度是人類歷史上對經濟增長最有效的制度。」[16]

《中國的經濟制度》是張五常對中國經濟改革長期跟蹤研究的成果。也許令這位老牌新制度經濟學家始料未及的是，他1968年於美國創立的「佃農理論」，竟在40年後的轉型中國開花結果。當張把增值稅視爲「佃農分成」、將掌握土地使用權而以發展績效相互競爭的縣政府視爲「地主」(北京是最大的地主)或「公司」時，他終於在這種獨特的「合約約束競爭」中發現了中國經濟奇蹟的奧秘。

三、秦暉的「低人權優勢論」

在主流經濟學家的市場論和張五常的政府論之外，清華大學歷史系教授秦暉對中國經濟奇蹟作了一種截然不同、且深具批判性的解釋，即「低人權優勢論」。秦的歷史、經濟、政治、思想史等跨學科的宏闊視野和對蘇俄東歐轉軌的獨到研究，使他獨具深刻的轉型中國的問題意識。秦暉認爲，導致中國30年經濟持續高速增長的原因，既非「政府成功」，也非「市場成功」，更與所謂「市場政府雙重成功」的「北京共識」不相干，而在於中國的「低人權優勢」。所謂中國經濟奇蹟正是全球化時代資本向人權窪地流動的結果。

秦暉認爲，在後共產主義轉型社會，中國經濟的持續高速增長，除了其低工資、低福利的傳統優勢外，更以其威權政治的「低人權」的「優勢」而人爲壓低人力、土地、資金和非再生資源諸要素的價格，以不許討價還價、限制乃至取消許多交易權利的辦法「降低交易成本」，以壓抑參與、漠視信仰和公正、刺激物欲來促使人的能量集中於海市蜃樓式的單純求富衝動，從而顯示出無論自由市場國

16 張五常上引書，頁165。

家還是福利國家都罕見的驚人競爭力，也使得無論採用「漸進」的還是「休克療法」的民主轉軌國家都瞠乎其後。或許，中國奇蹟只有這種解釋才能成立[17]。

秦暉強調指出，中國式的市場經濟的優勢還在於，低人權國家納入全球化進程後，可以學習自由經濟創新的成果，而西方民主國家卻無法學習其鐵腕手段。這樣，中國和西方競爭的勝負就難以逆料[18]。

在秦暉看來，中國的「低人權優勢」離不開全球化的經濟環境。像中國這種低人權的狀態，如果在封閉的條件下不可能有經濟奇蹟發生。現在的北朝鮮和中國改革以前也是低人權國家，卻並沒有什麼經濟奇蹟。然而在開放的背景下，低人權則可以轉化爲一種所謂「競爭力」，此即「劣幣驅逐良幣」。例如，南非當年是非洲經濟發展最好的國家，也是世界上發展比較快的國家；因爲南非一方面對外開放，另一方面把黑人當作一種既不給自由也不給福利的勞動資源來加以使用。但是，南非在民主化以後競爭力就下降了。南非黑人的處境比以前改善了，但是南非在國際貿易、國際競爭中的競爭力，卻大大降低了。

中國經濟起飛是全球化的產物。秦暉指出，現在的全球化其實只有市場全球化，而沒有人權全球化。因而，資本就自然而然地從高人權的地方向低人權的地方轉移，而商品則從低人權的地方向高人權的地方輸出，從而把高人權地方的產業都替代掉。發達國家勞動階層的處境，比100年以前有很大的改善。現在西方左派反對全球

17 熊培雲，〈為有未來，討價還價：專訪清華大學歷史系教授秦暉〉，《南風窗》，2008年第14期。

18 秦暉、劉蘇里，〈「左右之爭」與「昂納克寓言」〉，《SOHO》小報，2010年第3期。

化的理由，就是因爲全球化造成了西方資本的大量流出，以及像中國這樣的低人權國家的「血汗工廠」的廉價商品大量輸入。全球化時代這種資本和商品的相對流動，理論上應不利於西方的勞工階層或弱勢階層，而有利於中國的勞工階層或弱勢階層。它之所以實際上並沒有給中國勞動階層或弱勢階層帶來多少好處，主要是由於政治原因。中國的勞工階層根本沒有討價還價的機制，既沒有工會，也沒有參與談判的能力。儘管資本輸入商品輸出本來是有助於提高勞工的談判地位的，但是礙於中國的政治體制，這種談判地位並沒有成爲現實[19]。

秦暉進而借虛擬的前東德極權國家搞市場經濟而戰勝西德的「昂納克寓言」，闡發他的「低人權優勢論」，並批判了「血汗工廠打敗了福利國家，野蠻資本主義打敗了民主社會主義」的威權市場經濟[20]。

秦暉不無擔憂地指出，隨著中國的崛起，一種世界中國化的可能性正在出現。隨著全球資本的湧進中國，中國的廉價商品流向全世界，自由和福利雙重匱缺的中國經濟模式對世界兩大主流的市場經濟模式、即自由放任和福利國家都構成了越來越大的衝擊。現在世界上已經形成了這樣的趨勢：福利國家必須降低福利標準，而自由貿易國家則將不得不重塑貿易壁壘，否則對中國都無法應付，而且這還僅僅是開始。

關於中國經濟奇蹟，秦暉的「低人權優勢論」與張五常的觀點大異其趣。張極力讚美中國經濟制度的高效率，他在2007年弗里德

19 陳宜中，〈為自由而限權，為福利而問責：秦暉先生訪談錄〉，《思想》，第14期(聯經出版公司，2009)。

20 秦暉、劉蘇里，〈「左右之爭」與「昂納克寓言」〉，《SOHO》小報，2010年第3期。

曼紀念會上甚至誇讚「中國比美國自由」。秦暉當然不同意這種觀點，他對張站在美國立場上罵歐洲而後站在中國立場上罵美國、從而得出「歐洲學美國，美國學中國」的結論，頗不以爲然。秦張二氏的分歧在於：對於中國經濟競爭力的「低人權優勢」，秦持批判立場，而張則抱欣賞態度。作爲左翼自由主義者，秦暉一直主張自由主義與社會民主主義的「共同底線」，追求「自由」與「福利」協調發展的現代化模式。而這正是中國發展模式所匱缺的。

四、黃宗智的「改革的國家體制」

華裔美國歷史學家、加利福尼亞大學洛杉磯分校歷史系教授黃宗智對中國改革及經濟奇蹟的詮釋，則綜合了市場主義和政府論的視野，並融入了秦暉式的批判立場。在〈改革中的國家體制：經濟奇蹟和社會危機的同一根源〉一文中，黃指出，改革30年來中國國家在舊體制和市場化的相互作用下，形成了一個獨特的國家體制，它既是中國30年來經濟發展奇蹟的能動主體，也是同時期凸現的社會和環境危機的主要根源[21]。

黃宗智認爲，中國在市場化轉軌中採用計畫和市場的「雙軌」進路，「摸著石頭過河」來逐步市場化，結果在舊體制的基礎上，通過中央和地方的分權，以地方政府爲能動主體，結合市場刺激而形成了改革經濟的主要動力。從1980年代以舊式大隊、公社爲基礎而興辦的鄉鎮企業，到後來以縣、市、省級政府爲招商引資的能動主體，大規模引進國內外資本，由此推動了經濟的快速發展。因而，

21 黃宗智，〈改革中的國家體制：經濟奇蹟和社會危機的同一根源〉，《開放時代》，2009年第4期。

推動中國經濟發展的主要動力既不簡單是計畫經濟下的國家，也不簡單是市場經濟下的企業，而是兩者的結合。正是改革中形成的體制，把舊制度下政府龐大管制權力的弱點變成市場化經濟發展的優點：正因爲舊體制所特有的國家威權，改革中的地方政府能夠高效率地動用舊體制所掌握的資源，包括「人力資本」(尤其是能幹的集體和國家幹部)和土地(因此有大規模「徵地」的現象)，以及資本、勞動力和原材料。由於威權政府，企業可以使用不必遵照勞動法規、也不必爲之提供福利的廉價勞動力，即兩億多「非正規經濟」中的農民工和下崗工人。威權性地壓低勞動成本，甚至省略基本安全措施，使用超時工作的、不附帶福利成本的、不允許組織工會的勞動力，全是由「改革的國家體制」所主持的。中國由此在追求全球資本的競爭中，提供了極其廉價的勞動力，利用新古典經濟學家所謂「比較優勢」，使中國迅速成爲世界外資投入最多的發展中國家。因而，和右派的市場主義解釋不同，中國改革30年的經濟發展絕不簡單來自市場化的動力。正是經過舊體制的分權，結合新的市場化，激發了地方政府的積極性，推動了它們之間的競爭，並且形成了以擴增GDP爲主要審核政績的制度。中國社會主義市場經濟的獨特性，在於地方政府在經濟發展中所扮演的特殊角色和所起的關鍵作用[22]。

黃宗智進而指出，中國經濟奇蹟的來源同時也是社會和環境危機的來源，這是一個硬幣的兩面。在招商引資和徵地等改革舉措下，只可能形成官商勾結的新利益集團。同時，在非正規地使用廉價勞動力的比較優勢下，也只可能形成尖銳的貧富不均和社會矛盾。加上原有的城鄉差別，便是今天社會危機的主要內容。改革以來，中

22 黃宗智上引文。

國已從一個追求平等的國家迅速變爲世界最不平等的國家之一。和左派的批評不同，今天的社會不平等和社會危機並不簡單源於市場化中資本主義對廉價勞動力的剝削，它還附帶著中國國家的強力推動。不遵循勞動法規、不允許農民工組織自發的工會等政策乃是國家行爲，而不是資本或外國的單邊行爲。中國的環境危機也不簡單地是由於引進了西方資本主義，任其把工業對環境的破壞從本國轉移到了中國。這裏還有中國國家體制的因素，正是靠分權和市場化激發的地方政府的發展積極性，以及其圍繞GDP的政績考核制度，促使地方官員在資源稀缺的大環境下，把招商引資作爲第一優先目標，而相互競爭引進資本。他們一方面提供廉價土地、勞動力、原材料、財政優惠等等條件；同時，爲了提高本地的競爭力，更著重優先發展公路、鐵道、供能等基礎建設，而環境保護則只可能是次要的考慮。改革的地方國家體制在推動了「奇蹟」性的發展的同時，也嚴重破壞了環境，兩者亦爲同一事物的兩面。其實，忽視環境保護甚至是招商引資策略的一個重要組成部分，是吸引外來投資的秘訣之一。同時，外資和地方政府不可避免地形成了一個衛護這種機制的利益集團。各地環保抗爭運動幾乎不可避免地會首先遇到政—資方的聯合打壓[23]。

在黃宗智看來，改革中所形成的國家體制既非簡單的資本主義，也非簡單的計畫經濟，而是兩者結合的產物。它以發展主義式的地方政府爲主體和動力，它是市場化和企業化了的地方政府，是一種地方國家+企業的結合體、外資+中國政府的結合體，而不能簡單地用非此即彼二元對立的市場主義和計畫經濟、西方和中國、或資本主義和社會主義來理解。黃宗智強調，中國「改革的國家體制」

23 黃宗智上引文。

已經形成一個特殊的體系及其特色。首先是中央政府表達和實踐之間的背離，它既提倡發展主義，並設置了以擴增GDP爲本的地方官員政績審核制度，又提倡社會公正和環境保護等理想，這導致了中央和地方政府的矛盾行動。其次，改革的國家體制是一個行政分權和中央集權微妙結合的體制。此外，這種體制所形成的政府部門牟利化，也是舊體制和新市場經濟結合的另一面。黃預言，這種特殊的國家體制既可能是一種過渡性的體制，也可能成爲長期凝固的體制。從正面說，它推進了震驚世界的經濟發展奇蹟；從反面說，它導致了嚴重的社會和環境的危機，並具有官僚化的舊體制和牟利化的新體制混合的制度性弊端。如果不進一步改革，很可能會凝固成一種新的僵化體制[24]。

黃宗智以「改革的國家體制」詮釋中國奇蹟及其困境，綜合市場主義和政府論的視野，並對中國發展模式之利鈍得失進行了深刻的反思。耐人尋味的是，黃對於中國經濟發展奇蹟之求解和對中國模式之反思，遠較國內主流經濟學家的市場主義觀點更爲深刻透徹，顯示了一位「後設」歷史學家橫跨經濟、政治、社會的大視野和縱貫傳統與現代的歷史感。

五、「市場巨靈」與中國奇蹟

關於中國經濟30年持續高速增長奇蹟的原因，學術界的解釋見仁見智。國內主流經濟學家多持市場主義觀點，將中國經濟起飛歸因於市場化改革或經濟自由化的結果。如張維迎將改革的巨大成就歸因於以市場化爲導向的改革道路；茅于軾將中國經濟改革的成功

24 黃宗智上引文。

歸爲生產要素的自由流動、對私有財產的保護和採納了市場經濟制度；林毅夫強調中國經濟轉型的成功主要得益於其獨特的漸進改革模式；周其仁認爲中國高速增長的關鍵是通過改革開放大幅度降低制度和組織的成本；樊綱強調經濟效率的提高之於中國經濟成功的意義；錢穎一將中國經濟起飛的動力歸結爲激勵、市場和對外開放；陳志武強調中國高速經濟增長是融入全球化市場經濟的結果。經濟學家們圍繞市場化轉軌，從經濟學上多維度地詮釋了中國經濟改革和經濟增長的成功經驗，從而揭示了中國經濟轉軌的基本動因和主導趨勢。毋庸置疑，市場經濟釋放了億萬中國人的自由和創造財富的巨大潛能，中國經濟奇蹟離不開市場化和經濟自由化的經濟改革。30年來，正是破除政府資源壟斷和政府管制而恢復個人經濟自由的「改革」和融入市場經濟的全球化潮流的「開放」，推動了中國的經濟起飛。因而，陳志武謂中國奇蹟是「自由的奇蹟」，亦不爲過。

然而，對於後全能主義中國的經濟改革和高速增長而言，市場主義的經濟學詮釋還遠遠不夠。因爲這些單一的經濟學解釋忽略了中國改革的主體——政府的體制和行爲在經濟發展中的巨大能動作用，而這恰恰是理解中國改革的關鍵所在。質言之，如果說中國改革本質上是一場全能主義國家因應市場經濟之挑戰的調適性變遷，那麼，中國改革的邏輯就不可能僅僅用市場主義經濟學理論來詮釋。中國改革故事的主角與其說是「市場」，毋寧說是「國家」。而中國的改革方略，是「國家爲體，市場爲用」。正是這種後全能主義國家的「新重商主義」，使中國得全球化之助而獲得了超高速經濟增長。因而，分析中國經濟轉軌和經濟發展問題，經濟學的理論限度顯而易見。儘管北大會議的主流經濟學家們多以市場主義詮釋中國經濟改革的邏輯和經濟起飛的原因，並且他們也注意到中國經濟發展中存在的法治不彰、權貴資本主義、「後發劣勢」、貧富分化、環境危機等問題，但其單一的經濟學視角顯然不可能深刻把握中國後全能主義改革之複雜的本質特性，更不可能對中國經濟奇蹟及其相伴生的中國問題提供深刻有力的整體解釋框架。

轉型時代的中國經驗，無論是中國改革、中國奇蹟和中國問題，都具有相當的獨特性。改革開放30年來，中國在從計畫經濟向市場經濟轉型的過程中形成了「中國特色」的「社會主義市場經濟」，其實質上是一種國家宏觀控制經濟、企業微觀引入市場機制的「後計畫型市場經濟」。這種後計畫經濟的國家與市場奇妙結合的「市場巨靈」[25]，史無前例，功能奇特，它因融計畫經濟的強大動員能力和市場機制的敏活效率於一體，而具有驚人而罕見的巨大經濟競爭力，從而對斯密和馬克思的經典理論都提出了挑戰。

所謂「中國經濟奇蹟」，首先是中國改革的奇蹟。按照斯密的市場經濟理論和馬克思的共產主義理論，並徵諸英國式資本主義和蘇俄式社會主義的歷史原型，社會主義與市場經濟勢若水火冰炭。社會主義計畫和資本主義市場，為現代經濟譜系的兩端，但在兩者之間還存在一些可以組合互動的中間地帶，而並非僅有社會主義與資本主義兩種非此即彼二元對立的經濟模式。經典的社會主義計畫經濟與資本主義市場經濟的根本衝突，在於公有制和私有制的對立，市場經濟的可計算性須以獨立的產權為基礎，而產權闕如的公有制自然與市場經濟格格不入。因而，社會主義與市場經濟的相容，關鍵在於改革剛性的公有制。中國經濟改革的高明，在於以意識型態的「不爭論」模糊「姓社姓資」、「公有私有」的界線，同時以

25 「巨靈」(Leviathan音譯「利維坦」)，為《聖經》傳說中一種力大無窮的巨獸，霍布斯以此比喻強大的「國家」。

「抓大放小」的產權改革形成以公有制為主體而國有、集體、私人多種所有制並存的混合經濟模式，並通過對國有企業實行所有權和使用權的分離，而引入「數目字管理」的市場機制。由此，中國經濟改革以一種靈活有效的混合產權結構「軟化」了剛性的社會主義公有制，從而實現了「硬政治—軟經濟」的相容重組，形成了一種非典型的獨特的「社會主義市場經濟」體制，這種東方式的「威權市場經濟」仍保留甚至強化了後全能主義的國家控制。如果說毛澤東模式是一種「馬克思+秦始皇」的全能主義，那麼，轉型中國的社會主義市場經濟則是一種「馬克思+秦始皇+斯密」的奇特混合體。此即所謂「中國模式」的全盤經緯。對於這種後全能主義轉型經濟，美國和歐盟迄今未予承認中國的市場經濟地位，而充滿困惑的西方人創造了「共產資本主義」、「市場列寧主義」等種種怪誕而悖謬的新詞，來命名中國式的奇特的市場巨靈。所謂舉世震驚的中國奇蹟，正是轉型中國之市場巨靈的產物。

另一方面，中國經濟模式的畸形和缺陷，亦顯而易見：高財稅低收入、高積累低消費、高出口低內需、高房價低福利等等，無不表徵著中國式「後計畫的國家市場經濟」之國家主義的特性以及其國富民窮的缺陷。房地產是中國經濟高速增長的一大引擎，導致中國房價奇高的土地國家壟斷和地方政府的「土地財政」，可謂中國式「國家市場經濟」的一個縮影。與「中國奇蹟」相伴隨的是增長性貧困：一方面是中國GDP和財政收入的超高速增長；另一方面是國民收入與GDP增長的嚴重脫節，我國國民勞動報酬占GDP的比重由1983年的56.5%持續下滑，2005年已經下降至36.7%，與此形成鮮明比照的是財政收入和資本報酬增幅的一路走高。由此，貧富懸殊愈演愈烈。

耐人尋味的是，在一個具有強國家傳統而走向市場化的轉型社會，中國式轉型經濟的高效率並不違背關於創新的政治學原理。誠如鄒讜所言，在一個多元的權力分散的社會中，創新的機會比較多；反之，在一個一元的權力集中的社會中，創新的機會則比較少。但另一方面，在一個權力集中的社會中，如果接受了外來的技術和經濟創新成果，那麼推廣和應用起來則可能會快於一個權力分散的社會[26]。對於一個處於全球化時代的後全能主義轉型國家而言，中國市場化轉軌所導致的經濟領域的權力分散化既有利於創新，而其權力高度集中的國家體制又具有引進和推廣外來創新成果的高效機制。中國經濟奇蹟正是源於轉型中國高度集權的後全能主義國家和多元分化的市場機制的奇妙結合。

中國式轉型經濟的市場巨靈，是一個「國家—市場」的兩面神。市場主義者以斯密和華盛頓共識詮釋中國改革，自然只看到了中國式國家市場經濟之「市場爲用」的一面，而忽略了其更爲根本的「國家爲體」的另一面。無怪乎，有些主流經濟學家對中國經驗的特殊性視而不見，而侈談「中國無特殊論」，認爲導致中國經濟增長的因素(如低通貨膨脹、高儲蓄率、高投資率、人口紅利、重視基礎教育等)和中國經濟的問題(如法治不健全、腐敗嚴重和收入不平等)都並無特殊之處，這表現了某些主流經濟學家對中國問題驚人的理論麻木。

正是市場主義的理論限度，凸顯了張五常立足本土經驗而開創中國經濟學派的理論嘗試。張關於中國經濟制度的研究，超越了市場與政府二元對立的自由主義教條，從產權轉向地方政府競爭的「合約結構」，進而從競爭的縣制度這一「市場巨靈」的細胞中找到了

26 鄒讜，《二十世紀中國政治》(香港：牛津大學出版社，1994)，頁55。

破解中國經濟奇蹟之密碼的鑰匙。然而需要指出的是，張五常從縣制度和政府行爲的視域分析中國經濟發展問題，仍未脫制度經濟學的進路，而缺乏政治學、社會學的理論視野和批判的問題意識。無怪乎，這位數十年研究西方經濟學的宿儒會盛讚國家與市場結合的中國經濟制度爲「人類歷史上最好的經濟制度」，而對中國經濟特有的問題及其所導致的嚴重的社會矛盾和環境危機熟視無睹。張的中國經濟研究，歸根結底仍未脫市場主義經濟學之窠臼。

秦暉的「低人權優勢論」以其獨到而深刻的後共產主義轉型社會的問題意識，以及政治經濟學及轉軌經濟學的宏闊視域，揭示了中國市場巨靈之「硬政治—軟經濟」的兩面神本質、以及中國奇蹟的動因和問題。與主流經濟學的市場主義觀點和張五常的政府論相比，秦暉的深刻之處，在於他看到了在中國廉價勞動力的比較優勢和地方政府招商引資的低人力低地價競爭的背後，是中國人權匱缺的制度環境。在中國，舉世無雙的城鄉二元結構、農民工的非國民待遇、土地國家壟斷、公民權利的匱缺、民眾的低福利等等，這一切有利於資本而不利於勞工的低人權狀態，以一種工會缺席的國家市場經濟模式，吸引了全球資本湧入中國，使中國迅速成爲製造廉價商品的世界工廠，並使中國具有一種無論計畫經濟抑或自由市場經濟都難以匹敵的超級競爭力。此即中國勞動力「比較優勢」和「縣制度競爭」的奧秘所在。而晚近頻頻發生的唐福珍抗拆遷自焚事件、富士康工人連環跳樓事件、廣汽罷工風潮等等，無不凸顯了中國經濟模式之「低人權優勢」的困境。

歷史學家黃宗智試圖以超越市場主義和政府論的視域，分析轉型中國「改革的國家制度」之於經濟發展的複雜影響。他將改革時期中國在舊體制和市場化相互作用下形成的亦計畫亦市場的獨特國家體制，歸爲中國30年來經濟發展奇蹟的能動主體和社會與環境危機的主要根源。黃的觀點綜合了市場主義和政府論的觀點，並且吸收了秦暉「低人權優勢論」的批判立場，其「改革的國家制度」說對中國30年改革的宏觀詮釋，爲中國奇蹟和中國問題提供了一個富有歷史感的整體解釋框架。鶴

六、市場巨靈與發展型國家

中國的「後計畫型國家市場經濟」模式，使人聯想起與東亞奇蹟相伴生的「發展型國家」。詹鶴1982年在《通商產業省與日本奇蹟》中提出「發展型國家」概念，將日本式的「發展型國家」歸爲國家社會主義與自由資本主義之外的第三類政治經濟形態。據此，詹鶴概括了三種國家形態：「計畫意識型態國家」(史達林主義國家)、「監管型國家」(新政美國)、「計畫理性國家」(日本)。後來，韓國和臺灣亦被歸入發展型國家，「發展型國家」成爲「東亞模式」的代名詞。禹貞恩(Meredith Woo-Cumings)將發展型國家概括爲一種「干預主義國家」，它既非社會主義類型，也非自由市場類型，而是一種「計畫理性的資本主義發展型國家」，兼有私人所有權和國家指導的屬性[27]。潘佩爾 (T. J. Pampel)指出：「發展型國家把它們的使命主要定義爲長期促進國民經濟的發展。爲了提高它們國內經濟的國際競爭力，它們積極並經常地干預經濟活動。這些國家尋求創造『競爭優勢』，而不是接受在世界上根據『比較優勢』形成的預定地位。從這個意義上說，發展型國家是強調經濟民族主義和新重商主義的德國歷史學派邏輯上的衣缽繼承者。這些發展型國家

27 (美)禹貞恩編，《發展型國家》(長春：吉林出版集團，2008)，頁3。

行爲的中心是具有超強能力和自主性的國家官僚。」[28] 潘氏區分了兩種發展型國家：一是蘇聯東歐的社會主義發展型國家，即「計畫意識型態」國家，其以非經濟的意識型態性的使命爲目標；一是東亞的資本主義發展型國家，即「計畫理性」國家，它以提高經濟競爭力爲目標[29]。「發展型國家」具有國家社會主義和國家資本主義兩種類型。

關於東亞「發展型國家」，潘佩爾概括了其八個共同特徵：一是「強政府」；二是國家與社會的模糊界線；三是土地改革；四是較開放的內部權力結構；五是通過適宜國際商品銷售的發展來提高國民經濟的競爭力；六是積極有效的市場干預；七是在應對國際資本滲透的危害時具有相當的自由度；八是在經濟和安全政策上與美國有著緊密聯繫[30]。

顯然，轉型中國的政治經濟體制既非東亞式「資本主義發展型國家」，也非蘇俄式「社會主義發展型國家」，而是國家社會主義和國家資本主義的混合體。誠然，中國這種另類新型的「發展型國家」與東亞發展型國家不乏相似性，但二者存在著顯著差異：

一、中國和東亞雖然都具有由「強政府」推動的國家主導型工業化的特點，但中國後全能主義黨國體制完全不同於日本式的官僚體制，其「強國家」之控制和干預經濟的超強力量，遠非日本通商產業省可以比擬。改革時代中國新設立的國家發展改革委員會，統管全國經濟的規劃、價格和投資審批，與以往的國家計畫委員會一脈相承。日本和韓國的政府干預主要表現爲國家產業政策的引導、

28 《發展型國家》，頁161。

29 同上。

30 《發展型國家》，頁185-186。

政府的指導性計畫和扶植大財閥等。而中國的政府干預則具有後計畫經濟的巨大慣性，中央集權的指令性計畫和經濟管制遠未完全退出經濟領域。30年來，改革的中國徘徊於國家社會主義與國家資本主義之間，1980-90年代的「國退民進」逐漸爲新世紀的「國進民退」所取代。2008年，中國政府應對世界金融風暴的4萬億經濟救市計畫令全球瞠目，也令所有東亞「強政府」相形見絀。日本戰後已完成民主轉型，韓國和臺灣的經濟起飛則與民主轉型同步，其「柔性威權政府」隨著工業化而逐步向民主政治轉化。而30年來，中國的國家體制則經歷了由全能主義而威權主義的變遷，而新世紀以來則有新全能主義回潮之勢，其干預和控制經濟的「超強政府」，顯然是任何東亞「強政府」所望塵莫及的。公司型的地方政府、「招商引資」、「土地財政」、政府投資型經濟、高稅收低福利、國富民窮等，皆爲中國超強政府體制的特產。

二、與日韓之國家引導的市場經濟相比，中國「以公有制爲主體」的「社會主義市場經濟」保留了大量的前計畫經濟的遺產，它實質上是一種半計畫半市場的混合經濟模式。中國通過開放市場和「抓大放小」的國企改革，形成了大型國企+中小型民企的「雙軌制」半計畫半市場經濟。改革時代形成的高壟斷性的巨型中央級國企，承襲計畫經濟之衣缽，通過壟斷性的行業整合而主導了中國能源、通信、銀行、交通等國民經濟的命脈。近年來，央企資產急劇擴張，從2002年的7萬億增至2009年的21萬億。在2007年的世界500強企業中，入榜的中國企業如中國石化、中國石油、國家電網、工商銀行、中國移動通信、人壽保險、中國銀行、建設銀行等，爲清一色的中央級國有企業。而榜中其他東亞企業則多爲馳名世界的私人企業，如日本的豐田、本田、日產、日立、松下、索尼、東芝、三菱、三井、富士通、佳能，韓國的三星、LG、現代、SK，臺灣的鴻海等。30年來，中國民營企業蓬勃發展，但其規模仍與「巨無霸」的央企相形見絀。2008年中國民營企業500強排名前10企業的營業收入總額為6487億元，遠不及中國石油化工集團的營業收入12278億元。中國經濟的國家壟斷與日韓經濟的財閥壟斷，相映成趣。

三、日本奇蹟和東亞奇蹟的一大特點，是經濟增長和社會平等的同步化。潘佩爾指出，東亞發展的一個悖論式的謎題，是高增長並且有高水準的社會平等和社會福利，儘管沒有一個強有力的左派和制度化的福利國家。根據基尼係數，日本的社會平等水準與瑞典和挪威相當。韓國的基尼係數從60年代中期開始一直在0.33-0.35之間。而臺灣則已降至0.3以下[31]。日本、韓國和臺灣經濟起飛時期基尼係數一直保持在較低水準，無一達到0.4的警戒線，且總體呈現下降趨勢。與東亞模式的高增長低基尼係數相比，伴隨中國經濟高速增長的，則是貧富分化愈演愈烈。中國不斷攀升的基尼係數，至2000年已突破0.4的國際警戒線，此後更是一路走高。改革30年來，中國從一個追求平等的社會主義國家急劇轉變為世界上最不平等的國家之一。這很大程度上是由中國特有的城鄉二元結構、以及權貴資本主義、國企壟斷利潤等造成的。

由此可見，中國的後全能主義轉型經濟與東亞模式貌合神離，二者由於政治體制的不同而具有本質的差異。如果說，東亞模式的「發展型國家」具有「國家資本主義」的特徵，那麼，中國模式則是一種「後計畫型國家資本主義」。中國經濟的特色，在於其後全能主義和後計畫經濟的「轉型經濟」。

結語

31 《發展型國家》，頁180。

中國改革30年以來的經濟奇蹟和與之相伴生的中國問題，皆源於國家與市場奇妙結合的「市場巨靈」。市場巨靈的興起，究竟是中國由計畫經濟而市場經濟轉型的過渡形態，抑或如新左派所鼓吹的意味著一種挑戰西方的「中國模式」新文明的誕生？這種市場巨靈的前景，究竟是「中國世界化」，還是秦暉所警告的「世界中國化」？

中國改革中所形成的政府主導的半計畫半市場的「後計畫型國家市場經濟」，以其無與倫比的巨大力量創造了中國經濟奇蹟，同時也導致了嚴重的社會與環境的危機，它對斯密和馬克思的經典理論都提出了挑戰，世上沒有一種理論可以適用於中國大轉型的歷史巨變。但中國式市場巨靈的挑戰，與其說是文明的挑戰，毋寧說是理論的挑戰，即中國大轉型的歷史經驗對各種既有理論教條的挑戰。然而經濟畢竟不是人類文明的全部。誠如秦暉所言，「中國模式」且慢說對西方文明的挑戰與超越，中國式的自由與福利雙重匱乏的經濟發展，尙未及美國式自由市場經濟和北歐式福利國家的「共同底線」，談何「超越」？奧巴馬總統接受採訪稱：中國目前人均生活水準僅及美國100年前1910年的水準。因而，所謂歐美學中國的「世界中國化」，其可能性是堪疑的。中國充其量可能成爲第三世界發展中國家的新榜樣。但正如張五常所言，創造「中國奇蹟」的中國經濟制度是共產黨國家的特產，豈是一般第三世界國家想學就學得了的？此即「中國的特殊性」。

中國目前最大的挑戰，是在經濟起飛中如何保持經濟的持續高速增長趨勢，同時通過民主化轉型，而化解由低人權經濟發展模式所導致的愈益嚴重的社會矛盾和環境危機。

高力克，浙江大學國際文化學系教授。

從世界革命到中國模式

兩場革命*

佩里・安德森(Perry Anderson)
章永樂、葉蕤 譯

如果說20世紀受俄國革命的軌跡主導的程度超過了任何其他單一事件，那麼21世紀的形貌便將由中國革命的後果所塑造。蘇維埃國家，這個一戰的產兒，二戰的勝利者，於第三次的冷戰中被擊敗，問世70年之後在幾乎未發一顆子彈的狀況下解體，迅速得如同它當初突然出現。現存的俄羅斯，面積小於啓蒙時代所知的俄國，人口不及原蘇聯的一半，而且與沙俄末日相較，如今重建起的資本主義更加依賴原材料出口。即使不排除未來發生逆轉的可能性，至少目前看來，無論怎樣積極評價，十月革命的遺存都十分有限。其最爲深遠巨大的成就，是在消極意義上：蘇聯的確擊敗了納粹，這是任何其他歐洲政權都無法與之比擬的。這一點，無論如何都是今天普遍接受的結論。

而中國革命的後果卻提供了一個耐人尋味的對照。在進入第七個10年時，中華人民共和國是世界經濟的一架引擎，對歐洲、日本、美國三地同爲最大的出口國，在世界上持有最多外匯儲備，也是有

* 本文英文版原發表在《新左翼評論》(*New Left Review*)總第II-61期，2010年1-2月號，由作者授權翻譯發表。

史以來，最大數量的人口在四分之一世紀中保持最快人均收入增長率的國家。其大城市在商業和建築領域有著無可匹敵的雄心，其商品無處不售。它的建設商、探礦者以及外交官爲尋求更多的機會和更大的影響力而遊走全球。無論是昔日的敵人還是朋友，此刻都在獻殷勤；這個「中央之國」在其歷史上首次成爲一個真正意義上的世界強權，影響及於所有大洲。關於前蘇聯解體，關於其所標誌的整個局勢的轉折，「共產主義的失敗」成爲無出其右的最經典表述。可是20年之後，這個封號看起來有點歐洲中心。從某種眼光來看，共產主義不但仍然存在，而且還成了這個時代的成功範例(譯者注1)。不消說，在這一成就的特質與規模中，有著不止一處令人不快的反諷。但是談到革命在中國與俄國的命運之不同，則是毋庸置疑的。

如何解釋這一對照呢？這個問題儘管有著世界－歷史意義上的重要份量，卻從來沒有被充分討論過。當然，其中關鍵不僅僅是要比較兩次極爲相似卻又各有特色的大動盪，比如曾爲人熟稔的1789年法國大革命與1917年俄國革命之比較，被考察的兩者在各自不同背景下並沒有其他關聯。而中國革命則直接發源於俄國革命，並且一直與後者緊密相連，從中獲取啓發或教訓，直至二者在1980年代末同時到了見真章的時刻。這兩場革命的歷史經驗並非相互獨立，而是構成了自覺的連續演進[1]。無論怎樣考察中俄革命的不同後果，二者的關聯都必然要進入視野。而要解釋這些問題，又需要進一步在若干層面上進行反思。本文將分疏其中的四個層面。第一，這兩

1 Isaac Deutscher 出色的文章，“Maoism—Its Origins and Outlook”，仍然是對這兩場革命之間關係進行任何考察的起點。見氏著 *Ironies of History*（Oxford: Oxford University Press, 1966), pp. 88-120.

場革命的政治動力——即兩國各自的政黨，及其各自所採用的戰略——從其主觀意識上講，在多大程度上相異？第二，當兩個掌權的政黨各自開始實施改革時，它們的客觀出發點——包括社會經濟條件以及其他條件——是什麼？第三，兩個政黨各自採納政策的實際效果如何？第四，哪些來自於兩個社會各自漫長歷史進程中的成份，可以被視為是導致了兩場革命及其改革最終結局的內在決定性因素？鑑於中華人民共和國仍健在而蘇聯已消失，而且前者的未來似乎也是國際政治面臨的中心困擾，本文結構上將以中國為中心，以俄國為其投影之鏡鑑——俄國並不是唯一相關的鏡鑑，但卻是其他鏡鑑難以迴避的條件，這一點很快就會得以明確。

一、革命的孕育

眾所周知，十月革命是一場極為迅疾的城市起義，僅僅數天就在俄羅斯那些重要城市中成功奪權。十月革命推翻臨時政府的速度與領導革命成功的政黨集結成型的速度恰相匹配。在尼古拉二世退位前夕的1917年1月還只有不超過兩萬四千名黨員的布爾什維克，9個月後傾覆克倫斯基政權時，已經迅速壯大到20多萬人的規模。他們的社會基礎在於年輕的俄羅斯工人階級，而這個階級在全俄總人口中所占的比例尚不足3%。他們在農村毫無影響，那是超過80%的俄羅斯人民生活的地方；他們也從來沒有想過要把農民組織起來——至少沒有比社會革命黨做得更多，而後者1917年曾得到農村廣泛的雲集響應。俄國革命僅憑如此單薄的支持力量便迅速獲得勝利，完全是因為一戰中慘敗於德國人的沙俄政權已筋疲力盡：軍事失利引發叛亂，瓦解了沙皇在國內的鎮壓體制，而二月革命也只留下了一個猶如搖搖欲墜的棚屋一般的繼任政權。

然而事實證明，如果權力在這樣的真空中被輕而易舉地奪取，那麼它一定很難維持。大片俄國領土被德國人占領。而當德國本身於1918年落敗時，十個國家——美國、英國、加拿大、塞爾維亞、芬蘭、羅馬尼亞、土耳其、希臘、法國，以及日本——分別派出遠征軍前來支持白軍，企圖摧毀新政權。這場艱苦的內戰一直持續到1920年。當戰爭最終結束時，先後經歷了世界大戰和內戰的俄國已是滿目瘡痍：鄉村裡，到處饑饉；城市中，工廠廢棄；工人階級被戰亂以及國家工業化的倒退所摧毀。列寧的政黨，其社會基礎或者被瓦解，或者已被吸收到新國家的結構中，成爲孤懸於殘破不堪的廣袤國土之上的權力架構：其統治與內戰的悲慘聯繫在一起，而不再令人聯想到十月革命曾帶來和平與土地的厚禮。

十月革命以超絕努力造就的蘇維埃社會主義聯邦共和國，覆蓋了前沙俄帝國的大部分地區。但是，作爲歷史上第一個拒絕以疆界爲基礎來界定自己的現代國家，新生的蘇聯並未訴諸愛國主義的自豪感或是民族構建。其訴求是國際主義的：全世界勞工運動的團結一致。布爾什維克在一個巨大的落後國家——經濟幾乎都還是農業，而人口大多是文盲——取得了政權，苦於在這樣一個尚沒有任何完整的資本主義先決條件的社會裡堅持社會主義的激進承諾，曾指望歐洲更爲發達、更工業化的國家發生革命，幫助他們脫困。這是個四面受困的執政者很快就輸掉的賭博，而且從一開始便對其治下的大眾沒有多大意義。既缺少國內支持，也無法從國外獲得援助，蘇維埃政黨必須依靠自己的力量，在一切可能情況下盡快實現向另一種社會形態的轉變。

1

雖然起源於俄國革命的感召，中國革命卻改寫了幾乎所有俄國革命的條件。成立於1921年的中國共產黨，4年後黨員仍然不足一千；此時她第一次開始成爲一支重要力量，既受到中國沿海城市工人階級在1925年「五卅運動」中鬥爭精神大爆發的催生，又得益於至關重要的蘇聯顧問和孫中山領導下羽翼未豐的廣東國民黨政權的物質支援。從這一奠基時刻到中共奪取全國政權，橫亙著長達四分之一世紀的鬥爭。其間的里程碑事件家喻戶曉：1926年的北伐戰爭，聯合了國共兩黨討伐主要的軍閥政權；蔣介石1927年在上海對共產黨人的大屠殺；隨後的白色恐怖；1931年成立的江西蘇維埃共和國，以及國民黨旨在將其鏟除的五次圍剿；1934-1935年間從江西到延安的紅軍長征，以及中共領導下西北邊區的創建；1937-1945年抗日戰爭時期的第二次國共合作和統一戰線；還有1946-1949年的最後一場內戰，人民解放軍最終橫掃了整個中國。

將這一經驗與俄國的政權易幟區別開來的，不只是截然不同的時間向度。兩者的奪權方式也是迥異的。按照韋伯的著名公式，如果將國家定義爲在確定疆域內對正當性暴力的壟斷，那麼革命就總是要打破這種壟斷，並出現列寧和托洛茨基曾稱之爲雙重權力的局面。從邏輯上說，這種局面可以經由三種不同方式達成，各自與韋伯公式中的三個關鍵詞相對應。首先，革命可以用摧毀統治正當性來打破國家對權力的壟斷，造成國家無法使用強制手段來鎮壓反對它的運動。伊朗革命可以視爲一個例證，這場革命並沒有發生戰鬥，王室倒台的時候，軍隊一直處於癱瘓狀態。另一種情況是，革命可以使用造反的暴力直接反抗國家暴力體制，在尚未獲得普遍正當性之前，就用一記毀滅性打擊將其徹底擊垮。這就是俄國革命的模式，這種模式只有在對手十分虛弱的情況下才可能成功。

最後，革命還可以在打破國家的權力壟斷時，既不是從根本上剝奪其正當性，也不是暴風驟雨般地解除其武裝力量，而是通過蠶食足夠多的領土來建立一個對立政權，如此一來，它遲早會腐蝕掉國家所占有的勢力和人民的認可。這是中國革命的模式。這並非中國所獨有，而是游擊力量奪取政權的一般路徑，南斯拉夫和古巴的革命者也是這麼做的。中國情況的獨特之處不在於革命在國家內部相繼建立的一系列「反叛政權」，而在於他們交相延續的長久。需要解釋的，正是這種持續性所依託的條件。

在世紀之交，羅曼諾夫王朝無論有多麼孱弱，都無可比擬地大大強於清王朝：作爲本土的固有體制，能夠爲其所用的不但有若干發達工業的基地與豐富的自然資源，更有龐大的軍隊以及深厚的愛國主義忠誠——這是來源於俄國對拿破崙的勝利。在遠東，俄國在蠶食中華帝國的歐洲列強中最爲貪婪。只是因爲戰爭中先後面對日本和德國的兩次嚴重潰敗，才引爆了反對羅曼諾夫王朝的1905年革命和1917年二月革命。而清王朝則與此不同，早在19世紀中葉就因被看作是外來政權而遭到憎恨，很快又因貪腐到淪爲西方列強的附庸而受唾棄。太平天國起義之後，清王朝從來沒能重新獲得對全國各地武力的中央控制。清政府已經變得如此虛弱，以致於1911年，在沒有遭遇到任何協調一致的反抗運動的情況下便轟然倒塌。後續政權沒有一個能夠達到韋伯公式裡的國家標準。中華民國先是分化爲軍閥割據的混亂局面，後來又發展爲以南京爲基礎的混合政權，其中國民黨控制著圍繞長江三角洲的中心地帶，各地軍人政權分掌周邊地區：蔣介石從來沒有控制過中國傳統上18個省區的一半以上，通常連一半都不到。

正是在這諸多權力中心相爭鬥的迷宮裡，中共才有可能在不同管轄權的夾縫中落腳，並建立起具有機動性的反抗力量。但是，儘管中共從未像布爾什維克那樣，與一個統一的國家機器正面對抗，它的對手卻更難對付，失敗的風險也更高。國民黨政權雖然被局限在由其牢固掌控的戰略要地範圍內，但直到壽終正寢，它都既不是一種絕對主義統治，也不是虛有其名的過渡政府。國民黨和共產黨是與其時代共生的對抗者，它們以相同的組織形式組建而成：這是同等現代的對手，企圖以各自不同的方式掌握中國。不過，國民黨有著遠爲強大的軍隊，配備有重型裝甲，並在一系列培訓與戰事中受到過德國軍事精銳——馮・塞克特(Von Seeckt)將軍和馮・法肯豪森(Von Falkenhausen)將軍——的調教。同時，國民黨還坐擁中國最富庶地區的稅收。假若日本沒有在1937年對南京政府發起全面攻擊的話，則無論長征曾體現出何等的英雄主義，國民黨也一定早在1930年代末就把共產黨掃蕩殆盡了。

在日本入侵造成的緊急狀態中，蔣介石——錯失了他的獵物，卻仍然執著相信共產主義是更大的危險——證明了他抵抗外來侵略者時的無能爲力。這位日本軍方的長期合作者——他策畫1927年上海清黨大屠殺時即與日方合作，並曾於事後不久飛往東京與日軍總參謀部簽署一項協議——本來已默認了日本對滿洲的占領，如今只能退守內陸；珍珠港事件後，他更想著坐等美國去贏得戰爭的最後勝利，以便他能用毫髮無損的嫡系部隊繼續對付共產黨。然而，日本1944年在中國發動最後的「一號會戰」(譯者注2)，將國民黨的精銳師團重創到難以重建的地步，讓蔣介石的如意算盤落了空。因爲拒絕全力抗日衛國，蔣介石獨裁統治所招致的名譽損失不在軍事失利之下。

在國民黨控制與日軍深入的範圍之外，中共則以偏僻的延安邊區根據地爲依託，在整個華北展開了日益卓有成效的抗日游擊戰。中共力量的壯大是因爲它能夠有效地將農村改革——減租減息，免除債務，有限度的土地再分配——與抵抗外敵相結合。這兩者的結合在占總人口絕大多數的農民階級中，帶來不斷擴大的群眾基礎，爲中共提供了俄國共產黨從未獲得過的深厚社會根基。在1937年到1945年的8年間，中共黨員人數從4萬增長到120萬，軍隊從9萬成長爲90萬大軍的規模。一旦日本投降，中共撒下的火種就在華北平原發展爲燎原之勢：到1947年內戰再次爆發之際，中共黨員人數又翻了一倍多，達到270萬人的規模。與此同時，在中部與南方的國統區，猖狂的腐敗與通貨膨脹摧毀了都市對蔣介石政權的支持；士氣低落的國民黨軍隊儘管擁有美械裝備，仍然不是人民解放軍的對手。隨著解放軍向南方挺進，越來越多的國民黨將領選擇投誠或倒戈：北京、上海、南京、廣州——幾乎沒有用到一槍一炮，中國的大城市一個接一個地從他們手中失落。

俄國的內戰發生於革命之後。就像是對革命的報應，內戰讓俄國陷入了比布爾什維克取得政權之前還要糟糕的境況。而在中國，革命結束了內戰，其立竿見影的效果彷彿是一種救贖。在超過百年的歲月裡，中國還沒有看到過一個能夠對外抵禦列強侵略、對內維持全國秩序的中央政府。共產黨卻同時帶來了國家獨立和國內和平。隨著國民黨的潰敗，美國軍官、英國砲艦、日本滯留人員，全都被迫捲鋪蓋走人了。人民解放軍的勝利，遠沒有對經濟和社會造成巨大破壞，反倒帶來了復甦和穩定。通貨膨脹得到控制，腐敗被消除，各種供給也恢復了。在鄉村，地主被打倒；在城市，並沒有大規模徵用的必要，因爲超過三分之二的工業在國民黨治下就屬於國有，而買辦資本已逃往香港或台灣。中產階級在國民黨統治末期早已離心離德，以致於共產黨到來時，許多人非但沒有抵抗，反倒終於鬆了一口氣。隨著生產的恢復，工人回復正常就業，重又領取薪金。體現著愛國主義理想和社會風紀的人民共和國，在其誕生之際，就贏得了蘇聯從未奢求過的大眾支持度。

2

這些相異的基質特徵分別在兩個革命政權的發展道路上留下了印記，其中，使用強力與獲取同意所占的不同比例始終對比鮮明。在斯大林治下，內戰之後的蘇共曾先後兩次獲得大眾的主動支持。第一次是出於那些來自農村的新一代工人，他們在第一個五年計劃的全面工業化運動中被動員起來，感染著雖然未必普遍但卻真實存在的集體主義熱情和狂飆突進的氛圍。第二次是在二戰期間，在舉國上下與納粹侵略者進行的殊死搏鬥中，蘇聯政府得以仰賴更爲廣泛的俄羅斯愛國主義的支持。但是這兩次都沒能改變統治者對他們所統治的大眾的不信任。當大眾的擁護上升時，蘇維埃體制就抓住機會利用。但是其基礎在於壓迫。在斯大林獨裁統治的年代，祕密警察成爲比共產黨本身更爲核心也更有權力的機構。暴力無所不在：對付現實的或想像中的敵人，暴力都不由自主地成爲首選，對付自己人時尤其毫不手軟。

在持續緊張的背景下，這個體制發作過兩次：1920年代晚期的集體化，以及1930年代的大清洗。在集體化過程中，蘇維埃政權對農民發動了全面戰爭,大規模強制遷移和饑荒導致了約600萬人的死亡，農民自此成爲抑鬱且沒落的社會力量，而俄國的農業自此再沒有恢復過。在大清洗中，不僅所有參加過十月革命的布爾什維克老將，而且幾乎全部的第二代黨和國家核心領導人，以及大批其他的受害者，都被網羅消滅——總人數至少有70萬。那些在這場殘暴行動中沒有立即被處死的人都被送到了勞改營；那些年裡，勞改營容納了200萬人，人數多到足夠組成俄國經濟的一個重要部門了[2]。第

2 有關對這些受難者數字的估計，參見R. W. Davies，“Forced Labour

二次世界大戰中，蘇聯遭受了巨大的破壞；二戰勝利後，恐怖統治減弱了。然而，無論斯大林在戰場上怎樣被神話，恐懼始終是斯大林權威的主要來源。

3

中國共產黨成長於斯大林的影響之下，繼承了蘇聯模式，也發展出與蘇聯一樣的統一的紀律，威權的結構，以及統率的習慣。無論是在組織形式上還是意識型態上，中共於1950年代初期創建的新國家都亦步亦趨地仿照著蘇聯。而且還不止於此：此後的歲月裡，共產黨統治使中國承受到與蘇聯體制類似的兩次發作。中共的根基在農村，農民也基本上保持了對其領導的信心，因此中共得以在之前的土地分配基礎上，幾年內就迅速全面地實現了農業集體化，而沒有造成俄國農業集體化那樣的災難。但中共決心要加快發展步伐，於1958年發動了大躍進，創造出了人民公社，以期既能發展土法上馬的群眾工業，又能增加糧食產量。結果，勞動力轉移到全民大煉鋼鐵的運動，加上自然災害帶來糧食歉收，最終導致了百年來最嚴重的飢荒，造成至少1500萬甚或高達3000萬人的死亡。8年之後，文化大革命的刈刀揮向黨自身，大批成員在一系列政治運動中被清洗，而且就像蘇聯一樣，清洗延伸到黨外。從所有表象來看，中華人民共和國都像是因爲陷入一種無從更改的動力機制，重演了蘇聯的兩場最糟糕的災難。

不過，儘管這些相似之處可能會令人瞠目，孕育中國革命的不

(續)

under Stalin: The Archive Revelations," *New Left Review*, 第I/214期，1995年11-12月, pp. 62-80；以及 J. Arch Getty 和 Oleg Naumov 的著作*The Road to Terror*(New Haven: Yale University Press, 1999), pp. 587-94.

同基質仍在延續。如果就各自人口總數來說，中俄鄉村死亡人數的比例大致相當，那麼造成這些災難的機制卻並不相同，災難帶來的後果也迥然相異。蘇聯的集體化運動針對富農，尤其是擁有牲畜的農民，旨在鏟除這一特定的社會階層，而且起用了軍事暴力來推行。在國家政治保安總局(OGPU)槍口的威脅下，超過200萬人的富農被驅趕到荒原地帶。隨後發生的1932-1933年的饑荒，雖然有災害氣候的因素，但主要原因還是由於這第二次內戰對鄉村社會造成的摧殘。與此對照，不管中國的大躍進是多麼狂野的唯意志論實踐，其主觀目的從來不是要打擊農民或其中任何一部分。既沒有強迫遷徙，也沒有內政部軍隊來搜捕頑抗者。官僚主義盲目性——由於缺乏自下而上關於實際糧食產量的真實報告(很自然，這是人爲的)——而非警察暴力，才是造成災難的直接原因。基於同樣的理由，農民在之後的日子裡也沒有出現如蘇聯那樣的疏離。大躍進沒有讓農村長久地萎靡失落；即使是遭受最嚴重摧殘的地區，鄉村生活也以驚人的速度復甦了。

中俄兩國在動機與後果上的差別，更鮮明地體現在文化大革命中。在1930年代後半期，斯大林自上而下地在蘇聯黨政體制內散布恐怖，將目標對準大部分那些曾賦予他蘇共中央最高權力的官員，在大清洗中不分青紅皂白地將他們作爲間諜、賣國賊或反革命分子給處決了。雖然這種不可理喻行爲的全部原因還不確定，但毫無疑問的是，由於身爲個人獨裁者的正當性從來就不穩固——斯大林在十月革命中並不是什麼重要角色，列寧也曾明確警告過蘇共要提防他——斯大林深陷病態的多疑心理，懷疑身邊所有的人。而採取行動時，他的基本信念就是，對付潛在懷疑者和潛在對手的唯一辦法就是殺死他們。

在發動文化大革命時，毛澤東也將打擊目標集中在與他關係最爲密切的同事，這在一定程度上是因爲他曾被迫承認大躍進的失敗，並在失敗已經無法再掩蓋的時候，不得不接受同事們強制實施的農業政策大轉彎。不過，他更廣義的目的，是要防止中國重新產生出那種僵固的官僚階層——在他看來，這個官僚階層正在將後斯大林時代的蘇聯變爲與資本主義沒有多少區別的階級社會。爲了阻遏這樣的進程，他並沒有訴諸安全系統，中國的安全系統從來沒有獲得過俄國安全系統那樣的重要性。恰恰相反，他訴諸青年學生。毛澤東從社會基層釋放出巨大動能，來對抗那些他懷疑會採納蘇聯路徑的人，而沒有自上而下地誅殺他們。由此，他讓國家陷入了10年有控制的動亂。

由此產生的殘酷慘劇數不勝數。互不協調的暴力——政治迫害與派別對立、公開侮辱、毆打、槍擊、派系之間的武裝衝突——從一個城市擴散到另一個城市；縣一級還出現集體處決。受害者的總數至今尚未得到準確統計，但至少超過了100萬[3]。另一方面，死亡在比例數字上要比蘇聯政治風暴時期小得多，而且人們的受害並非出於中央的指令，而是發生於各地的惡性爭鬥中，由於政府機構完全被推翻，藉機報復在全國各地到處發生。文化大革命並沒有葉佐夫或貝利亞這樣的指揮官。與蘇聯的大恐怖不同的是，文化大革命不僅僅是一場超大規模的鎮壓行動。這是一次橫掃全盤的嘗試，試圖通過發動青年一代起來造反，達到粉碎官僚結構的目的。當時那種經歷——即使僅僅因爲那麼多各種各樣的體制權威曾在突然間被打倒——對許多人來說都不啻於一次精神解放，儘管他們後來可能

3 參見 Andrew Walder 和 Yang Su 的文章，"The Cultural Revolution in the Countryside: Scope, Timing and Human Impact," *China Quarterly*, 2003年3月號, pp. 82-107.

會因爲文化大革命的最終結果而大失所望，甚至會成爲共產黨的狂熱反對者。文革爲自己設定的目標是用平等主義改造世界觀，拒絕接受「三大差別」：城鄉差別，工農差別，以及——最重要的——體力勞動和腦力勞動的差別。

這樣的理想在當時的任何社會都只能是烏托邦空想，更不用說在一個像中國一樣落後的社會了。然而，這些宣言並不只是門面功夫。比起那一時期的政治迫害，長期停辦大學與中學，把1700萬城市知識青年送去上山下鄉，到農村與農民同吃同住同勞動，是文革中更具特色也是持續時間更長的舉措。知青運動沒有依賴暴力，還時常伴隨著激情，並很好地回應了其他目標。而這些目標也影響到文化大革命中持續進行的黨內清洗的具體方式。這種清洗並不包括大規模的屠殺。當眾羞辱，降級下放，上山下鄉，就是大多數清洗對象的典型命運，很少有人是直接被肉體消滅。思想改造的儀式，理論上秉承了延安時期「治病救人」，「不把人整死」的方針，而在——相當殘酷的——實踐中，也是處理「走資本主義道路的當權派」等嫌犯的慣常手法。到文化大革命結束時，只有約1%的共產黨員被永遠開除出黨；而除劉少奇外，其他曾在1966-1969年間受到毛澤東整肅的中共高級領導人基本上都存活下來了。與斯大林不同，毛澤東本人曾領導中國革命走向勝利，也沒有屠殺那些曾與他共同打天下的老戰友。

文化變量和政治變量相互纏繞，造就了中俄案例的不同結局。毛澤東成爲了現代的帝王，行使著絕對的個人權威。但無論是出於需求還是一時興起時所使用的暴力有多麼殘酷，中國的帝王傳統在考量統治工具時，從來就更強調教化而非強制。文化大革命的理念——通過改造思想來改造社會，似乎社會關係是由思想觀念決定的——應更多歸因於儒家，而非任何馬克思主義的歷史變遷理論。

即便如此，這畢竟是一個從社會革命中產生的政權。這個政權的力量——與毛澤東那句名言不同——不但出自槍桿子，也出自千百萬人對這個執政黨所持有的道義信任。如果說文化大革命幾乎摧毀了這種政治遺產，那麼這種遺產也以一種奇怪的方式塑造了文化大革命，並最終制約著它。

二、異變

雖然在當初發生時前後相錯了30年，這兩個革命以改革規劃而告終的時間卻相互重疊。兩國各自的改革背景分別是此前遭到失敗的重建嘗試。在蘇聯，斯大林去世之後，對其暴政的不滿立刻爆發。在赫魯曉夫統治期間，斯大林時代的機構被解散，言論審查放鬆了，集體農莊獲得了更多的自主權，對消費品的投資增加了，而且宣布了與資本主義的和平共處。從蘇共第20次全國代表大會到第21次代表大會，去斯大林化持續了約5年，勢頭相當猛烈。在此之後，赫魯曉夫在國際和國內政策上的反復無常——加勒比海導彈危機中先賭運氣再撤退；對蘇共組織毫無章法的改組；還有輕率上馬的農業復興計畫——引起了同僚的強烈反對，並導致了他的突然倒台。對於從斯大林那裡繼承下來的以重工業爲主導、高度集中的計畫經濟制度，赫魯曉夫從來沒有設想過是否需要任何基本的改造。這個經濟體制在1945年保證了蘇聯的軍事勝利，同時也是赫魯曉夫政治生涯的基礎。肯定了國家計畫委員會(Gosplan)的所有成就之後，戰勝歐洲最先進工業強國所帶來的聲望也導致了社會經濟體制的僵化。在新紀元即將開始、蘇聯最需要轉型爲強權的關鍵時刻，這個體制失去了承載這項重任的靈活性[4]。

赫魯曉夫下台時，蘇聯的經濟增長依然很可觀，軍事力量也在擴張。他的政策失敗表現在後來被稱爲「停滯階段」的後續代價，也就是他下台後，從1960年代中期到1980年代中期這一階段。蘇聯的行政官僚擺脫了赫魯曉夫變動無序的新政策，也不再擔憂武斷的逮捕，他們逐漸陷入自滿的惰性狀態，滿足於軍備增長，同時卻忽視其常規化工業投資的收益正在持續下降。蘇聯取得了與美國對等的核地位，也被公認爲超級大國。但是勃列日涅夫主義的20年統治將蘇共變成了官位擁有者群集的僵化之地，而他們治理下的社會，卻是平均壽命下降，經濟基本處於停滯不前的狀況，調侃無奈的情緒四處蔓延。就是在這樣的情況下，戈爾巴喬夫於1985年上台。

而鄧小平開始掌權時，中國的混亂局面更爲劇烈。整個社會仍然因爲文化大革命的動盪而心有餘悸。高等教育已經實際中斷了整整10年。文革期間的肆意破壞毀掉了許多名勝古蹟，教條主義則壓制排除了知識思想的活力。爲數眾多的青年仍在農村流放。城市裡民怨沸騰，國家的首都剛剛經歷了一場大規模群眾抗議，混亂中，位於天安門廣場一角的一座公安派出所小樓遭到攻擊，憤怒的人群在那裡放了一把火——莫斯科根本無法想像這樣的混亂。在共產主義道路上，毛澤東曾力求避免走上赫魯曉夫的政策所引領的方向。他成功實現了這個目標。如今，沒有那種在勃列日涅夫治下曾麻痺了整個經濟和社會並將蘇聯拖入退化狀態的保守主義官僚階層，能夠在中國重演。毛澤東實現了他的消極目標。不過，他在積極目標

4　從消極的方面來說，合作化和大清洗對於政治體系的影響並非迥然相異：大災難的成功達成目標阻礙了重生的可能性；而大躍進和文革中途放棄的失敗仍然允許這種重生。

上的失敗，卻也同樣徹底。到他去世時，他的政策已經陷入了另一種歷史僵局。

1

在這兩個國家開始跨越改革門檻的時候，蘇聯從各方面看來都具有獲得成功的更好的物質文化條件。蘇聯當時的GDP比中國高出四到五倍。其工業基礎比中國要大得多，工業勞動力總數在中國的兩倍以上。蘇聯幾乎所有的自然資源都比中國豐富——石化燃料，貴重礦產，以及廣袤的土地。其城市化水平要高得多，人口的飲食營養也更好，人均攝入熱量相當於中國的150%。蘇聯的基礎建設也遠爲完善發達。但最重要的是，蘇聯的教育水平是當時的中國完全無法企及的：蘇聯不僅沒有文盲，其高校就讀學生的總數更是中國的20倍，並有大批受過良好訓練的科技人員。

然而，「停滯時期」逐漸抵消了、甚至在一些關鍵方面削弱了這些天賦條件。在20年中，沒有任何政治變化曾攪活過蘇聯生活的一潭死水。中央計劃已經發展到了一種可笑的極端狀態——具體規定不下6萬種商品的價格——阻礙了創新並堆積出各式各樣的不合理狀況。勞動生產率的增長停滯不前，資本的投入產出率每況愈下，廢棄的工廠得不到清理，而且錯失了信息技術發展的良機。但是，隨著經濟狀況的日益低迷，軍備競賽的壓力卻與日俱增。陷在與美國這個富裕得多也發達得多的社會的戰略對抗中，蘇聯領導人投入到軍事開支中的GDP比例極高，足以危害整體經濟，很少甚至沒有給其他經濟部門留下發展資本，但最終也沒能追上美國的軍備增長。蘇聯在東歐和阿富汗的衛星國既需要補助也需要維持軍事力量，進一步增加了蘇聯的負擔。對於蘇聯來說，冷戰除了意味著外交上的僵持，也凍結了蘇聯發展的源泉。

但是，當姍姍來遲的改革時刻終於降臨時，蘇聯僵化體制中最大的赤字並不是在經濟上，而是在政治方面。從十月革命開始，執政黨已經更迭了四代領導人。布爾什維克的革命反叛精神早就不存在了。斯大林式突擊隊(*sturmovshchina*)在工業化和戰爭中的勇猛活力也成爲了歷史。甚至赫魯曉夫時期將布爾什維克和突擊隊精神結合起來的短暫嘗試，也已經在人們的記憶中模糊了。蘇共了無生氣的大部分——經由組織部派定的幹部階層(*nomenklatura*)——主要由平庸的行政官僚構成，既缺乏想像力，又沒有進取心。但戈爾巴喬夫能夠上台似乎表明情況還沒有糟糕到極點。坐上蘇共中央總書記的位子之後，戈爾巴喬夫第一個行動就是迅速清除勃列日涅夫時代遺留下來的最高層官員，讓自己精心挑選的人員取而代之並占據政治局的多數，以此鞏固自己的權力。他隨後宣布了自己的口號：開放(*glasnost*)與改革(*perestroika*)——公共生活將更加開放，國家機構也將迎來重大改變。

這兩個口號中，第一個帶來了言論審查的大幅度放寬，這受到社會上的熱烈歡迎，由此釋放出了長期被壓抑的能量，轉變爲各式各樣離經叛道的言論，揭露醜聞的內幕報導，以及各種辯論。但第二個卻讓人摸不著頭腦。「改革」——這是列寧曾偶爾起用過的詞——在實踐當中到底意味著什麼？戈爾巴喬夫雖然有勇氣去想像，但他的思路卻很含混：雖然在道義上，戈爾巴喬夫已經遠離了他曾從中獲得高昇的勃列日涅夫式的蘇聯共產黨，可是在思想上，他幾乎沒有任何獨立於蘇共的理論資源；關於改革，他腦子裡只有一些再朦朧不過的想法而已。大部分被他任命到蘇共高層實權位置上的人，對改革的了解還不如他；不久，其中很多人就開始抵制他了。爲了避開這些人的反對，戈爾巴喬夫開始愈發地轉向另一種支持基礎，以求獲得正當性和方向感。

俄國的知識分子階層長期以來都被排斥在政權之外。一些知識分子在十月革命之後沒有流亡海外，但他們那卓越的先鋒文化卻被斯大林埋葬了。斯大林死後，「解凍」曾帶來過一絲希望，然而，甚至在赫魯曉夫倒台之前，繼任政權的粗魯無知便很快讓這絲希望破滅了。到了1980年代中期，在這個歷史上對俄國社會極具影響力的階層當中，幾乎所有思潮，無論以什麼形態出現，都認爲共產主義十分令人厭惡。就連傳統上的兩個指標性派別，斯拉夫派和西化派，也在反對蘇維埃的統治秩序這一點上聯合起來了。不過，前者儘管分享了索爾仁尼琴的聲望，也只是歷史餘韻，而後者則占據了左右話語權的地位。自由派對西方的優越性深信不疑，並殷切期望加入其中；他們很快就開始爲戈爾巴喬夫及其隨行者定調；他們提供的想法和目標，比戈爾巴喬夫自己想出來的要明確得多。對自由派來說，真正的改革只能意味著兩件相互關聯的事：引進包括自由競選的民主；確立以生產工具私有制爲基礎的市場經濟體制。

即使戈爾巴喬夫要提倡實現自由派的第二個目標，作爲蘇共中央總書記他也不可能這樣做，何況他並沒有這個意願。不過他擁抱了他們的第一個目標，指望著能在制度設計上保證他可以通過全民普選而贏取對他自己權力的認定，幫助他從對政黨的依賴中解脫出來——當時，戈爾巴喬夫已經愈發地不信任蘇共，而蘇共也不再信任他了。政治改革，即第一次在俄國歷史上建立代議制民主，成爲了首要任務。而經濟改革原本是「改革」口號的主要內涵，這時卻被擱置了。這正是自由主義知識分子所期望的戰略順序：他們需要先打破共產黨對權力的壟斷，然後才能對計劃經濟的基礎發起攻擊。而對戈爾巴喬夫來說，率先發動政治改革還有一個額外的優勢。廢除言論管制和開放自由選舉相對來說比較簡單易行——說到底，無非就是解除各種限制措施。重組經濟則遠爲困難——相較而言，這是個異常艱鉅的任務。戈爾巴喬夫選擇了一條不那麼坎坷難行的道路。

既然西方式民主體制將被引進到國內，那又何必要在國際上與之作對呢？從冷戰中全面退縮不僅會贏得知識分子們的讚賞——知識分子當時已經和媒體融合一體並成爲社會中主導輿論的製造者——而且還能帶來真正的經濟利益，減輕龐大的軍備開支造成的財政壓力。並且還不止如此：作爲統治者，用最爲友好的方式和西方國家政要，尤其是與美國總統交往，而且還將和平與善意帶到世界各國——他所贏得的國際聲譽必然有助於打造他國內的閃亮形象。從1987年之後，戈爾巴喬夫愈來愈多地致力於國際訪問和聚會，成爲西方輿論的寵兒，並顯然陶醉於他在國際舞台上塑造出的自我形象之中。而他花在吃力不討好的國內經濟調控上的時間，卻愈來愈少。

經濟方面，起初一些欠考慮的推動集體合作企業的計劃都無疾而終了；隨後，試圖擴大企業自主權，戈爾巴喬夫拋出一個接一個毫無章法的舉措，卻仍舊收效甚微。而此時，一場大規模的社會危機正向蘇聯襲來——它直接起源於在重振國家的改革中，將政治置於經濟之先。戈爾巴喬夫上台時，經濟增長幾乎停滯，石油價格——蘇聯的外匯收入高度依賴於石油出口——已經開始下跌了。石油收入日益微薄，蘇聯政府的財政危機隨之持續惡化。在任何情況下，這些都是不可小視的困難。而讓這些困難最終轉化爲災難性崩潰的，正是戈爾巴喬夫的失職：他對蘇共事務不管不問，一心追求大受國際歡迎的個人神聖形象。計劃經濟依賴於執政黨的能力，那種可以按照中央的需要，調運企業產品和物資並進行重行分配的能力。一旦這個黨失去了有效權力，又沒有相應的替代機制，企業經營者便不再按照指定價格向國家提交產品，轉而將產品出售給隨便什麼人，以換取隨便什麼好處。結果，曾經維繫整個計劃經濟體系的中央調撥機制崩潰了；由此造成經濟交換的鍊條處處中斷，混亂狀況在跨加盟共和國的貿易之中尤爲嚴重。

隨著經濟陷入一片混亂，國家也愈來愈難以從企業或各加盟共和國收取稅款，遂選擇印發更多貨幣，以保障食品補貼和各種社會福利支出的需要。伴隨著日益嚴重的通貨膨脹的，是赤字財政愈來愈大的預算缺口，因爲政府企圖用進口消費品來平息民怨，帶來外債急速增長，外債在五年之內整整翻了一番。到了1989年，蘇聯政府已瀕臨破產。而更加災難性的是，蘇聯自身也正處於瓦解的邊緣，其原因與經濟崩潰的原因同出一源。戈爾巴喬夫架空了蘇共政黨系統的組織脈絡，他自己則成爲了既游離於蘇共之外卻又凌駕於其上的個人統治者，如此一來，再沒有什麼東西還能將蘇聯的各個加盟共和國結合爲一個整體了[5]。沒有了蘇共的約束性架構，蘇聯便沒有了貫穿全聯邦的紐帶。直到最後，戈爾巴喬夫仍然沉浸在自己作爲冷戰終結者與東歐解放者的角色之中，他對這一全國性問題視而不見的程度，甚至超過了他對經濟困境的漠然。1991年，當舊秩序的殘餘最終對他發動叛亂，讓他和舊秩序自身一道垮台時，蘇聯一夜之間就土崩瓦解了。

---

5 關於蘇共作為跨聯盟政黨的解體，參見 Stephen Kotkin, *Armageddan Averted: The Soviet Collapse 1970-2000*(Oxford: Oxford University Press, 2001), pp. 76-81.關於改革走下坡路時的貨幣混亂，以物易物交換的蔓延以及逐步升級的公共資產盜竊，參見 David Woodruff, *Money Unmade: Barter and the Fate of Russian Capitalism*(Ithaca: Cornell University Press, 1999), pp. 56-78；以及 Andrew Barnes, *Owning Russia: The Struggle over Factories, Farms and Power*(Ithaca: Cornell University Press, 2006), pp. 43-67.

2

在蘇聯共產黨開始改革的7年之前，中國共產黨已啓動了改革。那時候中國是比俄國貧窮落後得多的國家[6]。在1980年前後，中華人民共和國的人均國民生產總值只及蘇聯的十四分之一。超過70%的勞動力集中在農業生產上，而蘇聯的農業勞動力只占總數的14%。幾近三分之一的中國人仍然是文盲。中國大學的數量甚至不及印度的零頭。幾乎可以這樣斷定：無論是在國內還是國外，沒有一個觀察者，曾預見到中俄兩個社會的相對地位會在30年後截然顛倒過來。不過，從一開始，就有一些蘇聯遭受過的阻礙並沒有發生在中國：一系列表現爲改革起始條件的消極優勢——經濟的，社會的，政治的——在並不那麼明顯的意義上，爲中國改革提供了便利。

這裡首要的一條是，中國經濟中，過時的老舊工業的負擔不那麼重。造成這種情況的原因，並不是中國的固定資本比蘇聯的更先進，而恰恰是由於中國的工業化水平更低。那時，中國「鐵鏽地帶」的出路仍然是不容忽視的問題，任何人只要看過王兵《鐵西區》三部曲——這不妨說是歷史上最偉大的紀錄片，記錄了瀋陽那個遍布煙囪的工業區及那裡工人們的最終命運——都不會忘記。但相對來說，這個地帶比起蘇聯來得要小。中國需要清除的舊工廠也相對要

---

6 相關的比較在Peter Nolan的下述重要作品中已經勾勒出來：*China's Rise, Russia's Fall: Politics, Economics, Planning in the Transition from Stalinism*(New York: St. Martin's Press, 1995), pp. 110-59. 本書同時包含了一個對於蘇俄改革堪稱最為尖銳，而且迄今仍然是最好的批判性解釋，見頁230-301。對無法「點燃一場資本主義革命」而感到遺憾且深思的作品，可比較Minxin Pei, *From Reform to Revolution: The Demise of Communism in China and the Soviet Union*(Cambridge, Mass.: Harvard University Press, 1994), pp. 118-42.

少。更重要的是，中國的經濟計劃一直比它的蘇聯樣板要鬆弛得多。毛澤東很早就認識到，中國的地方傳統更深厚，基礎設施更薄弱，經濟的內在關聯要比蘇聯含混得多，要像蘇聯國家計委那樣將無所不包的指令強加到中國經濟體上，是完全不可行的。從一開始，中國各省市領導，就享有了比蘇聯體制下任何歷史時期都更多的自主權。而文化大革命還有意地進一步削弱了中央權力，爲地方政府的主動性提供了更大的空間。因而，工業產量的指標相當有限，完成指標的壓力也不是特別大。其結果是一個權力更爲下放的經濟體制，其中，由地處北京的中央確定價格並統一分配的商品種類最多不超過六百種，只有蘇聯的百分之一[7]。由於牽制較少，這個制度框架下可能存在更大的彈性，也可以有非破壞性的變革。

在社會方面，相比於蘇聯，中國也有一個巨大而關鍵的優勢。當時中國的農民階級並不像在蘇聯那樣失去了以往活力，無精打采、悶悶不樂。中國農民既沒有倦怠也沒有什麼疏離感，而是充滿了潛在的能量，等待著被釋放出來，就像隨後的事件即將展示的那樣。歷史上，中國的農民階層從來沒享有過能和俄國的「米爾」(譯者注3)相匹敵的集體機構。中國北方的鄉村社會長期以來都是原子化的，而南方也在太平天國起義的震動下趨於鬆散；由於好幾個世紀以來積累的市場脈動，中國農村得以在大躍進之後重新恢復生機。進一步講，不存在深刻的農民離心離德，不僅僅是兩個國家鄉村社會間的區別。占中國人口絕大部分的農民是國家的中堅力量。在蘇聯，與其地位最相似，但在人口比例上並沒有那麼大優勢的，應該是工業勞工階級。這個階級雖然沒有像集體農莊成員那樣徹底

7 Barry Naughton, *Growing out of the Plan: Chinese Economic Reform, 1978-1993*(New York: Cambridge University Press, 1995), pp. 41-42.

失去活力，但到了1980年代，它作爲一支社會力量也已經徹底地不再受蒙蔽了，對統治政權極不信任，慣於消極怠工，生產率低下，以補償其作爲國家領導階級的名義角色和其在等級特權中的實際位置之間的巨大差距。在中國，農民不但在大躍進之後被禁止進城，而且本來就得不到城市工人所享有的社會福利，明文規定的城鄉差別比蘇聯更爲嚴重。不過，再怎麼說，中共的意識型態並沒有告訴過農民，他們是建設社會主義的先鋒隊。在中國，理論和現實之間的道德鴻溝不那麼顯著，起初的希望和隨後的感受之間也沒有那麼大的差距。中國農民受到很大的傷害，也得到過一些實惠，但總而言之，中國鄉村仍舊是執政黨的後備力量。

國際上，中國的處境也給了它很大的靈活性。它沒有耗費高昂的衛星國負擔，那要靠軍隊和補貼去維繫控制。它並不處在參與超級大國軍備競賽的位置，也沒有試圖去參與。然而，比擺脫這些束縛的自由更重要的，是中國與美國的極其不同的關係。經過與蘇聯長達10年、直至邊境衝突的緊張關係之後，就在文化大革命期間，毛澤東轉而與美國尋求和解。不管尼克松的訪問及其後續效應多麼引人注目，只要毛澤東在世，就只不過是外交上的開放，並沒有其他方面的重要意義。但這意味著，當中國轉向國內改革時，其外部環境是有利的。一種小心翼翼的和睦關係，而不是斤斤計較的對抗，創造出了這樣的條件：世界資本的司令部以及它五花八門的地區扈從，已經準備好爲中國走向市場的任何動向提供金融資助。與國內不存在嚴重的農民離心離德的情況相對應的是，在國外也不存在任何直接的帝國主義威脅，這在中國現代歷史上還是首次。

而且，中國也不存在像蘇聯那樣的解體危險。它並非是由15個不同族裔的加盟共和國組成。中國在種族構成上比大多數國族—國家更爲同質化，並且要面對境內反叛的民族——藏族和維吾爾族——而這是蘇聯在半個世紀當中都沒有遭遇過的。但這些民族在整個人口中的份量和十年後解體蘇聯的那些民族的份量相比，微乎其微。在中共的議程表上，比保持對這些地區的控制所導致的持續問題更重要的，是仍未完成的收復台灣的使命；在那裡，國民黨在美國的保護之下建立了一個島嶼堡壘，仍然聲稱代表真正的中華民國，而且經濟繁榮。中共的首要關注並不是解體的危險，而是重新占有的問題。

3

不過，在改革的開端，中俄兩國所有差異中最具有決定性的，恐怕還是在其政治領導的性格。掌控中華人民共和國的並不是一群與眾隔離、缺乏經驗的官員，身邊圍繞著對西方事物充滿天真嚮往的秘書和公關助理，而是從最初的革命以來久經沙場的老將。這些領導人曾是毛澤東的同僚，吃過他的苦頭，但既沒有忘卻他們的戰略手段，也沒有失去自信。實際上，鄧小平對於這個政權來說是如此不可或缺，以至於毛澤東在世時曾將他召回任職。毛澤東死後，鄧的威望如此之高，他很快就成爲黨內無可置疑的裁斷者，而無需以個人的手段去獲取這一顯要地位，甚至不必占據黨內最高職位。但他並不是獨一無二的。和他一起重返的還有陳雲、薄一波、彭真、楊尚昆以及其他人，共同形成了一個緊密、直言、且均勢平衡的圈子——即所謂的「八大老」。他們之間經常發生激烈分歧，但都和鄧小平一起將路線轉到改革上來。作爲一個集體，他們處於強勢，不僅享有因在戰爭和國家建設中的角色而帶來的威信，而且也享有終結文革所帶來的聲望——文革的終結在城市裡受到普遍歡迎。

面對毛澤東留下的攤子，以鄧爲首的領導群體仍然保持著他們革命者的本色。他們的性情是列寧主義式的：激進、紀律嚴明、富於想像力——既有策略上的耐心與審慎的試驗能力，也能推行最大膽的創新和最具戲劇性的方向改變。正是這種精神激發了長征，並贏得了內戰。這時，他們帶著這種精神去面對文革給中國帶來的僵局。在這樣做的時候，他們強烈意識到環境的改變，而這是蘇共那些凌駕於一個更發達社會的政治官僚所沒有意識到的。西歐當然比俄國更富裕更發達，但這從來都是如此，而二者在增長速度上的差別——1970年代和1980年代初期，歐洲共同體經歷了持久的經濟下降趨勢——也並沒有大到震撼蘇聯統治者的程度，甚至到了戈爾巴喬夫時代的早期還是如此，因而未能促使領導人重新思考那些國家成功所繫的基本假設。

另一方面，在東亞，日本自1950年代以來的高速增長打破了此前所有的歷史紀錄——不但歐洲，而且連美國都被遠遠甩在後面。一個二戰結束時僅餘灰燼的經濟體，取得如此令人瞠目的重振——創造出具有超級競爭力的出口工業和一個充分現代化的消費社會——與中國的相對貧窮和專制(無論毛澤東時代已經有多少實質的發展)相比簡直是天壤之別。儘管日本高居鄰國之上，但其成功卻並非獨一無二。到了1970年代末，朴正熙統治下的韓國已經以極快的速度實現了工業化，而且最令人驚愕的是，台灣的國民黨政權也沒有落後多遠。這一環境帶給中國的壓力是無法逃避的。十年之後，在1989年政治危機的關口，鄧小平給了這種壓力一個生動的表述。他指出，如果中國繼續閉關自守，「經濟不可能發展，人民生活不可能改善，國家力量也不可能增強」。接下去他說：「現在世界的發展一日千里，每天都在變化，特別是科學技術，追都難追上」[8]。

8 參見The Tiananmen Papers(New York, 2001), pp. 327. [譯者注：譯文參考張良編著，《中國「六四」真相》(香港：明鏡出版社，2001)，

彌補中國的共產主義實踐與東亞資本主義現實之間的差距，這個任務對於任何改革規劃來說，都是令人生畏的議程。但元老們並沒有被嚇倒。他們以魄力來面對這一任務，這魄力不僅僅是來自他們曾造就的革命那仍然活躍的衝動，也來自世界上最古老的連續文明的千年自信——雖然曾在一個世紀裡飽受摧殘，但仍屹立不倒的自信。毛澤東的活力，不管好壞都是這種自信恢復的一個表現。鄧小平所推動的改革時代將會是另一個表現。在這種歷史的自信當中，有著中俄兩國的一個根本差異。

4

在意識型態上，沙皇制度從一開始就帶有一種弱的彌賽亞特徵，這種特徵傳給了俄羅斯精英，後來又傳給了這個國家的知識階層——這些觀念包括將俄羅斯視爲羅馬第三，斯拉夫人的救星，將人類從西方的物質主義拯救出來的救世主。在革命前的那個世紀，這一思潮的不同版本可以在阿克薩可夫兄弟(the Aksakovs)、陀思妥耶夫斯基、羅扎諾夫(Rozanov)、布洛克(Blok)那裡看到。但這只是一種補償機制。正如所有俄羅斯人都知道的那樣，俄國始終只是歐洲的一個落後邊緣，只是因爲幅員廣大而令人敬畏。不帶宗教或者族群瑕疵的西方化，一直是驅動她最偉大的統治者彼得大帝和葉卡捷琳娜女皇的願景；而且在20世紀初以前，這種西化已經以這樣那樣的變體——無論是自由主義的還是激進主義的——主導著她的精英和知識分子。對於俄國特殊使命的渴望仍然持續下來，產生出一種反覆出現、直到今天仍可看到的精神分裂。列寧主義曾通過向俄國的落後性宣戰克服了這種分裂，但並不是一味地模仿西方，而是

(續)————————

頁829。]

借助西方自身產生的最深刻的自我批判來反抗西方。

在斯大林治下，第二次世界大戰及其後果促成了向帶有更爲傳統的大俄羅斯主義特徵的民族主義的回歸，包括其一系列自我防衛機制，雖然這始終是與馬克思主義主題共存的。在斯大林之後，這種沙文主義消褪了，但卻沒有任何真正的替代品來接續。在赫魯曉夫治下仍然存在的國際主義餘燼，很快就熄滅了，留下的是勃列日涅夫的意識型態真空。到了改革時代開始時，不但是幾乎全體的知識階層，就連統治精英中的很多人，由於對國家的停滯不前感到沮喪，已回復到從歷史上來說，被稱爲放棄全盤西化的意識型態立場，只不過此時的精神狀態更趨於自卑而非野心勃勃。

中國的地緣文化傳統截然不同。這個中原帝國自從秦始皇完成統一(即西方布匿戰爭時期)以來就主導著周邊的已知世界；有時曾被征服，但卻從來沒有在這一地區遭遇過任何可與之並駕齊驅的國家，而始終是最廣大、最富裕、也是最先進的，是其他國家只能對之進貢而不能期待建立平等關係的強權。在清朝統治下，帝國版圖比以前更爲遼闊，甚至深入到中亞。前後各朝代的意識型態五花八門——滿族王朝的祭拜對象比大多數其他朝代都更爲多樣——但帝國絕對高於其他所有無論遠近的較小統治者的聲稱，卻始終不變。中國是文明的中心，也是文明最自然的頂點。

在19世紀，西方的入侵粉碎了這些古老而自鳴得意的主張。一旦皇權在內外打擊下搖搖欲墜這一點開始明朗，士大夫——正常情況下維繫帝國行政體系的那些人——的警觫就變得日益尖銳。而在新生的民國遭遇到最初的失敗時，他們的反應表現爲一種極爲獨特的激進轉向。不同的思潮相互激盪，當1919年學生抗議針對日本對華要求及支持其要求的凡爾賽條約時，各種思潮交匯在圍繞著學生抗議而成形的五四文化中。但是其核心主張是徹底廢除儒家經學，後者自從漢代以來就是中國社會政治秩序的統治性教條，也是有教化的生活的道德框架。在數年之內，這一傳統就沒有多少東西遺留了：任何可比的信條，在各自文明的意識型態穹窿中占據類似地位的世界宗教——基督教、伊斯蘭教、印度教、佛教，它們的反對者從來沒有取得過可以與此相匹敵的成就[9]。攻擊中國的過去，在梁啓超那裡已經斷續發生並且足夠慷慨激昂，而在《新青年》的思想中堅陳獨秀那裡更變得毫不妥協並且是全方位的[10]。

這種對於本土傳統的拒絕，其表現之激烈，跟當時日本的所有感受都完全不同，並不反映出——而這與日本也完全不同——任何來自西方的強烈誘惑。在中國，西方列強的掠奪記錄太過於觸目驚心，以至於不可能允許西化運動(*zapadnichestvo*)。歐洲在第一次世界大戰中的相互屠殺爲其在亞洲的帝國主義貪欲提供了佐證，二者在凡爾賽的結合促發了五四運動。在科舉考試體制崩潰之後，這個知識階層的最大標誌，是憎惡傳統的過去，並且反感資本主義的現在，而這些正在軍閥統治的中國交集在一起。這個群體最偉大的靈魂——魯迅，在這兩方面都給出了令人難忘的表述。他不否認這兩個制度中都潛藏著一些有價值的東西——他以諷刺味十足的蒙田的精神，敦促他的同胞們以反客爲主的「拿來主義」從兩個制度中截取他們能找到的好東西——但他一直是這兩個制度永不和解的敵

9 可參見一個才氣縱橫的分析：Mark Elvin, "The Collapse of Scriptural Confucianism," 見氏著 *Another History: Essays on China from a European Perspective*(Honolulu: University of Hawaii Press, 1996), pp. 325-89.

10 他問道：「巴比倫人往矣，其文明尚有何等之效用耶？」轉引自Jack Gray, *Rebellions and Revolutions: China from the 1800 to 2000*(Oxford: Oxford University Press, 2002), pp. 195. [譯者注：譯文錄自陳獨秀，《敬告青年》，原載《新青年》創刊號，1915年9月。]

人。但是，他的立場的極端性，恰恰來自他所批評的文化的力量。

仰慕魯迅的毛澤東，以更大的規模吸取了魯迅的建議，將魯迅的否定性轉化爲一種馬克思主義中國化的肯定性綜合，一方面更系統地接受西方的思想上的顛覆，同時也更深刻地附著於帝國過去的政治傳統——他在延安的窯洞裡寫作《矛盾論》；又在達到權力高峰時，將國事放在一邊，重讀司馬光的《資治通鑑》。魯迅對辯證唯物主義知之甚少，對專制的編年史也興趣缺缺。但今天的自由派對這兩位都很厭惡，他們在那位批判者的「整體主義」和那位統治者的「極權主義」之間看到一種關聯，而這種觀察並不是全然錯誤的。這兩個人以他們各自的方式體現了中國人對國家危機的有創造性魄力的反應，而這種魄力在俄國1920年代之後就再沒見到過。這種魄力來自一個更古老的、同時也受到外來壓迫更大威脅的文化那最深邃的資源之中。從五四到文革，無論是以富於成效還是剛愎任性的方式，相關的能量都在運行之中。從1919-1949年——有自信去否定，然後有自信去反抗。從1958-1976年——過度自信的建設，然後是過度自信的毀滅。最後，在1978年之後，是對改革和重建的自信。

5

老革命家組成的元老院在處理他們所面臨的問題的時候所具有的內在的高度安全感，最早體現在他們處理中共的過去和未來的方式之中。在俄國，去斯大林化是赫魯曉夫作爲個別領導人煽情而偷偷摸摸的行爲，他以一篇譴責斯大林罪行的演講震驚了蘇共二十大，但他沒有就這篇演講諮詢過任何人。這篇演講情緒化而充滿瑣聞軼事，對於他選擇性報告的壓迫情事如何成爲可能並沒有提供更多的解釋，而只不過是提供了空洞的官僚化的託詞：「個人崇拜」。

直到改革時代來臨，這篇凌亂的演講從來沒有正式出版，也沒有後續的、來自當時乃至以後的領導人的任何更爲實質的文件說明或分析。

鄧小平及其同事們的行事方式很不同。大約有四千名黨的官員和歷史學者被引入到對文革的檢討之中，根據他們的討論，一個由20-40人組成的起草小組在鄧小平的指導下提煉出一個35,000字的功過評議，並於1981年六月被中共中央委員會採納爲正式決議。雖然這肯定不會是對文革的全面講述——關於文革，它記錄了毛澤東「全局性、長時間」的錯誤的責任，但將其壓迫所造成的傷害局限於黨內而非人民——但爲之提供了一個合乎邏輯的解釋，而不僅僅是歸之於個人錯誤：黨走向權力的道路使其習慣於嚴酷的階級鬥爭，好像這是一個永恆的任務，這成了黨的特定的傳統；與蘇聯的鬥爭所造成的扭曲效果，激發了對內部發生修正主義的恐懼；最後同樣重要的是，「長期封建專制主義在思想政治方面的遺毒」。與赫魯曉夫的詛咒不同的是，該決議承認中央委員會應當與這位現代獨裁者共同承擔責任，而且並不試圖去削減他對中國革命的整體貢獻。

繼續往前走時，元老們的進路也同樣獨特。在蘇聯，赫魯曉夫從來沒有考慮過任何權力交接的問題。以勃列日涅夫爲首的那些驅逐了赫魯曉夫的人，牢牢把持官位直到衰老。在蘇共顫顫巍巍的老人統治政體裡，新的世代多半意味著威脅而非希望，只有死亡才能帶來領導人的更新。三年時間裡，三任總書記先後死在任上，而且全都是七十以上的年齡，最終才換來了一位更年輕的政治人物接手。而在中共黨內，不同的是，元老們並沒有這種不安全感。他們幾乎沒有浪費任何時間就找到了接棒者。他們恢復權力之後，僅僅兩年，就已經將權力的日常運作交付給他們的下一代，讓胡耀邦當了黨的總書記，趙紫陽成爲政府的首腦。

6

改革時代開始於土地上的關係轉變——如果在時間點上不確切是如此，在實質效果上卻是如此。首先，糧食收購價格提高了。然後，在擴展到全國各地的連鎖滾動過程中，經過安徽和四川這兩個省份成功的實驗，人民公社停辦了，土地的使用權被仔細地劃分給曾組成公社的各個農民家庭，給予農民在完成國家徵收指標之外，對於在土地上根據自己需要來種植的控制權。由此產生的「家庭聯產承包責任制」相當於第二次土地改革，與第一次同樣平等，但更有利於促進農民生產。受到新政策的激勵，生產率迅速攀升：勞動投入減少，但收成增加，農業產出提高達三分之一。由於節省了勞作時間，鄉村工業——紡織廠、磚廠以及其他工業——迅速擴張。其結果是在1978到1984短短幾年間，農民收入在國民總收入中的比重從30%推升到44%。

在工業領域，並沒有對俄式中央分配體制作出激烈扭轉。相反，國有企業逐漸被允許對超出計劃定額的產品收取市場價格，而計劃定額的產品只能以固定的價格出售。而這就給了經理們激勵，與農民類似，去在官方調撥體系之外生產並獲利，但沒有取消調撥體系本身。一旦這種價格雙軌制在試驗中運作良好，計劃經濟的規模就在事實上凍結了，使得進一步的工業成長得以在計劃外發展。實踐意義上，國家此時是將企業在合同基礎上承包給了經理層，正如農民從國家獲得30年土地承包權，而國家仍然保留最終的所有權一樣（譯者注4）。

在大約15年乃至更長的時間裡，在這些安排下，中國經濟中最具活力的部分被證明是具有獨特混合形式的「鄉鎮企業」——處於國有、集體所有和私有狀態之間的企業，享受低稅收以及來自地方政府的便利借貸，而地方政府往往是它們的股東。鄉鎮企業以驚人速度和競爭力，在較爲簡單的工業部門蓬勃發展。從改革開始到1990年代中期，農村工業產量年增長率超過20%，鄉鎮企業就業人口從2,800萬到1億3,500萬，增長了四倍多，鄉鎮企業在GDP中的比重也隨之從6%增長到26%[11]。雖然鄉鎮企業利潤極高，但在蘇聯開始步入改革時，所有階層的俄羅斯改革者都忽略了這個現象。在這兩個經濟體變遷之間的所有反差之中，鄉鎮企業的表現提供了與蘇聯日益傾斜地跌入去工業化之間，最具戲劇性的、獨一無二的對照。

當然，鄉鎮企業的壯觀的發展乃是基於源源不斷的廉價勞動力供應，而這在蘇聯是不具備的。這樣，中國第一次從它首要的資源因素中充分受益；對於這個因素，以前受蘇聯啓發的工業化模式——側重於在重工業領域的資本密集型投資——並不適合，無論那個模式當時如何必要。鄉鎮企業以在輕工業領域的勞動力密集型投資逆轉了這一模式，獲得了巨大的比較優勢：到1980年代末期，鄉鎮企業的勞動力與固定資產之比是國有企業的9倍。但是後者也是鄉鎮企業發展的直接受益者，鄉鎮企業的盈利增加了農民的積蓄，國家銀行又將這些轉輸爲對大型國有企業的進一步投資，重新裝備它們，並使之現代化。

非常高的鄉村積蓄水平是中國發展的另一個特徵，根植於革命自身的弔詭遺產。其決定因素是幾個方面的結合：傳統上福利覆蓋面僅僅局限於城市；曾爲鄉村提供過不多但卻真實的社會服務的公社體制遭到取消；以及爲抑制人口增長而推行的一胎化政策的效

11 見 Barry Naughton, *The Chinese Economy: Transitions and Growth*(Cambridge, Mass.: MIT Press, 2007), pp. 83, 274-6.

應。農民家庭既缺乏國家提供的對抗災難的安全保障，又沒有來自下一代贍養的確定前景，除了將他們收入的很大一部分積蓄下來，沒有更多的選擇，即使在他們的消費增加之後也是如此。國家因此得到雙重收益。與蘇聯不同，國家避免了在其大部分人口身上的福利開支，同時又能通過銀行儲蓄輕易地獲取其現代化計劃所需要的資金。

資本還可從另外一個途徑獲得。早在1979-80年，中國就沿著南方海岸建立了經濟特區，以吸引海外華人投資，主要針對的是香港、台灣和東南亞財富。在緩慢的啓動階段之後，面向海外企業家的開放政策顯示出成功。受到各種特權、進口免稅優惠和廉價勞動力所吸引，海外華人企業大規模登陸，帶來鄉鎮企業無法企及的技術，尤其是在出口加工業。中國因而得以借助海外華人資本主義累積的經驗和資產，作爲一個低成本的組裝製造中心而順利進入世界市場；後來的發展主要是在電子產品和大型家用電器方面。在這裡，也存在一個區域優勢；不管蘇聯經濟在其他方面有何優勢，在這方面都無法期望與之匹敵。

最後，同樣重要的是，中國的改革在關鍵意義上受益於國家控制經濟的權力已經從中央下放，而這是毛主義最富有成果的遺產之一。這不僅僅意味著需要重組的是一個較小的計劃帝國，其僵硬的配額與指令等條條框框要少得多，同時也意味著這個國家的省份裡已經存在一個經濟活動自主的多元中心網絡。一旦這些中心從北京的干涉中進一步解放出來，各地方政府立刻擺脫韁繩，在其轄區內以種種手段增加投資，加速發展。沒過多久，這就產生了其自身的非理性現象：工業的重複建設，好大喜功的公共工程，地方保護主義的盛行，更不要說地方政府互相競爭最大成效時，中央的財政地位被削弱了。但是，不管有多少缺點，中國的省際競爭，正如義大利曾經出現過的城市間競爭一樣，曾經是而且仍然是經濟活力的一個來源。今天的俄羅斯在名義上是一個聯邦，但它廣闊的、毫無特色的各個平原地區，從未滋生出強大的區域認同，它的政府也仍然和過去一樣集權在中央。其與中國的差異是根本性的。並非是在憲法上，而是在商業現實中，今日的人民共和國與美國充滿活力的聯邦主義如出一轍。

三、斷裂點

改革進行10年後，到了1980年代末，中國經濟已經從實質上得到了改變。很自然，這些改變的規模和速度，並非對社會或文化毫無影響。在鄉村，收入增長在1984年後就平緩下來，但農民生活條件已經有了重大改善，相對來說，這是一個滿足於現狀的階級。知識分子，歷史上是社會秩序的另一關鍵，也從改革進程中獲得了很多好處。但他們對政權的態度要更爲模棱兩可。大學重新開辦了，研究機構擴展了，新的就業機會創造出來了。下鄉知青重新返回城市生活，往昔鎮壓的受害者被釋放了。言論自由遠比在毛澤東治下要寬鬆得多，對外國思想和文學的接觸基本上沒有受到阻礙，由此產生了一個名副其實的「文化熱」。在令人興奮的追求解放的氣氛中，民族的未來是辯論的題目，而壓倒性的共識是進一步的改革。

這並不是知識分子與政府的一個爭議點，政府的官方目標也是要深化改革進程。對許多知識分子來說，雙方是在同一個方向上努力，經常相互諮詢並交換意見，尤其是在趙紫陽和他的工作班子周圍。但是一些緊張關係也隨著這第一個10年而加深。黨擁有從經濟成功中獲得的權威，也同樣享有將社會從文化大革命中拯救出來的正當性。但是這種解救並沒有提供任何替代性的政治秩序。在這方面，那些自己曾在大動盪裡受到創傷的元老們，除了必須防止陷入任何動亂的警告之外，沒有給出任何說法。早在改革時代剛剛開始的1978年，要求民主的聲音就曾被迅速壓制，被視為是對穩定的威脅。在那個時候，這些聲音相對來說還是孤立現象。

但是，隨著經濟改革的進展，愈來愈強調引進市場關係，卻並沒有相應提出完整的理論——例如，官方並未解釋鄉鎮企業的重要性。其結果是一種意識型態上的曖昧狀態，自由派思想很自然地隨之傳播開來。顯然，如果經濟自由的市場原則如今已是主導，那為甚麼政治自由的法律原則——其中一些還堂而皇之地寫入了中華人民共和國憲法——不能與之相隨，正如西方那些普遍接受的學說所堅信的那樣？從歷史上說，無論自由主義在五四一代的傑出代表胡適曾經有過多少突出表現，自由主義一直是中國知識分子當中比較弱的一種思潮。但是在1980年代，雖然沒有產生出能與胡適相提並論的思想家，也缺乏非常清晰的綱領，自由主義還是成為文化大革命之後知識分子中的一種幾乎是主導性的立場。在大多數人那裡，這個立場始終相當溫和，雖然久而久之，也能聽到更多接近於俄國典型反應的激進聲音。到了1988年，熱播的電視系列片《河殤》向西方奉上一曲含蓄的讚歌，將其與中國自身糟糕的傳統相比較，這是所有蘇俄西化派（*zapadnik*）都會引為自豪的作品；雖然就連這樣一部作品也包含了將趙紫陽塑造得十分正面的形象，在歷史受到學者廣泛抨擊的時候，呼喚著民族即將迎來的偉大未來。

到這個時候，學生中的情緒已有所不同。在沒有直接接觸過文化大革命的一代人中，精神更為高昂，思想也不那麼僵化。很少人沒有受到過關於解放的原初理想的感染；學生們受到教師影響，一些追隨自由派，另一些更為正統；多數人都熟知來自海外的文化與新聞——台灣的歌曲、美國的音樂、波蘭的罷工、俄國的選舉；所有的人，都感受著一個運動中社會的銳氣，因其視野的開放而興奮，也因其繼續的慣性而沮喪。充分意識到自己曾在喚醒民族時——在1919年以及1935年——扮演過的歷史角色，這是社會大眾中對集體行動準備得最充分的一個群體。1985年，這個群體在對日本的抗議中表現出其傳統的民族主義氣質。然後，在1986到1987年的那個冬天，學生們在合肥和北京發動了號召民主化的遊行。當黨中央最高領袖胡耀邦拒絕鎮壓這些遊行的時候，元老們打發了他。運動被箝制了，但其背後的情緒並沒有消失。

接下來的一年，經濟改革自身——迄今仍是防範政治改革要求的防波堤——陷入了第一次嚴重危機，基本生活用品價格開始上漲，而城市工資的增長停滯不前。當趙紫陽和鄧小平提到價格全面自由化很快就會實現時，發生了恐慌的囤積行為；這年夏天，年度通貨膨脹率飆升至50%。在大眾的感受中，這並不是價格雙軌制所造成的唯一有害效果。毛澤東時代聞所未聞的腐敗正在蔓延，官員們正利用他們的職位，從同一產品調撥價格和市場價格的差價中獲利，並因此受到痛恨。未曾預料的生活困難和對社會不公的憤怒相加，這是具有爆炸性的混合，在城市中造成一種緊張的氣氛。

1989年，在北京，學生們已經在著手準備與五四運動70週年紀念同步的遊行，為保護學生而失寵的胡耀邦在四月份逝世，突然間為學生們提供了一個更為直接的凝聚點，來表達他們對此前政治打壓的不滿。學生們遊行到天安門廣場悼念胡耀邦，在那裡他們給政府來了個措手不及。趙紫陽是胡耀邦倒台的當事人之一，他取代胡耀邦擔任了黨的總書記。但是面對眼下這場亂局，他卻是迎合潮流；結果，政治局常委會分裂，黨政領導失去了方向。學生運動表現出超凡的自我組織水平，事實證明他們能夠將這座城市的所有校園都動員起來並對政府持續施壓。到5月初，遊行已經變成了對廣場的占領，要求民主變革；學生們得到北京普通市民大規模遊行的支持，市民們因經濟條件惡化而緊張不安，對學生的基本政治目標表示了公開的同情。類似的抗議橫掃全國各地，哪裡有大學點火，那裡就有響應。成千上萬人走上街頭，參與一場在人民共和國歷史上前所未有的社會運動。

1989年中國發生的動盪，深度和廣度都遠遠超過同一年在東歐發生的任何事件，更不用說在當時乃至後來的俄國了。這個國家的學生們的反抗能量和理想主義，以及城市居民與之積極主動的團結，是舉世無雙的：以其自身的方式見證著一個仍然接近其革命源頭的社會，有著怎樣的政治活力。但是在中國，一種能量碰上了另一種。當危機到來時，負責黨政日常運作的後革命領導集體猶豫了，而且分歧了。但元老們，那些爲贏取政權而武裝鬥爭數十年的老將，不會坐視因遲疑不決而喪失權力。他們保持了他們作爲戰士的本色，在集結了必要的力量之後，他們毫不畏懼地打擊他們眼中對黨的統治的威脅。6月份，人民解放軍奉命對廣場進行清場，在一夜暴力之後，運動被鎮壓了。

1

鎮壓伴隨著很高的代價。中共因「六四」喪失的正當性比文革還要大，文革曾經一度享有真正的支持，而且還留下了受尊敬的儲備領導，可以在運動結束後接管權力。在1989年，整個國家沒有任何一個部分支持鎮壓，黨內也沒有一個反對派存留下來——趙紫陽因沒有投票支持戒嚴而遭免職，16年後靜悄悄離世，至死都還在軟禁中。另一方面，這個政權仍然有經濟增長的牌可以打。既然以往意識型態的老本已經失效，所有的注如今都只能押在這裡。爲控制通貨膨脹而採取的緊縮政策持續到1991年。接下來呢？

在這裡，鄧小平跟他的同僚以及他自己的過去作了切割。1989年五月，他曾經說：「某些人所謂的改革，應該換個名字，叫做自由化，即資本主義化。他們『改革』的中心是資本主義化。我們講的改革與他們不同，這個問題還要繼續爭論的」[12]。1992年1月，鄧小平南巡，並在最大的經濟特區深圳宣稱：中國面臨的重要危險並不是來自右派，而是左派反對經濟的進一步自由化，而深圳股市正是經濟自由化的典範式創新。雖然仍然堅持中國需要社會主義而非資本主義，他此時已經將「姓社姓資」之爭視為徒勞無功，並解釋說，既然不平等對於經濟增長有作用，個人發家致富無可厚非，而且值得讚揚：「致富光榮」。集體自由的希望被埋葬了，補償在於個人的繁榮。發展是唯一重要的事情，不需要不合時宜的具體說明：正如那句對懷疑者大肆宣揚的官方口號所說的那樣：「發展才是硬道理」。

發展如期而至，速度極為可觀。隨著經濟自由化的深化，中國在1990年代的增長速度甚至超過了1980年代。到這個十年結束時，工業的景觀已經改變，國有企業大規模收縮。遲至1996年，國有經濟仍然是城市就業的大頭。但是1997年以來，省一級的官員們被允許隨意處置大多數國有企業，對其實施「關停並轉」。在這個過程中，平均一年就有大約700萬工人失去工作，到了2004年，私有經濟的勞動就業幾乎達到公有經濟就業的兩倍。在同一時期，鄉鎮企業以更為狂飆突進的方式被私有化——只有大概10%左右仍保留著某些集體產權的形式。80%的城市住宅也遭到同樣的命運。但是國家實施了「抓大放小」，並沒有放棄對它認為是經濟中戰略要衝部分

12 *The Tiananmen Papers*, pp. 25. [譯者注：譯文參考張良編著，《中國「六四」真相》(香港：明鏡出版社，2001)，頁827。]

的控制：能源、冶金、軍工與電訊。在這些關鍵領域中，巨無霸式的國有企業囊括了全國工業銷售總量的三分之一，記錄了更高的利潤率，並占據著全部國有企業資產的四分之三[13]。

從結構上說，如果有控制的拋棄是1989年之後改革第二期的兩大基本改變之一，那另一個就是對外貿易的最大化。其開放的速度和規模少有先例。在新世紀開始之際，工業品的平均關稅不到10%，大約只是印度徵收水平的三分之一；而農產品平均關稅不超過15%。外商投資中，非海外華人的資本——來自美國、日本、歐洲——現在扮演著顯著、雖然仍屬次要的角色。受到外商投資的推動，出口製造業起飛，並日益轉向較高科技產業，雖然在這些產業主要做的還是加工組裝工作。從效果上說，在一代人的時間裡，中國已經成爲新的世界工場，其外貿商品總額的價值相當於其GDP的三分之二——對一個大國來說，這是聞所未聞的數字，比美國或日本都要高出兩三倍。不過，如同對國內工業那樣，在對外貿易中，到目前爲止國家也爲自己保留了一個關鍵的槓桿，對匯率、資本帳戶和銀行系統仍然保持著控制。

這一發展模式在物質上的成功已經使中國成爲全世界的當代奇觀。從1989-2004年，以超過40%的投資率，中國的GDP在15年裡增長了4倍。在城市裡，城市家庭收入以每年7.7%的速度上升；在鄉村，幾乎達到5%[14]。從改革開始到2006年，以美元計算的中國人平

---

13 Naughton, *The Chinese Economy*, pp.186, 106, 286, 303-4.

14 總體的數據遮蔽了1989年前後在發展模式和分配模式上發生的一個重大斷裂。在1989年之後，發展和分配都傾向於城市而以農村為代價，傾向於國有企業和外資企業，而以私營企業為代價。關於這一變化的分析，參見Yasheng Huang, *Capitalism with Chinese Characteristics: Entrepreneurship and the State*(New York: Cambridge

均生活水平增長了8倍。僅僅10年時間，城市人口劇增了兩億[15]。城市居民現在占全國人口的五分之二，維持著世界上最大的汽車市場。中國的外匯儲備甚至高於日本，達到19,000億美元，比加拿大的國民生產總值還要高。中國已經氣勢洶洶地來臨。

四、新變體

但是「來臨」是一個恰當的用詞嗎？難道「回歸」不是更加確切嗎？畢竟，在多少個世紀裡，中國曾是地球上最富裕也是最先進的文明體：在過去的力量和如今的驚人成就之間，不是肯定會有某種關聯嗎？比起比較兩場現代革命這樣邊界相對清晰的領域，此類問題將我們帶向更爲宏大但同時也更爲昏暗的地帶。在這裡可以歸納出三個互相競逐的思想學派，三者之間到目前爲止並沒有發生過任何系統性的對撞。第一個學派，也是當下在歷史學家中最流行的，將中華人民共和國的高速發展從根本上歸因於中華帝國的悠久遺產——基於密集型農業的商業活力；日益深化的勞動分工；日益繁榮的城市網絡和國內商貿的擴張；創紀錄的人口增長；一場「勤工革命」(industrious revolution)。根據這種看法，中國經濟長久以來就是世界上最大也是最精細的，呈現了一個經典的亞當斯密型的發展路徑，本來就和西歐經濟一樣充分發達——如果不是比後者更發達的話——直到鴉片戰爭發生。在遭受外國侵略和內部混亂的打擊而偏離軌道長達一個多世紀之後，它現在正回歸到自己在世界上本來

(續)

University Press, 2008)。他進一步論證：受到這個斷裂的影響，整體要素生產率一直在下跌，見頁288-90。

15 Fred Bergsten, Bates Gill, Nicholas Lardy, Derek Mitchell, *China: the Balance Sheet*(New York: Public Affairs, 2006), p.5, 31.

應有的位置。

對於第二種在經濟學家中更為盛行的學派而言，中華帝國的過去對理解其現代的當下幾乎提供不了什麼線索，因為——只要我們相信亞當・斯密強調過的那些條件——缺乏對外貿易使得傳統經濟無力刺激競爭，不充分的財產權保護阻礙了企業家精神，將中國的發展局限在一個更接近於馬爾薩斯模式的範圍之內。根據這種解讀，當代的高速發展正是中國姍姍來遲地融入世界資本主義經濟的結果，而歷史上這個經濟形成時，中國本來一直缺席。隨著中國向外資開放投資市場，並逐步加強保護財產權，生產要素最終被解放出來，形成了一種新的活力。充足的廉價勞動力供給與充足的海外資本和技術相結合，建造出了在中國史無前例的出口機器。

第三個學派主要分布在(但不局限於)社會學界。對他們來說，與此相反，中國經濟崛起的關鍵是在中國革命。根據這一看法，正是毛澤東時代的成就為改革時代的繁榮奠定了深厚的基礎。這筆遺產的核心部分是在中國現代歷史上第一次創造出了一個強大的主權國家，結束了半殖民統治的束縛；形成了一支有教育、有紀律的勞動力大軍，其識字率和平均壽命水平對於一個仍然落後的社會來說都相當高；同時，在一個容忍省級自主性、相對來說權力下放的制度框架下，建立了強有力的經濟控制機制——計劃體制、公有經濟、國外帳戶。只有在這些轉化的條件下，開放時代的成就也才成為可能[16]。

---

16 關於第一種看法的基礎，參見 Kenneth Pomeranz, *The Great Divergence: China, Europe and the Making of the Modern World Economy*(Princeton: Princeton University Press, 2000)；以及Sugihara Kaoru, “The East Asian Path of Economic Development: A Long-Term Perspective,”收錄在 Giovanni Arrighi, Hamashita Takeshi 和 Mark

很明顯，這些解釋都不是絕對的。混合的例子像純粹的例子一樣多見。然而，一般來說共同缺少的，是評價不同解釋裡替代性變量的相對份量這樣一種努力。從分析上來說，必要的因果重要性排序並不會在一夜之間明澈成型。這裡僅需要指出檢驗不同假說的一個相關控制變量就已經足夠。這個控制變量可以表述如下：中國的高速發展是如何區別於，亦或相似於日本、韓國或者台灣的高速發展？這些區別或相似之處是以什麼方式，或者在什麼意義上表現出來的？如果中國經驗與這幾個案例高度近似，那麼，前近代或者晚期資本主義的解釋就會勝出；如果是與其他案例大相徑庭，那麼根據初步印象，有關革命的解釋就會顯得更加可信。而證據表明了什麼呢？

對數據的考察產生了一個悖論。雖然中國的發展速度令人印象深刻，但並沒有比其東亞鄰國在其各自相應階段的發展速度快多少，雖然多持續了10年。中國經濟的基礎也沒有明顯與其不同：在所有這些案例裡，發展模式都是壓倒性的出口導向。在這兩個方面，同一家族的類似性非常強。然而在另外五個方面，差異卻是明顯的。從1990年代以來，中國對出口的依賴遠超過日本、韓國或者台灣；消費在國民生產總值中的比重更低；對外資的依賴性大大高於別國；城鄉之間的收入以及投資差距都要大得多[17]。最後，同樣具有

(續)

Selden 三人合編, *The Resurgence of East Asia: 500, 150 and 50 Year Perspectives*(London: Routledge, 2003), pp. 78-117. 關於對第二種看法的闡釋，參見Jim Rowher, "When China Wakes," *Economist Special Report*, 1992年11月28日。關於第三種看法的例子，可參見 Chris Bramall, *Sources of Chinese Economic Growth, 1978-1996*(Oxford: Oxford University Press, 2000)；尤其是Lin Chun, *The Transformation of Chinese Socialism*(NC: Durham, 2006).

17 參見下述驚人的分析以及相應圖表：Hung Ho-fong, "America's Head

基本意義的是，從結構上說，國有經濟在整個經濟中所占的份額和角色一直、而且至今仍大得多。中國發展中的這些特徵使之與東亞鄰國相區別；這些特徵互相關聯，而且有一個共同的解釋。在日本、韓國和台灣，戰後出現的政權處於冷戰的前線，是美國占領或者保護下的產物。從戰略上來說，他們至今仍受到華盛頓的監護——或者有美軍基地駐紮，或者有美國軍艦環繞——並因而缺乏真正的外交或軍事自主性。一方面缺乏政治主權，另一方面需要國內正當性，他們的統治者——自民黨、朴正熙、國民黨——用經濟上自我發展的政策來補償，在拒絕並防止外國資本湧入的同時，扶植保護國內的大公司。同樣，有著中國革命的幽靈在眼前遊蕩，他們都恐懼農民的激進化，並推行了土地改革——這得到了美國的支持——而且在發展加速時，一直非常小心，不讓鄉村落後於城市太遠。

在中國出現的形態恰好相反。在那裡，後革命國家從一開始就在外部關係上具有完全主權——甚至有能力在朝鮮逼平美國——而且在國內也非常強大。正是因爲這個原因，中國可以承受外國資金的大舉流入，而不用害怕會因此而聲名狼籍或被外資顛覆。作爲一個完全獨立、緊緊控制著其領土的國家，它可以自信有能力用政治手段來控制外來資本的流動，就像列寧在新經濟政策時期曾希望做的那樣；同時，繼續嚴守中國經濟中的——金融業與工業的——戰略高地，也自信有能力主導或操縱國內資本。依據同樣的邏輯，它也能夠壓制農村消費，迫使貧困的農民到城市裡去，成爲農民工，而這對於東京、首爾、台北的政府來說是完全不可能的，那裡的政權如果想要存活下來，農民就必須得到照顧。如果說中共做到了這一點而並沒有喪失對城市化的控制——像南亞或東南亞那樣，巨大

(續)

Servant?" *New Left Review*, 第60期, 2009年11-12月, pp. 5-25.

規模的貧民窟四處蔓延——的話，那正是大躍進時期建立的、隔離城鄉的戶口制度使之成爲可能。同樣的，在毛澤東治下，農民曾經是原始積累的犧牲品，而使城市受益。但是一旦鄉村中的公共衛生和教育在毛時代之後被摧毀，而且在江澤民時期投資從農村撤離，城鄉收入差距就急遽拉大。中國的高水平外來投資和低水平農村生活，二者有著共同的歷史前提——一個從革命中誕生的政權，處於一個總人口比日本、韓國、台灣三地人口總和的七倍還要多的國家，有能力在對付農民和外國人時，同樣粗暴嚴厲。對二者而言，欠帳到現在尚未付還。但其各自直接間接的帳單卻在明顯增長——那些尚未相互連接，但正在蔓延的鄉村騷亂；以及目前尚屬可控，但正日益陷溺於其中的美國國債。

1

領導中國這場轉變的政黨自身也因而發生轉變。元老們都已故去。但是作爲第二推動者而非第一推動者的好處仍然沒有消失。鑑於勃列日涅夫主義的教訓，中共將領導層的更新制度化，引進任期限制，以及有規律的代際交替。現在掌權的和正待接班的領導人都沒有任何革命經歷的背景，他們受過更多的正式教育，而且——正如帝國時期統治者曾經使用士大夫那樣——通過許多智庫以及非正式的對專家或利益相關輿論的諮詢，得以吸收比以往任何時期都更爲廣泛的技術與知識資源。經濟發展和外交成功帶來了政治聲譽的恢復：今天，黨在大眾中享有的正當性比1950年代以來的任何時期都要高。黨所獲得的授權既強大又脆弱。強大是因爲：國內繁榮和國際尊嚴是很少有人能抗拒的訴求。脆弱是因爲：無視社會正義的經濟發展，國家的強硬和國際上的糾纏，這些都很難切合於黨所包攬的革命及其理想。消費者愛國主義是一種淺薄的意識型態建構，黨不可能完全依賴。不管中共的主要話語已經變得多麼去政治化，要從中完全剪除社會主義只會產生適得其反的結果。這個繼承而來的另一種正當性主張，仍然銘刻在其名稱上，始終是一種必要的儲備。因爲針對不公正的革命情緒，以及對平等的要求，仍未從公民們的心中消失。仍未消失的，還有忽略這些所帶來的風險。

解釋、歸類和評價是三件很不同的事情。從分類學上說，21世紀的中華人民共和國是一個世界－歷史意義上的新變體：它結合了兩樣東西：經濟上，根據任何常見標準都應被認爲是壓倒性的資本主義經濟;政治上,根據任何常見標準都毫無疑問是共產黨國家——而在各自的類型中，都分別是迄今爲止最具活力的[18]。從政治上說，二者之間矛盾所造成的效果，在它們相互融合與纏繞的社會裡到處都打上了烙印。從來沒有過這麼多人這麼迅速地脫離絕對貧困。從來沒有現代工業和超現代的基礎設施曾經在這麼短的時間內，而且在如此巨大的規模上創造出來；也沒有過一個欣欣向榮的中產階級與此相伴隨，以這麼快的速度興起。從來沒有大國等級秩序經歷過如此戲劇性的變動，並贏得這樣的非強迫的大眾自豪。也沒有過，在同樣的時間裡，不平等竟然會從那麼低的一個起點，飆昇到如此令人目眩的高度。沒有過這麼廣泛擴散的腐敗，出現在一個清廉曾經被認爲是理所當然的國家。也沒有過直到昨天還是理論上的國家主人的工人，現在卻受到如此無情的隨意處置——他們的工作被摧

18 對於這個經濟結構的最清晰和最晚近的分析，參見Joel Andreas, "Changing Colours in China," *New Left Review*, 第54期, 2008年11-12月, pp. 123-152. 關於中共黨的延續性，見David Shambaugh, *China's Communist Party: Atrophy and Adaptation*(Berkeley: University of California Press, 2008)，此書強調了中共在蘇共垮台之後的學習能力。

毀、工資被拖欠、工傷被嘲笑、抗議被鎮壓[19]。革命的脊梁骨——農民，也從來沒有過這麼多土地和生計遭到開發商和官員的掠奪，就像19世紀的蘇格蘭高地人那樣被趕出家園。中國網民比世界上任何一個國家都更多；沒有恐怖統治；私人生活有相當多的自由；也有比以往任何時候都更協調更有效的監控機器。對少數民族，優惠措施和文化政治壓迫相隨而行；富人能夠買到任何奢侈品和特權；而弱者和被剝奪者則只有麵包屑，甚至更少；對政治異議者，是塞口布或者監牢。處在形式上——甚至未必完全都是不真實的——與意識型態保持一致之中的，是巨大的社會能量和人的生命力。在過去，解放和壓制經常如影隨形；但卻從來沒有像在這個毛澤東曾參與締造又曾竭力防止出現的中國那樣，如此令人暈眩。

判斷這樣一個如此令人敬畏但又仍處於其早期階段的歷史進程，必然容易出錯。對那些親身經歷這個過程的人來說，已經足夠困難；要維持這全部經驗的穩定呈現並從中得出某種辯證得失的綜合，對於局外人來說，更是幾乎不可能。在西方，自從啓蒙運動以來，中國熱和恐華症週期性地交替出現，而在新一輪大眾與知識界的中國風之中，鐘擺如今又從後者擺向了前者，而且這次未必就比起初那次更加啓人蒙昧。在中國，與之相對應的是週期性出現的西化主義和大漢沙文主義。抵抗這些誘惑的唯一屏障，是一種在比較中不爲所動的精神——雖然這很難達成。這對於未來也同樣適用。在中國公民那裡往往聽到一些以台灣和新加坡爲鏡鑑的，或悲觀或樂觀的展望：或者是隨著生活水準和政治期望的提高，中國最終將

19 中國新舊工人階級的命運，是下述社會學傑作處理的主題：Ching Kwan Lee, *Against the Law: Labor Protests in China's Rustbelt and Sunbelt*(Berkeley: University of California Press, 2007).

會民主化，或者威權主義家長制在選舉的包裝下永久持續。這兩者都不是特別有說服力。台灣民主與其說是國民黨逐漸改變心意的產物，毋寧說是國民黨在美國取消對這個島嶼的正式承認之後，必須尋求新的國際正當性的結果。而新加坡的一黨政權則是建立在一個深謀遠慮的福利制度之上，這個福利制度之所以可能，是因爲它是爲了一個城市國家，而不是爲了一個帝國規模的國家而建。北京並不需要第一個模式，也未必會去複製第二個。中國這艘大船將要駛往哪個方向，仍然難以估量，至少任何現有的星盤都無法解答。

譯者注

1. 在這裡，而且在這篇文章的全部英文原文中，作者都是在當代英文一般閱讀習慣的意義上使用“Communism”或“communism”，即，有確切組織的共產黨，或一個由共產黨所控制領導的政權。本文所使用的這個詞語，並不是馬克思主義理論意義上，一個未來可能實現的沒有階級、沒有國家、也沒有貨幣的理想社會。為避免歧義，中文譯文使用「共產黨」或「共產主義實踐」代替直譯的「共產主義」。
2. 即「豫湘桂會戰」，實際應為「豫湘黔桂會戰」，因為貴州也是日軍當時重要目標。
3. 米爾，沙俄時代的集體農莊。
4. 這應該是作者的誤解。因為人民公社的土地原則上是集體所有，所以，1980年代實行農村家庭聯產承包責任制的時候，農民獲得30年承包權的那些土地，屬於集體所有，不是國家所有。

佩里・安德森，前《新左翼評論》主編，馬克思主義歷史學家，著有《絕對主義國家的系譜》、《當代西方馬克思主義》、《後現代性的起源》等著作，任教於美國加州大學洛杉磯分校歷史系和社會學系。

章永樂，北京大學法學院講師，北京大學西方古典學研究中心學術委員，美國加州大學洛杉磯分校政治學博士。

葉蕤，北京大學法學院2008級本科生，曾在《讀書》等雜誌上發表多篇論文。

「兩場革命」與中國模式

吳玉山

美國加州洛杉磯大學的佩里・安德森教授爲了探索中國大陸崛起的根源，寫了一篇〈兩場革命〉的長文，並在中央研究院進行了同名的演講(2010年10月)。安德森是知名的左派社會學家，又對中國文化有極大的憧憬。他對於這個主題的處理反映了他的基本主張：毛澤東等人領導的共產革命提供了中國崛起的基礎，而這個革命是和中國源遠流長的文化傳統密切聯繫著的，於是從中華文明、中共革命，到中國崛起之間牽出了一根線索。這樣的思路，如安德森本人所示，是和林春等人的左派觀點類似的[1]。在論述的過程當中，安德森把中國大陸的例子分別和蘇聯與東亞國家(日本、南韓與台灣)做比較，認爲有很大的不同。然而有趣的是，要掌握住今日中國大陸的發展模式，正是需要分別尋找它和蘇聯與東亞模式的相契合之處，並且體會這兩種看似差異甚大的發展典範，如何在中國大陸的身上融合爲一體，形成「後極權資本主義發展國家」(Post-Totalitarian Capitalist Developmental State)的政經體系，並且發

1 參見Lin Chun, *The Transformation of Chinese Socialism* (Durham, NC: Duke University Press, 2006)。關於對本書的評論，參見Yu-Shan Wu, "Review of *The Transformation of Chinese Socialism*," *China Review International*, vol. 15, no. 1(Spring 2008), pp. 132-136.

揮巨大的力量。至於後極權資本主義發展國家和中國革命之間的關係，與其說是前者實現了後者的理想，不如說是對後者的反動。中國的崛起不是基於共產革命，而是決絕地從這個革命的理念中脫出，但保留了革命的工具(黨國體制)，爾後和東亞的發展模式接軌。今日的中國，是在共產黨主導下發達了國家資本主義，但完全背棄了當年社會主義革命的理想；中共留下了革命的軀殼，但做著完全相反的事情。這樣看起來，安德森從共產革命拉到中國崛起的那根線索，是想像大於現實的。

向中國革命「一邊倒」

安德森以絕大部分的篇幅，比較了中國和蘇聯的共產革命。他的判斷是一邊倒的。在這兩場革命的生命史當中(當然中國的革命並沒有完結)，中國都是大大優於蘇聯的。安德森討論到兩個國家共產革命的緣起、集體化的進行、統治者對幹部的整肅、改革的成敗、菁英的特性、與革命的成果等多個面向。就革命的起源和社會基礎而言，蘇共僅能依靠占人口百分之三的城市工人，基礎薄弱，而十月革命的成功，必須歸因於一次大戰時德國的軍事勝利削弱了沙皇的統治能力，結果布爾什維克在獲得合法性之前便幸運地攫取了政權。相對於此，中共經歷了長期的內戰，推動了土地改革，擁有中國農民的衷心支持，因此最終能夠打敗腐敗的國民黨。由於革命的方式不同，中共比蘇共在廣大的人民心中享有更高的合法性。

在革命成功了之後，蘇共仍然不信任群眾，對於其敵人，則一貫加以鎮壓或剷除(例如對富農階級，*kulaks*)。中共則以說服和思想改造來處理反對它的力量。所以蘇聯的集體化是伴隨著強迫的人口遷徙，以及大規模的飢荒；而中共所推動的集體化卻受到農民的支持，能夠快速達成，在過程中並沒有招致當年蘇聯強制推動集體化所帶來的災難。當然安德森沒有否認大陸在集體化之後出現了三年大飢荒的事實，但是和蘇聯比較，他認爲死亡的人數占總人口的比例其實差不多。大陸農村在大躍進之後快速地復原，而中共的威信在中國的農民心中仍然強固。凡此都和蘇聯的情況形成重大的反差。

安德森認爲即使在比較兩國的大整肅時，毛澤東也是優於斯大林的。在1930年代，斯大林屠殺了整個老一代的布爾什維克，並且把大批的同志關入了集中營。毛雖然也鬥爭了親近的同志，但他是爲了防止中共的體制走向如蘇聯一樣的官僚化，以及出現黨內享特權的資產階級。毛沒有動用安全情治機構，而是通過發動年輕學生自下而上地進行文革。這是「控制的混亂」（controlled chaos）。中國文革死亡的人數遠不如蘇聯的大整肅，而且文革不是政權的鎮壓，而是青年的解放。文革有其平均主義的理想，受到年輕人熱烈的支持，對社會的負面衝擊也比蘇聯的大整肅要溫和。毛沒有濫殺同志，除了劉少奇之外中共的領導高層都存活下來。安德森認爲這是由於中國的政治傳統中強調教化甚於強制，這樣的傳統影響到中國共產黨的革命運動，甚至影響到以打倒傳統爲目標的文化大革命。

就改革而言，也是中共勝過蘇共。蘇聯建立了高度中央集權的統治經濟，扼殺了創新的能力，導致勞動生產力停滯不前，而獨重重工業和國防工業的偏頗結構，更壓抑了人民的生活水平。共產主義對蘇聯人民逐漸喪失了吸引力，使西化派成爲知識分子的主流。戈巴契夫雖然大力推動改革，但是沒有行動的綱領。他將改革的重心擺在政治和對外關係，因爲那比變動經濟結構要簡單的多。結果他試圖繞過共黨來推動體制改革，而忽略了沒有共黨，蘇聯的多元民族結構將無法維繫。戈巴契夫的改革最終導致蘇聯的解體。相對於蘇聯的失敗，中共具有一些有利的條件，諸如較少採用落後技術的工廠、較不集中的計畫體制、較強的地方自主傳統、充滿活力的農民、共黨更高的威信、較和善的國際環境、以及較小的民族問題等。然而最爲重要的，是領導中共從事改革大業的是充滿經驗的第一代老革命家，他們經過大風大浪，具有宏大的視野與格局，並且熟知策略和技巧。在「八大老」身上可以找到列寧主義革命家的特質：激進但紀律、充滿創新的想像力、能沉著地等待時機，又能大膽地轉換方向。這和蘇聯的改革者是一群和社會孤立、缺乏經驗的官僚，滿心認爲西方的一切都是美好的完全不同。中國的領導者以革命的熱忱、千年的自信(millennial self-confidence)、世紀的淬鍊，與世界上最古老而不間斷的文明精神來進行改革，其格局豈是蘇聯的改革者所能項背？

在討論兩國的比較時，安德森進入歷史，解說俄羅斯長期是處於歐洲的邊陲，雖然曾經自命爲「第三個羅馬」，並厭惡西方的物質主義，但是其唯一能與西方抗衡之處僅在於其廣袤的疆域與龐大的人口。俄國人始終徘徊在西化與抗拒西化之間，沒有建立自身的價値與信仰系統。與此相對地，中國在其長期歷史中是居於區域的核心，是天朝上國，從來不認爲應該向誰臣服。安德森認爲在這樣的文化和知識背景之下，雖然同樣面對西方的強大勢力，中國知識分子對西方的反應是與俄羅斯大不相同的。不論是魯迅還是毛澤東，都是以中國式的創新精神、自信和大度來回應強勢的西方文明。安德森在激烈反對傳統的魯迅和毛澤東的身上發現了悠遠長存的中華文明，並以此論定中國面對西方的反應勝於俄國。

在進行改革的過程當中，安德森強調毛時期的遺緒爲中國帶來了有利的影響，包括較小的計畫體制與較獨立的地方經濟等，而這些都是蘇聯所沒有的。地區的競爭使得中國各省在改革時期競相爭取經濟表現，激發出生產的動能，而蘇聯的地方卻在幾世紀中央集權的傳統下一片死寂，無論戈巴契夫如何召喚都沒有辦法動員起來。毛時期的有利遺緒尚不只此，由於中國廣大的農民在毛時期便沒有被含括在國家的福利制度當中，而高度工業化的蘇聯卻必須承擔所有勞工的社福費用，因此對國家的財政帶來截然不同的影響。缺乏福利保障的中國農民更必須努力儲蓄，結果透過金融機構替工業發展提供了豐沛的資本。毛不照顧幫他打天下的農民，結果卻成爲政權重大的資產。這就是楊小凱等人所稱的「歪打正著」。

安德森對於天安門事件的詮釋是很有趣的。一方面他讚美中國學生和知識階層在當時所展現出的理想與勇氣，認爲顯示了中國革命的傳統，一方面他又欣賞鎮壓革命的元老，能夠在危急時刻大膽使用武力，來應付對中共政權的威脅。而天安門事件後，鄧小平更加鼓勵人民致富，提出「發展是硬道理」，這些都爲接下來中國的快速發展奠定基礎，終於成爲今日的經濟強權。而蘇聯卻在排山倒海的民族獨立浪潮下快速肢解，人口與領域減半。今日的俄羅斯經濟更落到僅靠出口能源與原料來維繫。對安德森來說，中國和俄羅斯的共產革命，真不啻是天差地別。

蘇聯在革命上勝過中國，中國在脫離革命上勝過蘇聯

在安德森的敘述與分析當中，蘇聯經驗一無是處，而中國的革命不論如何跌宕起伏，都是爲今日的興起安排伏筆。這樣的觀點看在比較共產主義的研究者眼中，不免太過一偏。事實上，中國和蘇聯的共產革命有眾多結構性的類似之處，而在兩者有顯著差異的地方，蘇聯的經驗通常比中國爲優。只有當兩者都試圖從社會主義(也就是革命的理想)脫出時，由於中共過去的慘痛經驗，因此在改革開放的路上走得更爲決斷，已經進入了東亞模式，而遠非蘇聯在其有

限的改革進程中所能企及。中國勝於蘇聯和俄羅斯，其實是從脫離社會主義革命的那一點開始的。

中國的共產革命是源於蘇聯。不論是理念的啓蒙、黨組織的創立、人員的訓練、策略的指導、到建國後全盤制度(包括政治、經濟、軍事、教育、文化、民族等各方面)的建立，甚至基礎建設的推動與第一代工廠的興建等，中共都是以俄爲師，其影響一直持續到今天。沒有蘇聯的發動與協助，就沒有中國的共產主義運動和中華人民共和國的肇建。在革命的進行過程中，二者都經歷了對外戰爭和內戰的階段，對外戰爭(俄羅斯參加的第一次世界大戰與中國的對日抗戰)都削弱了原統治者(沙皇及二月革命後的克倫斯基政權和中國的國民政府)，使得兩國的共黨有奪權的機會，而內戰則決定了共黨的最後勝利。雖然在俄羅斯共黨是先攫取兩都(聖彼得堡與莫斯科)成功，而後以紅軍征服全俄，而中共則是以鄉村包圍城市，但是這些僅是戰術的區別。兩國的經濟環境從傳統的馬克思主義來看都不足以支撐社會主義，因爲那是資本主義高度發展、勞資矛盾完全爆發後才應該會產生的。俄羅斯在革命時僅有少數的城市工人階級，而中國則只有想要分田的農民，在這兩個國家當中，社會主義都是共黨從上而下加諸於人民的。爲了實現烏托邦的理想，和鞏固共產黨的政權，兩國共黨都推行了快速的集體化，並且帶來社會經濟的重大損失，以及可怕的人命代價。兩位革命暴君——斯大林與毛澤東——都以階級鬥爭之名整肅同志，黨內最高領導階層幾無一倖免。到了革命暴君死後，兩國都進入改革時期，發動者都是反對狂飆革命政治的老幹部。從這一點開始，蘇聯與中國大陸才真正分道揚鑣。很明顯地，兩場革命在發展過程中展現了巨大的結構相似性。這些相似性都是和原本勢力微弱的共黨試圖奪取政權，而在其成功後又試圖將其意識型態強加於社會息息相關的。

在這樣的基本框架之下，我們當然還是發現兩場革命之間一些相異之處，但是在這裡，蘇聯的表現事實上優於中國大陸，而不是相反。蘇聯建立了一套迥異於西方資本主義的現代化模式，這個模式以社會主義爲名，將極權政治與統制經濟結合，可以在很長的一段時間內促進經濟的高速發展，而其分配則優於自由市場與資本主義。雖然蘇聯在其經濟成長從外延模式(extensive growth)轉向內涵模式(intensive growth)時，發現高度集權的統制經濟有所欠缺，無法持續創新與提高勞動生產力，但是這個制度還是有其工作保障、社會福利、穩定物價與分配平均等方面的意義。仿效蘇聯的中國大陸卻無法達到這樣的發展境地。由於資本的缺乏與堅持發展重工業，毛澤東異想天開地以精神動員法來調動勞力，試圖無限量地取代資本，結果帶來重大的失敗與人爲的大飢荒。其後雖然一時退卻，但是極左思想蔓延，整個社會處於不間斷的政治和經濟運動之中。共產中國的經濟制度是紊亂、無效率和高度不穩定的，革命後中國的發展水平更是遠遠地落於蘇聯之後。毛澤東對知識的敵視，造成了特別巨大的傷害。文化大革命把整整一代的中國人打成無知和反智，而在蘇聯，無論政治如何掛帥，精緻文化、科學與藝術始終占據重要的地位，而蘇聯的教育更始終保有極高的水準。安德森提到斯大林對同僚的殺戮甚於毛澤東，認爲後者著重意識的教化，而這又和中華文化有關。事實上毛對其同志異常殘酷，極盡羞辱與迫害之能事，而在放手讓地方進行階級鬥爭的情況下，文革的殺戮絕不下於蘇聯的大整肅。毛澤東更將知識分子(臭老九)當成一個階級來加以敵視與壓制，這在古代的中國帝王當中是幾乎絕無僅有的。總體而言，毛式的社會主義雖然取法蘇聯，並且展現了許多結構性的相似性，但是在其最具有特色之處，卻經常爲國家帶來深重的傷害，甚於蘇共之所爲。在實踐社會主義革命理想的這一部分，中共實在沒有甚麼高於蘇聯之處。直到改革開放推動之前，兩國熟爲先進、孰爲落後，實在一目瞭然。

中國經驗超越蘇聯之處，是它脫離社會主義、脫離革命的方法。蘇式社會主義有其成功之處，但也造就了其僵固性，與巨大的既得利益，因此難以進行平順的轉軌。毛式社會主義的缺陷有目共睹，即使大部分的統治菁英也是其受害者，因此中國反而可以決斷地轉向。安德森所言中國的改革者是第一代的革命家，具有宏觀的視野與戰略的靈活性，而蘇聯的改革派卻是識見有限的科技官僚云云，其實點出的是蘇聯的社會主義體制存續時間較長(到1980年代已有70年)，改革者在體制的教化中成長，受長期存在的框架影響較大，而中國社會主義體制的存續期間相對較短(到1980年代有40年)，其創建者便是發現其難以繼續運作的改革者，因此更具有能力將其改造與轉化。毛式社會主義的缺陷，成爲中國脫出社會主義的最佳條件。從這個事實來看，成功的不是中國的社會主義，而是中國成功地從社會主義脫離。

在1980年代中期，蘇共的領導人由於受到美國巨大的軍事競爭壓力，以及本身經濟持續停滯的影響，深深感到必須進行改革。在1985年上台的戈巴契夫曾經試圖在蘇聯既有的框架之內，以加速投資與整頓工作紀律的方式來改革體制，但是無法成功。他決定要深化改革，從完善與調整計畫到進一步引入市場機制，希望建立「市場社會主義」[2]。由於遭受中央計畫官僚和黨內保守幹部的反對，戈巴契夫決定大膽地以公開性(*glasnost*)和民主化(*demokratizatsia*)來引入社會力量，壓倒保守勢力，以進行蘇聯體制的重建

2 參見吳玉山，《遠離社會主義：中國大陸、蘇聯和波蘭的經濟轉型》(台北：正中，1996)。

(*perestroika*)。然而就在這一點上，他低估了強制力對維繫蘇聯這個多民族國家的影響，結果在開放與民主的環境之下，各個加盟共和國都爆發了民族主義的浪潮，在短短六年之間，蘇聯分崩瓦解。相對於此，中共的改革派領導人在黨內的權力根基深厚，不需要大幅地引入社會力量，就可以壓倒保守派。雖然從1979年到1989年的10年之間，在中國大陸也出現了反對中共體制的聲音，並且帶來了大規模的學生示威運動，以及天安門的鎮壓，但是鄧小平等領導人掌握住清楚的方向，他們從來沒有試圖建立多元開放的政治環境，而對於政治改革的倡議也僅是爲了進行有限的黨內鬥爭。由於本身的權力地位較高、對於引入社會力量的需求較低，因此當社會中出現反對中共體制的聲音時，改革派便迅速轉向，壓制社會的反對勢力，其目的是始終維持「政左經右」的格局。到了1990年代，蘇聯已經因爲改革失敗而瓦解，而中國的共產政權卻因爲成功地進行了經濟改革而存續，成爲東亞經濟奇蹟最新的一個例子[3]。造成此一重大差距的根本原因不是中華文化給了中共的領導人宏觀的格局，而是由於過去毛式社會主義的失敗，使得中共最有實力的第一代革命家體認到脫出社會主義的必要，並獲得大部分幹部的支持，因而成功地領導了改革的進程。質言之，沒有毛的失敗，不會有鄧的成功；沒有中國社會主義的慘痛經驗，不會有中國脫出社會主義的平和順利。安德森認爲中國的革命勝過蘇聯，其實是中國從革命的脫出勝過蘇聯。社會主義革命在中國沒有成功，而是慘痛地失敗了。

在中國大陸社會主義的失敗，促使中共進行轉型，但是轉型的範圍，主要是在經濟領域，而不是在政治。經濟改革是爲了服務政

3 關於蘇聯和中國大陸共產政權變遷的比較，參見吳玉山，《共產世界的變遷：四個共黨政權的比較》(台北：東大，1995)。

治，是作爲政治改革的替代物，因此黨國體制的結構是完整地保存下來了。然而，爲了防止文革亂象的再度出現，也爲了建立制度性的環境，鄧小平主導了影響至關重大的幹部與人事改革，其目的是讓黨機器更有活力與動能。總體而言，共產革命爲中國所帶來的最大遺產，是具有高度社會控制能力的黨國體制。這個體制在改革者的手中，變得更加完善和有效了。

中國模式、東亞與後極權

在「兩場革命」的尾端，安德森轉換了比較的對象，開始觸及中國和東亞模式之間的異同。他非常強調國際的因素，認爲不論這兩個發展模式間有甚麼表面的相似之處(出口導向的高速經濟發展)，由於國際因素對兩者扮演的角色截然不同，因此中國與日本、南韓和台灣走的不是同一條道路。安德森認爲中共的革命創造了真正主權獨立的國家，而這是和二次大戰後的日韓台不同的。後者爲了補償其對美國的依賴性，所以限制外資，並極力發展本國企業；另一方面這些不穩固的東亞政權又恐懼其農民仿效中國的革命，因此推動土地改革，又致力防止城鄉的差距擴大。中國大陸可以容許大量的外資進入，無視其經濟對外貿的高度依賴，又不在乎城鄉間的巨大差距，正顯示出這個政權的獨立與自信，可以強硬地對付農民和外國人(dealing toughly with peasants and foreigners alike)。在這裡，安德森指出了一個中國大陸和東亞模式最大的不同處：中共是一個更爲強固和獨立的政權。這一點無庸置疑。雖然安德森認爲這是中國革命的寶貴遺產，其實這是蘇聯黨國體制的首要特徵，也就是中國大陸和東亞的不同之處，要在中國和蘇聯的共通性上理解。

現在讓我們從一個更整體的角度來看中國崛起的制度背景。今日中國的發展模式，是一種獨特的制度和現象組合，其中一部份是來自蘇聯和東歐式的「後極權主義」(Post-Totalitarianism)，另一部份的現象是來自東亞式的「資本主義發展國家」(Capitalist Developmental State)。中國的獨特性是在於結合了這兩個過去在不同地區和時間發生的制度現象，而產生了「後極權的資本主義發展國家」(Post-Totalitarian Capitalist Developmental State)。正是由於匯合了後極權和資本主義發展這兩個形似南轅北轍的制度根源，才使得中國大陸的經驗看似獨特而又不獨特：現象的組合獨特而個別現象的本身又不獨特的情況。

後極權所指涉的是一種從極權主義轉出、但並未民主化的特殊威權主義政體[4]。要了解後極權的概念，必須從極權主義出發。冷戰

4 關於後極權主義的概念，最初是由Juan J. Linz在1970年代中期提出。在蘇東民主化之後，Linz又和Alfred Stepan把後極權的概念細緻化。Linz與Stepan一共劃分了四種非民主政權：威權主義、極權主義、後極權主義與蘇丹式政權。後極權主義是從極權主義轉生的政權形式，主要用來描述後斯大林時期的蘇聯和東歐共黨政權。參見Juan J. Linz, "Totalitarian and Authoritarian Regimes," in Fred I. Greenstein and Nelson W. Polsby, eds., *Handbook of Political Science*, vol. 3 (Reading, Mass.: Addison Wesley, 1975); Juan J. Linz and Alfred Stepan, *Problems of Democratic Transition and Consolidation: Southern Europe, South America, and Post-Communist Europe* (Baltimore, Maryland: The Johns Hopkins University Press, 1996)。後極權對若干人而言，僅是粗略地指稱所有脫離共產主義的社會，這裡面所顯現的是他們認為所有共黨專政的社會都是極權主義社會，不論是不是處於斯大林式的革命狂飆時期。此種寬鬆的後極權的用法和後共產(post-communist)非常類似，而和本文中所採用的Linz的概念不相同。關於西方和東歐對極權主義的不同理解，參見徐賁，〈後極權和東歐知識分子政治〉，《二十一世紀》，2000年12月號，頁76-83。

初期由福來德立希和布里津斯基所發展出的極權主義概念指的是一種以烏托邦式的意識型態爲絕對目標、由至高領袖所領導、透過一個全能的黨來動員社會、掌握住一切軍事、經濟與傳播工具，並肆行恐怖統治的政治體系[5]。然而極權主義事實上僅適用於革命狂飆時期的共黨政權[6]。當各個共黨國家離開了革命狂飆時期之後，它們便逐漸顯現出制度化、科學化和理性化的特色，意識型態臣服於消費主義，烏托邦讓位給發展，革命暴君不再、恐怖統治也消戢[7]。這樣就標誌著從極權主義進入了後極權主義時期[8]。由於在歐洲的蘇聯集團之內，莫斯科的蘇共是各國共黨的實質領袖、而爲各國馬首是瞻，因此當蘇共脫出極權主義之後，各國也亦步亦趨地仿效。當斯大林在克里姆林宮死亡，各國的「小斯大林們」也隨之一一在政治上失

---

5 關於極權主義的定義，參見Carl J. Friedrich and Zbigniew K. Brzezinski, *Totalitarian Dictatorship and Autocracy*(New York: Praeger, 1963), pp. 3-13.

6 另外一個極權主義所要描述的對象是希特勒統治下的納粹德國。但是由於德國在二次大戰中迅速戰敗，因此極權主義逐漸和斯大林式的共產政權成為同義。

7 這一方面的經典論述是Richard Löwenthal, "Development Versus Utopia in Communist Policy," in Chalmers Johnson, ed., *Change in Communist Systems*(Stanford: Stanford University Press, 1970); Richard Löwenthal, "The Post-Revolutionary Phase in China and Russia," *Studies in Comparative Communism*, vol. 16, no. 3 (Autumn 1983), pp. 191-201.

8 關於類似的列寧主義發展階段分期，參見Ken Jowitt, "Inclusion and Mobilization in European Leninist Regimes," *World Politics*, vol. 28, no. 1(October 1975), pp. 69-96; Ken Jowitt, "Soviet Neotraditionalism: The Political Corruption of a Leninist Regime," *Soviet Studies*, vol. 35, no. 3 (July 1983), pp. 275-97.

勢[9]。然而由於中國在蘇聯的權力圈之外，因此蘇聯集團進入後極權主義並沒有引起中共產生同樣的變化。中國的斯大林——毛澤東——不斷地抗拒著中共走「修正主義」道路的壓力。在毛澤東的堅持之下，中國大陸人爲地持續著革命狂飆階段，進行了10年文革[10]。一直到毛澤東死亡、華國鋒失勢，鄧小平上台，中共才逐漸走出了極權主義[11]。

後極權主義的特色是一定程度的政治制度化、科技官僚統治，和消費主義[12]。這些特徵是針對著極權主義的恐怖統治、意識型態

9 關於各國「去斯大林化」的情形，參見Zbigniew K. Brzezinski, *The Soviet Bloc: Unity and Conflict* (Cambridge, Mass.: Harvard University Press, 1967).

10 參見Lowell Dittmer, *China's Continuous Revolution: The Post-Liberation Epoch, 1949-1981* (Berkeley: University of California Press, 1987).

11 鄒讜用「全能主義」來指稱國家政治權力對政治、經濟、文化、意識型態和一般社會生活的全面控制與干預的政治局面，也就是極權主義。他認為「全能主義」是一個可以量化的概念，因此可以想像不同程度的全能主義。站在這個角度，便無法確認走全能主義的時點，參見鄒讜，《二十世紀中國政治：從宏觀歷史與微觀行動的角度看》(香港：牛津大學出版社，1994)，頁135-203。鄒讜是屬於極少數持續使用極權主義與其相近概念來描繪當代中國政治局面的學者，但是鄒讜的「全能主義」概念卻為中國大陸許多學者所接受。參見李景鵬，〈後全能主義時代的公民社會〉，《中國改革》，2005年11期，http://www.chinareform.net/Article_Show.asp?ArticleID=187，檢閱時間：95年5月5日。

12 Seweryn Bialer對後斯大林主義的描述是：一，從個人獨裁到寡頭統治；二，官僚組織制度化；三，決策過程充滿談判與妥協；四，專家意見得到重視；五，恐怖統治取消；六，政策的制訂考慮社會大眾的需求；七，對農業進行大規模的貼補。這就是政治制度化、科技官僚統治，和消費主義。參見Seweryn Bialer, *Stalin's Successors* (Cambridge: Cambridge University Press, 1985), pp. 50-51.

治國，和烏托邦主義而來。後極權主義爲政治生活帶來可預測性、增加了政策的科學理性，同時以滿足人們的物質利益來爭取他們對共黨政權的支持。簡言之，就是制度化、科學化和物質化，或是如韋伯所指稱的常規化(routinization)。這並不代表後極權主義便是威權主義。事實上此二者有相當的不同[13]。對於從未進入過極權主義階段的威權主義國家而言，它缺乏滲入社會深層的統治機制，而後極權主義仍然保有這些機制，甚至當社會中出現有限的多元現象的時候，後極權的國家仍然牢牢掌控傳播媒體、堅持對於意識型態的詮釋權、高度涉入經濟與社會事務，並保有包絡整個社會的黨組織，對新生的社會領域進行滲入和控制[14]。黨對於獨立的社會團體保持高度敏感，不容許出現任何反對力量。這樣看起來，後極權主義是介於一般的威權主義和極權主義之間的政治體系，在施行社會控制上，有優於一般威權主義之處[15]。

中國大陸現在正處於此種後極權的威權主義階段中[16]。意識型態已經失去指導政治的作用，但還殘存著合法性符號的功能。神魅式的個人統治已經不再，而由常規化的官僚主治。黨的革命性和運

---

13 參見Juan J. Linz, *Totalitarian and Authoritarian Regimes* (Boulder, Colo.: Lynne Reinner, 2000).

14 李景鵬，〈後全能主義時代的公民社會〉。

15 對Linz與Stepan而言，後極權主義比威權主義國家更為缺乏民主鞏固的條件，原因之一便是深入社會、包絡一切的共黨組織。

16 參見蕭功秦，〈後極權主義的威權政治—對中國經濟與社會的影響〉，中央研究院政治學研究所籌備處演講，民國93年6月21日。林佳龍、徐斯儉用退化的極權主義(degenerative totalitarianism)來描述後極權主義的概念，參見林佳龍、徐斯儉，〈退化的極權主義與中國未來發展〉，載於林佳龍主編，《未來中國：退化的極權主義》(台北：時報文化，2004)。

動性逐漸消失，成爲保守的政治勢力。計畫經濟逐漸退縮，市場扮演起愈益重要的角色。恐怖統治成爲過去，共黨政權正在努力建立政治上的可預測性。這些特色都使得中國大陸非常類似後極權時代的蘇聯和東歐。整體而言，就是政治制度化、科技官僚統治、和消費主義興起。但是也像前蘇聯和東歐的共黨政權一樣，中共政權仍然實行一黨專政，並且藉著高科技的運用，試圖進一步地掌控社會的脈動。後極權的特性使得中共對於有獨立組織的社會力量異常猜忌，並且可以毫不顧忌地放手鎮壓(例如法輪功)。黨的組織仍然滲入所有重要的社會領域，雖然不再動員，但仍然積極地監看警戒著。

如果中國大陸的政治變遷僅止於由極權主義進入後極權主義，那麼今天的中共政權將非常類似過去蘇聯和東歐在後極權階段的形貌[17]。然而，後極權化僅是中國政治轉型的一個面向。另外的一個面向則完全超出了過去的蘇東經驗，而將今日中國帶到一個全新的面貌。這第二面向的轉型就是中國大陸成爲資本主義發展國家。

資本主義發展國家這個概念的原創者是詹鶽(Chalmers Johnson)[18]，後來展開成爲一個重要的政治經濟學派[19]，其主要的經

17 關於此一可能性，曾經在學界被加以討論。參見Constance Squires Meaney, "Is the Soviet Present China's Future?" *World Politics*, vol. 39, no. 2 (January 1987), pp. 203-230.

18 參見Chalmers Johnson闡揚「資本主義發展國家」概念的經典著作，*MITI and the Japanese Miracle* (Stanford: Stanford University Press, 1982).

19 關於發展國家理論的展開，參見Gordon White, "Developmental State and Socialist Industrialization in the Third World," *Journal of Development Studies*, vol. 21, no. 1(October 1984), pp. 97-120; Gordon White, ed., *Developmental States in East Asia* (New York: St. Martin's Press, 1988); Frederic C. Deyo, *The Political Economy of the New Asian Industrialism*(Ithaca, New York: Cornell University Press, 1987); Alice

驗指涉是日本和東亞四小龍等創造經濟奇蹟的發展模式[20]。此種模式認爲國家在帶動經濟發展上可以扮演遠比西方新古典經濟學說所承認的更爲重要的角色。資本主義發展國家的思想根源是德國李斯特在19世紀初所倡議的「國民經濟學派」，而在日本發揚光大，促成了戰後日本經濟快速復興的奇蹟。發展國家仰賴一群優秀的經濟官僚來主導國家的產業策略，他們無顧忌地操縱市場，決定商業競爭的贏家。他們用國家的力量來影響利率與匯率、決定賦稅與補貼、興建工業園區、導引銀行貸款、調控勞動人力、保護國內產業、提供國際市場資訊，甚至由國家來從事研發，而後轉移到企業。經濟官僚獲得政治領袖的充分授權，得以施展高度的經濟理性，而不必擔心政治干擾。他們的產業政策創造了新興產業的利基，開拓了國際市場，並帶動了企業集團的出現。他們的主要著眼點是促進高速的經濟發展，來爲本國的產業在世界市場上占有一席之地。資本主義發展國家是現代的重商主義者，這些國家在外匯積累上通常都有

(續)

H. Amsden, *Asia's Next Giant: South Korea and Late Industrialization* (New York: Oxford University Press, 1989); Alice H. Amsden, *The Rise of "The Rest": Challenges to the West from Late-Industrializing Economies* (New York: Oxford University Press, 2001); Robert Wade, *Governing the Market: Economic Theory and the Role of Government in East Asian Industrialization*(Princeton: Princeton University Press, 1990); Meredith Woo-Cumings, ed., *The Developmental State* (Ithaca, New York: Cornell University Press, 1999).

20 參見 Chalmers Johnson, "Political Institutions and Economic Performance: The Government- Business Relations in Japan, South Korea, and Taiwan," in Robert Scalapino, Seizaburo Sato, and Jusuf Wanandi, eds., *Asian Economic Development: Present and Future* (Berkeley: University of California Press, 1985); and Chalmers Johnson, "The Nonsocialist NICs: East Asia," *International Organization*, vol. 40, issue. 2 (April 1986), pp. 557-65.

卓越的表現。由於經濟成就亮眼，因此發展國家得以累積足夠的合法性，來支持住一個非民主或次民主的威權體系。日本是這個模式的原型，東亞四小龍，特別是台灣和南韓，是後續的實例，而中國大陸的發展經驗則是這個模式最新進的展現。

天安門事件後鄧小平展開南巡，重新啓動經濟改革，並且針對蘇東變局和國內局勢的騷亂急切地想要在經濟上有所表現，以挽救中共政權的危亡。結果在1990年代重新啓動的經改走了更大膽的步子，把中國大陸的產權結構做了對非公有部門更有利的改變[21]。在這個背景之下，當局對國有制的堅持僅僅表現在各個「制高點」上(例如金融)，其餘的部門都讓私有企業伸入，並大幅度地引進了國外的資本，也就是明確地從市場社會主義轉向了國家資本主義。從歷次經濟改革的主軸來看，一開始是邊際性地引入市場機制，然後是逐漸增加市場、取代計畫[22]，最後是進入所有制改革的範疇，從容認私有制開始，到把公有制與私有制等量齊觀，強調公私協調合作。中共在十二大時(1982年)提出了「以計畫經濟爲主，市場調節爲輔」，接下來就是「有計畫的商品經濟」(1984年)、「國家調節市場，市場引導企業」(十三大，1987年)、「社會主義市場經濟」(十四大，1992年)、「公有制爲主體，多種所有制經濟共同發展」(十五大，1997年)，最後到「毫不動搖地鞏固和發展公有制經濟」且「毫不動搖地鼓勵、支持和引導非公有制經濟」(十六大，2002年)[23]。

21 關於中國大陸經濟改革策略的發展，參見吳玉山，〈探入中國大陸經改策略之研究：一個比較的途徑〉，《中國大陸研究》，第46卷，第3期(92年5月／6月)，頁1-30。

22 需要注意的是此種市場化是「初級」的市場化，也就是由國家調控和操縱市場，再由市場來引導企業。

23 參見楊來科，〈論中國經濟轉軌的特殊性——對中國經濟改革的制在這個過程當中,中共逐漸用市場取代計畫作爲資源的分配機制(雖然這是在國家監看和調控下的市場)。而在所有制上,也從「個體戶」、「私營企業」到「私有企業」,實質上一步步地放棄了對於公有制的堅持。除了名目上不再獨尊公有制之外,在實質上更透過硬化預算,在更大的範圍內(特別是在鄉鎮企業)達到了隱藏與實質的私有化[24]。不過雖然一方面容許更大程度的私有化,中共政權在發展產業時卻完全沒有忘記國家領導的角色,力圖透過操作各種市場參數來導引資本進入重點項目,並在生產因素的提供、基礎建設的安排、企業利潤的分配等方面盡力求取產業政策的實現。隨著非公有部門份額的持續擴大,和各種產業政策的擬定與落實,中國大陸已經越來越趨近東亞發展國家的模式,而和1980年代的市場社會主義有很大的不同。

如果認定東亞的發展國家具有特定的制度特徵,而後用以一一檢視中國大陸,常會發現兩方面的制度特徵未必完全相合。例如外資在日本、台灣和南韓的經濟起飛過程當中所扮演的角色相當有限,而中國的經濟高速成長和外資的大舉流入有非常大的關係[25]。又如在中國大陸積極以政策利多來推動經濟成長的主要是地方政府,而非中央政府,這又和早期的東亞經驗不相合[26]。然而在詹鶽

(續)

度經濟學分析〉,《財經科學》,2000年第1期,頁22;林岡,〈中共的理論創新和意識型態轉向〉,載於林佳龍主編,《未來中國:退化的極權主義》(台北:時報文化,2004),頁109。

24 參見吳玉山,〈回顧中國大陸產權改革〉,《香港社會科學學報》,第14期(1999年夏季),頁175-199。

25 徐斯儉,〈中國大陸沿海地方政府是「發展型國家」嗎?以長江三角洲為例〉,中央研究院政治學研究所籌備處演講,93年3月4日。

26 Jean C. Oi在此提出了「地方國家統合主義」(local state corporatism),並開啟了中國經濟發展模式的討論。參見Jean Oi,

的原初概念當中，資本主義發展國家不是以特定的政策手段或行政階層定義的，而是以行政官僚的的心態和能力定義的。只要國家的經濟官僚可以自由地選擇管制或市場的政策工具，以扶植特定的策略型產業(甚或特定企業)成長，並獲得政治領導階層的充分支持，而不需要順服於社會特殊利益，最後並以出口擴張和高速經濟成長來支撐政權的合法性，這便是發展型國家。簡單地說，就是成長取向的威權體制、自主理性的經濟官僚、公私合作的產業政策，和出口擴張的成長策略[27]。此類國家和服膺於自由放任資本主義的西方國家的最大差異便在於政策手段的靈活彈性，一切以達到發展產業、促進經濟成長爲目標。因此執一、二過去發展國家所常用的政策工具作爲標準，來衡量今日某國家的作爲是否符合發展國家，其本身便不符合發展國家的原則與精神[28]。故而如果今日中國大陸有

(續)

"Fiscal Reform and the Economic Foundations of Local State Corporatism in China," *World Politics*, vol. 45, no. 1(October 1992), pp. 99-126; Jean C. Oi, "The Role of the Local State in China's Transitional Economy," *The China Quarterly*, no. 144 (December 1995), pp. 1132-114; Jean C. Oi, *Rural China Takes Off: Institutional Foundations of Economic Reform* (Berkeley: University of California Press, 1999).

27 關於東亞發展國家的制度特徵和中國大陸遠離社會主義、趨近東亞模式的討論，參見 Yu-Shan Wu, "Away from Socialism: The Asian Way," *The Pacific Review*, vol. 9, no. 3 (September 1996), pp. 410-425.

28 參見Keun Lee, Donghoon Hahn, and Justin Lin, "Is China Following the East Asian Model? A 'Comparative Institutional Analysis' Perspective," *The China Review*, vol. 2, no. 1 (Spring 2002), pp. 85-120. 作者們在文中提及中國的發展模式和日韓等典型資本主義發展國家不同，包括銀行與企業間關係較疏、內部人士影響力較弱、股票市場發展迅捷、勞動市場較有彈性、外商競爭較強，以及產業政策較難跨省推行等。在這裡對國家影響企業的能力估計過

外資可予運用，則站在發展國家的角度自應運用；而如果地方政府具備有力的政策工具可促進本地的產業發展與經濟成長，或中央可以調控影響地方政府的誘因機制，使其爲自利而推動本地的產業與經濟發展，則站在發展國家的角度亦應充分利用此種機會。要之，發展官僚不順服於任何意識型態，不信仰共產主義或資本主義，而僅在意本國的經濟發展，是完全的經濟國家主義者(economic nationalists)與重商主義者(mercantilists)。站在這個角度看中國大陸當前的經濟發展，確實展現了高度的發展國家面貌。它既非「有中國特色的社會主義」，亦非遵循新古典的自由市場資本主義，而是最爲巨大而迅猛的東亞發展國家。不僅如此，這個東亞發展巨龍還維持著後極權的統治機制，而成爲幾乎獨一無二的制度組合[29]。

造成「後極權的資本主義發展國家」的原因非常清楚：中共政權是處身於東亞的共產主義政權。因爲是共黨政權，因此在經歷了一段痛苦的追求革命理想的試驗階段之後，必然會進入渴求安定的後極權時期，但是還繼續維持極權主義國家對於社會的統治機制。這是後斯大林時期在蘇聯和東歐的普遍趨勢。另一方面，由於眼見鄰近的日本和亞洲四小龍舉世稱羨的經濟發展奇蹟，和透過經濟表現鞏固政權合法性的經驗，中共很自然地會試圖建立一套資本主義發展國家的制度，希望能夠達到同樣的效果。於是後極權和資本主義發展國家相結合，成爲看似自相矛盾的「後極權資本主義發展國家」，結合了蘇東共黨的統治機制和東亞的發展經驗。此種特殊的政經模式不能單從其後極權或發展國家的面向來看，而必須結合二

(續)

低，同時也沒有探討經濟官僚的其他產業政策工具，以及發展國家的總體原則與架構。

29 謂幾乎獨一無二的原因是：在東亞還有越南是走著後極權發展國家的道路，而且也達到了相當傑出的經濟成長表現。

者再予以觀察。

安德森在〈兩場革命〉當中，將中國大陸和蘇聯與東亞相比較，認爲中國既不符合蘇聯模式，也不屬於東亞典範，這樣的觀察部分是正確的，但也是不完全的。中國大陸之所以會被拿來和蘇聯與東亞比較，就是因爲大陸和這兩個參照組分別具有重大的相似之處，但是也各自有不同之處。今日的中國模式，正是一方面從蘇聯經驗擷取了黨國高度滲透社會、但不追求意識型態理想的後極權體制，另一方面又從東亞經驗擷取了以國家政策驅動私有經濟高速成長的資本主義發展國家模式。所以中國模式和蘇聯的後極權與東亞的資本主義發展國家分別相似、又不完全相同。它和蘇聯的後極權不同之處，便在於它和東亞模式的相合之處，亦即充分容忍私人企業的發展，而由國家予以調控引導。至於它和東亞模式的不同之處，便在於它和蘇聯的後極權相似之處，亦即強固的黨國體制，能抵禦國內外的政治衝擊。後極權的資本主義發展國家比單純的後極權、或單純的資本主義發展國家都更具有體系的強韌性，因爲後極權只有棍棒、而資本主義發展國家只有胡蘿蔔，後極權資本主義發展國家卻是兩者兼具，可以施展兩種最重要的統治工具。安德森試圖告訴我們中國的共產革命比蘇聯的成功，最主要的論述基礎便是中國大陸自從改革開放以來的飛躍進步。然而中共的成功之處，不是在於其社會主義革命本身，而是在於它如何從毛式社會主義中脫出，但仍延續了蘇聯模式中的強國家，又創造性地搭配了東亞模式中的資本主義發展模式。是這樣的組合，使得中國大陸的體制保持活力，持續創造經濟奇蹟，又能維持政治穩定。但也是這樣的體制，使得大陸的政治不得自由，民主僅存在於部分基層，而政商間盤根錯節、千絲萬縷的聯繫更成爲腐敗的溫床。很顯然地，此一發展模式具有其有效性，但也帶來了巨大的代價。

中國大陸土廣民眾，基底龐大，採行後極權資本主義發展國家體制後生產力獲得解放，已經快速地成長爲世界上第二大的經濟體，並對西方所推廣的民主資本主義構成極大的挑戰。此時探索中國崛起的根源，具有極其重大的意義[30]。就這個問題，安德森認爲有歷史學、經濟學和社會學的三類解釋，其中社會學的解釋強調中共的革命，而他就是這個流派中人。強調中共革命便是強調毛時期的制度遺產，認爲替日後的改革奠定了基礎。本文贊同最重要的因素是制度，因爲它是調動其他因素的樞紐，但是最重要的制度因素不是革命遺產，而是中共混合後極權與資本主義發展國家所創造的新體制。此一體制非中國的共產革命所能含括，而是在毛氏社會主義失敗之後，中共保存與完善了後極權的黨國機器，並向東亞的國家資本主義轉軌後才形成的。這個制度的出現，彰顯的不是中國共產主義革命的成功，而是其失敗。安德森想在社會主義革命中發現中國崛起的根源，恐怕是找錯了方向。

吳玉山，中央研究院政治學研究所籌備處特聘研究員兼主任。研究專長為比較社會主義國家政治與經濟轉型、半總統制與新興民主國家憲政設計，與兩岸關係理論。最新著作包括編著專書 *Semi-Presidentialism and Democracy*（2011）與 *In Search of China's Development Model: Beyond the Beijing Consensus*（2011）。

30 關於此一方面的探討，早期可參見Joshua Cooper Ramo, *The Beijing Consensus: Notes on the New Physics of Chinese Power*（London: Foreign Policy Centre, 2004），最近的可參考S. Philip Hsu, Yu-Shan Wu, and Suisheng Zhao, eds., *In Search of China's Development Model: Beyond the Beijing Consensus*（London: Routledge, 2011).

以革命的名義？
——評佩里·安德森〈兩場革命〉

王超華

佩里·安德森(下文一律簡稱為安德森，不另注)的長篇論文〈兩場革命〉，一開始就為自己提出了明確的任務：如何解釋俄羅斯和中國的兩場共產主義革命在1990年代冷戰結束之後的不同結局，即二者分道揚鑣後形成的「對照」。在進入實質性歷史敘述與分析性解釋之前，作者先說明了他將從這兩場革命之間的四種差異入手，即：革命的主觀意識、改革時的客觀條件、政策及實際效果、長遠的歷史文化因素。但正是在這裡，安德森又特意做了補充。他以蘇聯已解體而中共統治仍然健在為理由，強調文中的分析將以中國為主，而以俄國為投影鏡鑑。言外之意，只有在能夠幫助認識中國情況時，他才會引進俄國的相關對照。讀者如果看了標題和開始的兩段，就以為文章會均衡處理俄中兩個案例，那恐怕是誤解了作者的本意[1]。

1 安德森此文初稿於三年前，並曾發送給他熟識的部分中外學者徵求意見。筆者曾於2008年在美國洛杉磯參加一次基於其初稿的小組討論，參加者是專攻俄國政治史和世界經濟史的幾位洛杉磯加大的教授與博士生。2010年初該文正式發表於英文*New Left Review*。半年後安德森來台灣，曾在中央研究院政治學研究所和國立清華大學大陸研究中心兩次在該文基礎上做同題演講。本文寫作得益於這三次安德森本人通俄文，曾多次訪問俄國，並著有評析俄國政治和歷史的文章。另一方面，雖然他曾強調自己與中國的深厚關聯，但真正以分析姿態處理與中國相關的論題，這卻還是第一次。從分析中國的角度看，文章開頭對中國作為新興世界強權的描述，不但引出了俄中革命對照的命題，展開了占全文約四分之三、大體依時序穿插於兩國現代歷史中的前兩章，第一章「革命的基質」(4小節，從帝制到革命領袖獨裁)和第二章「異變」(7小節，改革時代)，而且也呼應著後面較短的兩章，「轉折點」(2小節，中國在1989年前後)和「新變體」(2小節，今日中國)。在這最後兩章裡，蘇俄的身影不再出現；作為比照案例取而代之的，是其他東亞鄰國：日本、韓國、台灣、新加坡。顯然，儘管全文的結語相當收斂(「中國這艘大船將要駛往哪個方向，仍然難以估量，至少任何現有的星盤都無法解答。」)，但力圖解釋中國，無疑是這篇文章的主旨所在。

安德森是著名的馬克思主義歷史學家，也是堅定的西方左派。本文試圖從西方馬克思主義一貫自詡的立場，分析安德森〈兩場革命〉一文在處理俄中兩場共產主義革命的史實時和處理中國作為新興強權時所暴露出的某些原則變異，並結合冷戰結束和世界資本主義全球化加速推進的大背景，解讀這些變異所包含的歷史意義。

一、革命的解剖學

從上面列出的各章節篇幅可知，〈兩場革命〉一文的主要著力點在第二章，即俄中兩國進入各自改革進程時革命所發生的「異變」。至於說變異之前的革命，則被看作是改革得以生長的母體和

(續)

活動中聽到的尖銳評論和意見。

溫床(matrices)，也是安德森要借助來解釋兩國改革爲什麼遭遇到不同命運的歷史文化條件。了解他行文的目標所在，我們可以明白爲什麼第一章講革命的孕育母體，卻會同時涵蓋了斯大林和毛澤東的時代。

不僅如此，無論他本人在選擇史料時自覺到什麼程度，我們還可以同時了解到他在做取捨時的立場。作爲歷史學者，安德森講述俄中兩場革命的緣起時，從沙俄和滿清皇朝到社會主義新國家的分別建立，取繁用約，舉重若輕；對於革命成功之初的判斷，他採用了有宗教意味的詞語：相較於像一場報應(retribution)那樣帶來內戰和飢餓的蘇俄革命，實現民族統一的中華人民共和國就像是一次救贖(redemption)[2]。耐人尋味的是，蘇中兩國接下來各自20年左右的歷史（斯大林治下的蘇聯，1924-1953；毛澤東治下的中國，1949-1976），安德森卻是取約用約，各自只討論了兩個災難性的歷史事件(蘇聯合作化和大清洗；中國大躍進和文化大革命)。雖然這些確屬重大事件，而且分別都持續了若干年時間，但既然是要整體評價社會主義革命經驗，這種取用方式就難免令人生疑。在全文的兩場革命對比中，作者刻意要通過貶低蘇俄來爲中國革命辯護的印象，也是在這兩小節裡令讀者感覺最爲強烈，蓋因爲「蘇聯」消失不見，完全被斯大林個人所取代，而且他的形象呈現只是一個全然負面的妄想狂。而中國作爲對照案例，農民在大躍進中無論餓死多少人都拋不開的對黨和政府的信任，還有文化大革命的廣泛政治動員及其消滅「三大差別」(工農差別、城鄉差別、腦力勞動與體力勞

2 見安德森〈兩場革命〉第1章第2小節結尾處。以下原文引用將在行文中加括弧，以冒號前後的兩個阿拉伯數字分別表示章和小節，並輔以文字說明大致位置；如本注為(1：2，結尾)。

動的差別)的烏托邦理想主義目標，則獲得安德森由衷的歎賞。問題是，這些因素，加上和斯大林比較之後得出中國的鎮壓相對不那麼嚴厲的結論，合在一起，就可以算作是蘇中兩黨曾經領導的那兩場革命的功過一覽表嗎？我很懷疑。不過，讓我們先略微看看下一章，再回過頭來考慮這兩場革命的比較中存在什麼問題。

安德森對獨裁個人的過度看重，和對中國經歷的偏愛，表現在第二章裡，讓他本來希望大致依時序進行的歷史敘述顯得不那麼順暢。如果毛澤東時代可以和斯大林時代對照的話，這兩位獨裁者離世之後的蘇中經驗相差就太多了。毛澤東去世不到三年，中共已經召開了十一屆三中全會，確定了包括「四項基本原則」在內的改革的大體方向和目標。而蘇聯的改革卻是在斯大林去世33年之後才開始。當然，安德森本人注意到了這個時間差，也捎帶提到這個問題，但是在整體論述上，仍然將國家計劃委員會(Gosplan)的僵化問題定位在第二次世界大戰結束時，從而，根本忽略了這33年當中的蘇聯和世界局勢，與中國在1979年開始改革時的情況有根本不同，絕不僅僅是中美修好減輕了中國的外部壓力這種局部性的改變。作爲堅持西方左派立場的歷史學家，這是令人遺憾的偏頗。

1. 這裡至少有兩方面的問題值得注意。首先，斯大林去世時，正是冷戰揭開帷幕的年月，作爲冷戰高潮標誌的幾件大事——赫魯曉夫和尼克松1959年「廚房辯論」，1961年開始修建柏林牆，以及1962年古巴導彈危機——還要再過很多年才會發生。三十多年中，冷戰從加劇到緩和，安德森分析時對帶來緩和的戈巴契夫多有訾議，除了戈氏個人品格上的虛榮和無所適從，也指出他在意識型態上被膜拜西方資本主義的自由主義知識分子所包圍，認爲這是蘇聯之所以會解體的深層原因之一。可是對戈氏之前，冷戰時期的蘇俄意識型態實踐，除了傳統的大俄羅斯民族主義之外，對那時的「馬克思主義主題」的內容和歷史作用，卻完全不置一辭。

事實上，安德森從開始敘述蘇中兩場革命的歷史軌跡起，就很少觸及列寧式革命政黨的意識型態正當性，及其對工人階級和社會大眾的號召。列寧的政黨沒有像毛澤東領導下的中共那樣去發動農民，正是因爲在意識型態上始終對農民階層保持警惕，防止農民執著於小生產，給蘇維埃工業化拖後腿。即以安德森本人對蘇聯經驗如此不友好的〈兩場革命〉一文所包含的數據來看，十月革命奪取政權時，俄國工人階級人數不到總人口的3%，全國超過80%的人口都在農村(1：1，開頭)。可是到了1980年代改革前夜，蘇聯農業勞動力只占全國勞動就業人口的14%(2：2，開頭)。也就是說，經過幾十年計劃經濟的漸進發展，蘇聯在堅持社會主義意識型態的基礎上，實現了社會人口的工業化城市化，雖然農村的活力好像再沒有恢復過，可是農業機械化的程度確實大大提高了。

這種意識型態指導的作用，同時表現在當時以蘇聯爲中心的「社會主義陣營」諸多衛星國的經濟活動上。不要說毗鄰的東歐各國，即使遠離千萬里的北韓、古巴，雖然農業生產和出口始終非常重要，但農業機械化的程度同樣相當高也相當普及，國家在工業化基礎上的教育醫療等社會福利也相當發達。如果說，像安德森引述的那樣，蘇聯的計劃經濟僵硬到了要鉅細無遺地規定多達6萬種商品的具體價格，至少，蘇聯的計劃官僚們仍然相信商品生產的重要性，相信國際間有計劃地調節調撥不同產品的功能，也相信在第三世界國家展示社會主義計劃經濟成果的重要性。至於說這種經濟體扼殺活力、帶來停滯(例如「短缺經濟」理論所做的分析)，那應該是另一個由革命派生出來的問題。安德森將注意力集中在這個派生的問題上，卻略過了革命創立出這種經濟體的主因。

更重要的是，整個冷戰時期，蘇聯都堅持其特定版本「社會主義」意識型態對一國社會和世界事務的指導作用(但放棄了毛澤東強迫大眾進行思想改造洗腦的實踐)，包括在聯合國安理會的投票記錄，也包括戰後出兵匈牙利、古巴、捷克斯洛伐克、蒙古、阿富汗等國，以及曾經派駐很多第三世界國家的軍事顧問和兵力(例如，駐埃及的軍事顧問直至1970年代初，才應薩達特要求撤離)。以毛澤東的觀點，蘇聯當時在世界上扮演的角色與美國沒有實質區別，都是代表霸權的超級大國。可是無論如何，其官方旗號與美國有鮮明不同，自然為弱小民族提供了替代性選擇。當時大批新興獨立國家，都將殖民時代的重大工商業利權收歸國有，致力於發展社會福利。今年捲入阿拉伯世界茉莉花革命的很多國家，包括利比亞在內，當初都曾在社會主義制度的旗號下實行高就業、高福利的政策方向，應該說都和蘇聯的存在有重大關係。蘇聯的存在及其在意識型態上的堅持，同時型塑了世界範圍內以工人運動為基礎的社會主義運動，對以美國為首的資本主義秩序形成挑戰式威脅，並因而影響到那些並不屬於「社會主義陣營」的國家。例如，南韓和巴西在1980年代的民主化進程，在很大程度上是拜其國內大規模工人罷工抗議運動所賜。這種工人運動，自從蘇聯解體、冷戰結束，已經在世界範圍日漸式微，即使有發生，也大多局限於要求改善福利待遇，沒有了因為蘇聯的存在而形成的「建立工人國家」這種潛在卻強大的威懾力。

換言之，如果不是僅從一國內部觀察的話，當時蘇聯在世界上的影響，並非全如安德森所說，「在赫魯曉夫治下仍然存在的國際主義的餘燼，很快就熄滅了，留下的是勃列日涅夫的意識型態真空。」(2：5，開頭)他將目光局限在一國國內，特別是國內經濟發展狀況，是由於文章的主要關注點其實是中國，而中國從文化大革命走向改革的短短三年時間，對世界幾乎沒有什麼直接影響。

2. 這就牽涉到另一方面的問題：爲什麼文革結束後的中國會立即邁向改革？這個轉向與中國革命的歷史經驗有何關聯？從文革結束到改革開始之間那短暫的三年固然被安德森忽略，文革的負面效應與改革的內在關聯也因此發生誤讀。安德森認爲，從主觀意願和實際效果評判，在防止「赫魯曉夫式和平演變」的消極目標上，毛澤東的文化大革命成功了，但毛「在積極目標上的失敗，卻也同樣徹底。到他去世時，他的政策已經陷入了另一種歷史僵局。」(2：1，結尾)雖然安德森承認，和赫魯曉夫接掌權力時比起來，鄧小平在文革後面臨的「歷史僵局」更爲混亂且劇烈，但安德森對這種局面的理解與經濟無涉，主要問題出在政治、文化、社會諸方面。這和中共當時認爲國家經濟已經「瀕臨崩潰邊緣」，必須要打倒「四人幫」、盡快結束文革的立場，側重點截然不同[3]。

文革時期的國民經濟確曾有逐年增長，但從長期比較來看，增長幅度小於文革之前的1953-1966年，也小於文革之後的1977-1982年。除了由備戰「三線」主導的大型基礎建設項目之外，輕工業遠遠落後於重工業和軍事工業。1976年和1965-66年比，人口增長了將近30%，棉布產量只增長20%左右。農業方面，雖然文革後期糧食總產量有所上升，但由於人口增長，更由於大量調用農產品出口換取外匯，造成文革期間人均糧食占有量甚至低於1952年的水平。[4] 其

3 文革時期國民經濟「瀕臨崩潰」的提法首見於華國鋒1978年2月的一次講話。參見陳東林，〈「文化大革命」時期國民經濟狀況研究述評〉。原載《當代中國史研究》，2008年第2期，轉載於「中國選舉與治理網」，http://www.chinaelections.org/NewsInfo.asp?NewsID=130297，2011年4月18日走訪。「瀕臨崩潰」的說法近年陸續受到基於當年經濟成長數字的質疑與修正。

4 數據取自陳東林，〈「文化大革命」時期國民經濟狀況研究述評〉。

實，問題不在經濟總量是否有增長。以同樣標準衡量，蘇聯1986年改革之前的經濟也可以說並沒有瀕臨崩潰邊緣。而安德森對蘇聯狀況的負面描述，卻可以原封不動地挪用在毛澤東去世前夕的中國大工業景象：「勞動生產率的增長停滯不前，資本的投入產出率每況愈下，廢棄的工廠得不到清理，而且錯失了信息技術發展的良機。」(2：2，開頭)這裡值得注意的是，經濟體的活力是透過「勞動生產率」和「資本的投入產出率」來觀察，而不是經濟總量的增長率。此外，由於政治運動連續不斷，常常迫使生產爲「革命」讓路，工人階級頂著國家主人翁的頭銜，卻無力在工業生產中發揮主觀能動性。因此，安德森對蘇聯工人階級的描述，同樣可以適用於1970年代中期的中國工人：「作爲一支社會力量，也已經是徹底地不再受蒙蔽了，〔他們〕對統治政權極不信任，慣於消極怠工，生產率低下……。」(2：3，中間)就整個社會而言，「……經濟基本處於停滯不前的狀況，調侃無奈的情緒四處蔓延。」(2：1，結尾)

另一方面，中國在文革中實行的經濟體制，確實已經和蘇聯的計劃經濟有極大不同。雖然北京中央政府直接確定價格的商品數目只有蘇聯的百分之一，但這並不能說明中國的計劃外商品市場更爲活躍。同理，毛澤東推動經濟權力從中央政府下放，也並不代表當時各省在放手發展經濟上有更多的自主權(2：3，開頭)。恰恰相反，文革初期的混亂之後，經濟政策的一個基本方向，就是抵制市場和商品經濟。當時最具代表性的社會組織創新，是承襲農村人民公社型態的半軍事化的「五七幹校」和其他類似組織。毛澤東烏托邦想像的政策實踐，趨向於全國各省實現就地自給自足，餘額全部支援國家。當時向城市居民發放的多種生活用品供應票證，在各省市之間完全無法流通。而且，即使是中央政府的大型特殊項目，參與人員也被鼓勵(或要求)組成半軍事化的共同社區，除了工作任務以外，種糧種菜，自力更生，減少對跨區域商品流通的依賴。軍隊同樣鼓勵將士開發輕工業，實現生活供應自給自足（並因此在改革初期造成軍隊大規模經商和腐敗的後續效應）。農村人民公社的農民社員們「自留地」的產出和自己飼養的家禽家畜，原則上也都被視爲是資本主義的萌芽，必須時時警惕，不能任其氾濫。文革中，鄉村集市這個歷史上最有活力的地方經濟產物，仍在各地程度不等地繼續，但也因爲缺乏長途販運等因素，經歷了嚴重的蕭條，原因就在於當局對商品經濟的敵視[5]。不過，這並未造成地方政府與中央離心離德。當時中央對地方政府的控制，主要是通過規定各地人均消費水準，超出部分的農業產品和企業利潤一律上繳國家，然後國家再通過財政返回，向企業和地方提供再生產所需的投資。此外，意識型態背書和多渠道上下互相監控的政治手段，在「四人幫」時期日益走向極端。結果，在沒有蘇聯式高強度中央計劃經濟的條件下，地方政府仍深深忌諱脫離中央路線，不敢擅自開放有利於商品經濟的活動空間。面對這種與蘇聯性質不同的僵化，不但鄧小平、陳雲等中共高級領導人對文革前經濟發展的活力和潛力記憶猶新，力求

5 作為改革里程碑文件的《中國共產黨第十一屆中央委員會第三次全體會議公報》在談到農業必須改革時說：「其中最重要的是：人民公社、生產大隊和生產隊的所有權和自主權必須受到國家法律的切實保護；不允許無償調用和占有生產隊的勞力、資金、產品和物資；公社各級經濟組織必須認真執行按勞分配的社會主義原則，按照勞動的數量和質量計算報酬，克服平均主義；社員自留地、家庭副業和集市貿易是社會主義經濟的必要補充部分，任何人不得亂加干涉；人民公社要堅決實行三級所有、隊為基礎的制度，穩定不變；人民公社各級組織都要堅決實行民主管理、幹部選舉、帳目公開。」從中不難看出，文革中農村經濟困境有哪些主要表現。轉引自楊勝群、陳晉主編，《歷史轉折：1977-1978》（北京：三聯書店，2009），頁328。

恢復，而且社會上大部分人都意識到，半軍事化的經濟合作體，不是長遠之計。中國社會能夠在文革結束不久就形成自上而下的改革共識，缺乏貿易交流導致的經濟近於癱瘓是重要原因之一[6]。在這方面，很難得出結論說中國的表現比蘇聯更高明。

從這種經濟烏托邦模式，探討毛澤東發動文化大革命的主觀意願及其受到的潛在思想影響，除了反對官僚階層和階級社會的再生產、防止赫魯曉夫式資本主義復辟、消滅三大差別以外，也除了因大躍進受到同僚批評的報復心理以及儒家傳統注重以文化灌輸改變社會以外(1：4，中間、結尾；2：1，結尾)，也許還有某種從大躍進挫敗到發動文革的內在連貫性，其中的邏輯思路甚至可以追溯到晚清，但尚未得到論者足夠注意。

如果從推翻帝制而不是共產主義革命的角度看，1917年十月革命應該和辛亥革命相比較，而且在安德森套用韋伯國家定義所做的三種革命分類裡，都屬於以突發武裝起義來成功奪取政權的案例(1：2，開頭)。十月革命能在二月革命後短短半年多時間，將推翻帝制轉化成建設世界上第一個社會主義國家，主要是因爲以列寧爲代表的俄國革命黨人，早就活躍在國際共產主義運動中，有著理論和實踐上的準備，特別是有關革命黨的組織和任務等理論準備。這種對理論辨析和組織工作的重視，辛亥革命那一代人完全無法與之比擬，而中國共產黨人也是跟著蘇聯的榜樣才逐漸進入軌道。馬克思主義和共產主義理論對中共傑出領導人毛澤東的主要吸引力，一是未來美好前景的確定性，有如給康有爲《大同書》加上了堅實基

6 另一個重要原因，是社會對空頭意識型態全面侵占國家決策的反彈。見王超華〈歷史終結在中國〉一文中相關的簡要討論，《思想》第14期(台北：聯經出版公司，2010)。

礎和向上登攀的階梯；二是現代社會動員的工具理性，突出表現在毛著《矛盾論》、《實踐論》當中。至於說從眼下的社會動員逐步進展到未來美好前景的漫長路程，則從來不是毛澤東關注的重心，在中國也從來沒有得到過機會，像在蘇聯那樣在長期經濟建設中漸進推演。在這個意義上，大躍進是頭腦發熱，試圖「跑步進入共產主義」，文革何嘗不是同樣的跑步進入？只不過這次的「共產主義」變成了回歸前現代的低生產率低交易低消費而已，正不妨看作是大躍進的失敗，導致了毛澤東對通過經濟發展實現共產主義的絕望，從而將烏托邦幻想投射到反現代的方向上去了[7]。

二、改革中的「亮劍」與「摸著石頭過河」

如上所述，安德森將蘇聯從赫魯曉夫到戈巴契夫的三十多年經驗，作爲中國1980年代改革的對照，被合併在討論「變異」的第二章。同時，作者又在第三章集中討論中國在1989年「六四」鎮壓前後的轉變。這個結構的動因之一在於，他將鄧小平1992年初的「南巡講話」視爲一個關鍵的轉折點，認爲中國的改革從此脫離「社會主義」方向，擁抱並匯入世界資本主義主流(3：2，開頭)。可是這個架構也使他的敘述出現前後重複甚至矛盾的地方，例如中國1980年代改革中的價格雙軌制，以及面對鄉鎮企業迅速發展的理論空白，同時出現在第二、第三章裡，卻得到作者相反的評判(2：3；3：

7　這裡必須澄清兩點。其一，這裡只是討論狹義的經濟共同體想像，當時尚有追求割裂一切歷史羈絆、創造新生事物的一面。其二，文革時的這種想像，與晚近的社群主義、多元文化等思潮有所不同，前者是現代革命想像，國家角色突出，而後者屬於後現代時期發散型的社會想像。

1)[8]。不過，仔細分辨可以發現，第三章第二節雖然簡短，對中國1990年代改革進程的主要特徵卻表達了有節制的負面判斷，而且同樣有節制的評判也出現在作爲總結的第四章中，與篇幅最長的第二章在比較1980年代的蘇中時，一邊倒地貶損蘇聯肯定中國形成新的平衡。這種節制也顯示，作者決定繼續觀察中共發展趨勢時，對這個仍頂著革命政黨頭銜的統治集團仍保有善意期望。

將這幾章放在一起，可以看到在近年來眾多關於中國崛起的論述中，安德森對中國改革30年的歷史有他特定的觀察角度和分析上的側重。與分析兩國革命經驗時類似，安德森在第二章裡注意到各種不同力量。他認爲，在中國改革初期的成功經驗當中，下面幾項歷史因素和政策方向起到了關鍵性作用：政府必須承受的工業更新和全國調整等負擔相對蘇聯來說規模很小；農村積極性很高；國際環境敵對程度低；民族問題相對輕微(以上四項見2：3)；中共元老一代的政治性格堅定果斷(2：4)；中華民族自信心強烈(2：5)；黨

8 這種互相矛盾的評判首先表現為在第二章裡，批評蘇聯領導人缺乏自覺，既沒有注意到中國鄉鎮企業的成功，也沒想到要像中國那樣成功地利用價格雙軌制，來保持連續15年的穩定發展和工業重建(2：3)。然後在第三章裡表現為批評中共元老在文革後關於究竟要建立甚麼樣的「替代性的政治秩序」，「除了必須防止陷入任何動亂的警告之外，沒有給出任何說法」；「隨著經濟改革的進展，越來越強調引進市場關係，卻並沒有相應的邏輯內洽的理論化」，包括缺乏關於鄉鎮企業重要性的理論建構，結果造成「一種意識型態上的曖昧狀態」(3：1，開頭)。此外，在確指鄧小平1992年1月「南巡講話」為轉向資本主義改革的標誌之前，文章也明確提到，「六四」鎮壓之後，「以往意識型態的老本已經失效」，只能依賴經濟增長作為政治正當性的基礎(3：2，開頭)。則安德森似乎又認為中共的社會主義立場或者在「六四」之前就被架空，或者由已經於「六四」鎮壓而遭到否定。不過，他的實際表述並不很明確。

在路線和程序上的改革(2：6)；農村的「家庭聯產承包制」和工業領域的價格雙軌制改革；鄉鎮企業的發展；源源不斷的廉價勞動力；高企的鄉村儲蓄和海外華人資本帶來的投資優勢；以及各省相對自治的經濟和省際競爭。(以上五項見2：7)

逐一討論這十幾項內容既重複繁瑣也沒有必要。簡要而言，前四項是歷史條件，後五項是改革初期的政策方向和實際效果，中間三小節基本都是在講中共元老的政治性格及其相對於改革的決定性作用。但過於強調領導人性格和前瞻性，也會造成對史實的誤讀。具體到蘇中兩國1980年代的情況，筆者以爲存在兩個問題，一是過分強調了中共元老性格上的決斷，一是低估了中國工業改革中的混亂。另一方面，第二、三、四章裡分析中國經濟時特別關注就業狀況和農村人口，是西方觀察者比較少見的角度，值得注意。以下分別就這幾個問題略做辨析。

1. 安德森並不迴避他的一個中心觀點——領導人的政治性格是決定國家走向的最重要的歷史偶然性因素之一(如2：2，「當姍姍來遲的改革時刻終於降臨時，蘇聯僵化的體制中最大的赤字並不是在經濟上，而是在政治方面」，而且這主要是表現在戈巴契夫身上；又如2：4，「在改革的開端，中俄兩國所有差異中最具有決定性的，恐怕還是在其政治領導的性格」)。這不妨說是很有洞見的觀點，也令人回想起在中國大陸曾經非常流行的普列漢諾夫的著作《論個人在歷史上的作用》。但是當他用這個因素解釋1989年的六四鎮壓，認爲這是「一種能量碰上了另一種」(3：1，結尾)的時候，無論何種立場的讀者都不能不懷疑這種「亮劍」式表面平衡的分析。

問題在於，安德森將中共老一代革命將領的性格特徵歸諸「來自一個更古老的、同時也受到外來壓迫更大的威脅的文化那最深邃的資源之中」(2：5，結尾)，措辭幾乎近於某種神秘的「文化原教旨」，表現得完全沒有能力理解魯迅關於中國文化兼具自大與自卑的批判。可是中共元老在1989年表現出來的強悍，並不是向來如此的不變特性。安德森讚賞中共在1980年代初期，邀請四千名幹部學者參與對文革的檢討(2：6)。很顯然，元老們那時在黨內黨外的行事風格既開放又大度，並非以強悍爲標誌。畢竟，鄧小平在毛澤東去世後的復出，需要克服政治障礙，當時元老們在改變方向時必須隨時積累同僚和民眾的支持，以作爲結束文革、進行改革開放的依托和後盾[9]。其實，從蘇中比較的角度來觀察中共元老那時的表現，安德森文章的一個腳註，意味頗爲深長(2：1，注4)。斯大林治下災難性的合作化和大清洗，在他本人1953年去世之前就已告一段落，而他因戰勝納粹和支持戰後新起社會主義國家而來的威望，正如日中天。赫魯曉夫作爲繼承者，沒有多少餘地探索新的方向。與此相反，毛澤東發動的大躍進和文革，都是因同僚在他生前死後極力反對而驟然中止，從而兩度形成必須由這些同僚來收拾殘局的場面，並因此提供了開創新局面的勢頭。

爲什麼1980年代末期，中共元老特別是鄧小平「堅持四項基本原則」的立場日趨強硬？經濟方面，主要是因爲改革初期成效明顯而增強了自信心，次要是因爲1988年通貨膨脹引起危機意識的警惕。政治方面，則是因爲意識型態立場日益架空，底線從多面向的社會價值轉化爲單純經濟指標的「小康社會」。沒有了思想上的原

9 毛澤東於1976年去世前再次將鄧小平貶黜，為鄧復出造成政治障礙，元老們用了近一年時間才幫助鄧實現復出，其中包括撇清鄧與1976年4月5日天安門事件的關係，同時又為這次事件平反，稱其為「革命行動」。見楊勝群、陳晉主編，《歷史轉折：1977-1978》(北京：三聯書店，2009)，頁3-32。文革中，鄧本人曾數次表示接受對他的批判，「永不翻案」。

則立場可堅守，政治上的策略靈活性和寬容風度也就無從談起。掌控的考量越來越膠著在中共政權是否受到威脅，所以才會有胡耀邦1987年的下台和其他政治批判運動，直至1989年的六四鎮壓。

與元老們相對，安德森將趙紫陽視爲中共內部類似於戈巴契夫那樣立場軟弱、膜拜西方自由資本主義的代表，相信趙在1989年的表現造成黨內分裂，引致元老們更堅定鎮壓的決心。爲了認定1980年代的鄧小平與趙紫陽不同，仍然代表著社會主義革命的立場，安德森還兩次引用鄧小平在1989年5月31日的談話(2：4，結尾；3：2，開頭)，藉以說明中共對國際形勢和改革開放必要性的認識，並作爲鄧小平曾明確區分社會主義改革和資本主義改革的證據。事實上，這次談話是在大軍壓城、六四鎮壓即將發生，中共元老早已確認拋棄趙紫陽，而且江澤民已經應召進京並與鄧小平面談之後發生的。[10]這種引用相當於說，六四鎮壓是中共爲了堅持社會主義道路而不得不走的一步。

可是與此同時，安德森自己也意識到，中國1980年代的改革並不能提供一幅清晰的圖景，可以讓他把堅持社會主義的改革與資本主義自由化導向的改革描繪得黑白分明、尖銳對立(3：1，中間；參見上文註8)。鄧小平早在1960年代就以其「貓論」聞名，並非只是到了1992年南巡講話時才改變。而且，鄧在1978年就曾提出要允許一部分人先富起來，只不過那時他還把這個提法謹慎地限定在「按勞分配」的範圍內[11]。1989年天安門抗議帶來的黨內分裂並不是以

---

10 見張良編著，《中國「六四」真相》(香港：明鏡出版社，2001)，頁827-829。

11 見鄧小平，〈解放思想，實事求是，團結一致向前看〉(1978年12月13日)，楊勝群、陳晉主編，《歷史轉折：1977-1978》(北京：三聯書店，2009)，頁301。官方有關「按勞分配」的言論在1980年

經濟原則的立場來劃分，雙方當時的根本分歧在於，人民有沒有權利挑戰共產黨的政治領導。作爲曾經闖過槍林彈雨的第一代革命老將，中共元老在面臨政治險境時不憚於對人民動武，確實可以說是一種強悍的政治性格，只是這種性格已經與社會主義革命原初的民主政治和經濟平等的理想，沒有甚麼必然聯繫了。

2. 強調中共元老的強勢性格還造成一種印象，似乎中國改革非常有前瞻性，而戈巴契夫啓動的蘇聯改革則是一盤混亂。但如果暫時不考慮農業，只討論工業改革的內在邏輯，則無論多麼有魄力，也沒有任何政治家能夠從長期穩固的計劃經濟體制內部，順利導引出有生機的市場經濟板塊，而不引起大震動。這是因爲計劃經濟下的工業經濟，全面統籌投資、原材料、生產過程、產品調撥、勞動就業、利潤分配、社會文化服務等各項生產要素以及全社會的分工配合，牽一髮而動全身。所以，蘇中兩國在工業改革時，都不得不「摸著石頭過河」，而且都無可避免地經歷了長期無解的陣痛。中國比蘇聯優越的地方，只是如同安德森已經注意到的，改革前的工業化程度仍然很低，70%以上勞動力仍集中在農業部門，農村改革先行一步的成功，保證了國有銀行較高的資金儲備，再加上持續吸引外資，「使得進一步的工業成長得以在計劃外發展」(2：7，中間)。

在這個意義上，蘇聯解體前後的經濟政策當然不是完全沒有其他可能，但當時採納「休克療法」確實有一定的現實合理性，因爲蘇聯經濟的計劃體制已經運行超過半個世紀，盤根錯節地深深嵌入

(續)

代已經日漸削弱，並在一定意義上轉變為抗議者質疑政府的依據(「造導彈不如賣茶葉蛋」，「拿手術刀不如拿剃頭刀」)。1990年代以來，由於不再爭論「姓社姓資」，人們不再以「按勞分配」原則質疑改革路線。中國如今已經基本確立了以「按資分配」為主導的社會格局。

社會活動的每一個關節，農業生產也完全被包容進去，沒有中國農村可以提供的那種迴轉空間，一旦改革政策引起經濟危機，可資利用的政策槓桿極爲有限。另一方面，中國轉型的成功，也常常使人們忘記這個轉型並不是從計劃體制內部生發出來。工業改革引發的問題，在兩國其實是類似的。如果說「戈巴契夫拋出一個接一個毫無章法的舉措，卻仍舊收效甚微」，那中國1979年開始推行的政企分家、利改稅、價格雙軌制等改革措施，同樣收效甚微。在十多年時間裡，工業改革中計劃內部分仍依賴國家注資，造成持續呆賬和政府長期的財政赤字困境。而且雖然中共始終沒有失去有效權力，它卻遭遇了和蘇共一樣的問題：一旦價格雙軌制創造出便利和空間，「企業經營者便不再按照指定價格向國家提交產品，轉而將產品出售給隨便甚麼人，以換取隨便甚麼好處」。如果說蘇聯的「混亂狀況在跨加盟共和國的貿易之中尤爲嚴重」(2：2，中間)，中國的類似情形當時主要發生在跨省貿易中，特別是能源和重工業的原料及產品貿易。

在轉軌政策的動機與效果方面，蘇中兩國確有不同，而且這個不同也確實和蘇聯政改優先而中國經改優先有關係，但卻不是說前者避重就輕而後者有魄力。而是改革必須付出的代價要落在何處。政改優先的蘇聯，雖然遇到各種經濟困難，在公民已有的權益和福利上仍然沒有做減法。即使在蘇聯解體之後，獨立出去的各個國家還是保留了解體之前建立的醫療與教育等社會福利制度。

而經改優先的中國，工業改革的思路始終是如何減少國家負擔，實踐中則不斷削減政府對社會和勞工的道義承諾。在1988年的通貨膨脹危機之前，中央政府已經在起草破產法，並著手研議勞動合同法和住房改革。那時鄧小平和趙紫陽合作愉快，趙還接替了胡耀邦的總書記位置。1988年後面對工業和城市改革中的困難，輿論上在大約10年的時間裡一直盛行指責國營企業大鍋飯、效率低。推行打破就業「鐵飯碗」的合同制，在1990年代達到高峰，不但與國企私有化政策並行，而且也成爲國有控股企業僱用勞工時的基本形式(只有幹部和公務員仍享有包括退休待遇的穩定就業保障)。大批城市人口失去就業保障的時候，國家還根本沒有開始規劃社會保險網絡。在30多年時間裡，至少整整一代工人被工業改革進程犧牲，完全不亞於一次「休克療法」。

3. 安德森在討論鄉鎮企業的興盛時期和今日中國的私有經濟成分時，都引用了就業數據(2：7，中間；3：2，中間)，用以表示對前者的肯定和對後者的批評。而且這個批評是在和國有企業對比下做出的：「巨無霸式的國有企業囊括了全國工業銷售總量的三分之一，記錄了更高的利潤率，並占據著全部國有企業資產的四分之三」，可是到2004年爲止提供的勞動就業卻只有私有經濟就業的一半左右。實際上如上文所述，國有企業就業方式也早在1990年代初期就已轉爲合同制爲主，其中的就業數字本身並不能充分顯示勞動的真實處境。過去20年裡，不少自詡爲左派立場的論述，都強調國有企業決定著中國經濟的社會主義性質，但基本上都是以企業經濟總量作爲論據，似乎只要是「國有」，就必然代表中國革命的正面遺產，代表中國經濟中的社會主義成分。安德森認爲，當代中國是典型共產黨統治的政治制度與典型資本主義經濟制度相結合而出現的一種新變體(4：2，中間)，可以想像，這個判斷中包含了左翼關注就業實質情形的傳統立場[12]。

12 就業人口及就業方式的統計，尤其是所謂「農民工」與其他人口數字相關性的統計，在官方和民間經濟學界關注程度都不高。而且，如何估算農村剩餘勞動力，至今仍有爭議。國家統計局和人力資源和社會保障部的數字顯示，2008年底農民工總數為2.25億人，到2010

4. 安德森非常關注農村和農民在中國革命與改革中的地位和作用。政治上，他認爲中共藉土地改革實現的農村社會動員，不但幫助中共戰勝了國民黨，而且無論後來發生過甚麼災難，都保證了農民對黨和國家的信任(1：2，後半；1：4，中間；2：3，中間)。經濟上，改革初期的聯產承包責任制和蓬勃發展的鄉鎮企業，是中國改革歷史上最有成效也最值得肯定的成就(2：7，開頭、中間)。但是，到了1990年代後期，中共以粗暴嚴厲的革命傳統壓榨農村，鄉鎮企業被私有化，大批農民被迫拋荒土地外出務工(3：2，中間；4：1，後半)。他同時注意到，改革初期，農民將增加的收入大部分儲蓄起來，支持了國家銀行系統在工業改革困境中的財政(2：7，中間)。在這個相對全面的分析裡，也許還有三點值得適當修正補充。

首先，既然鄉鎮企業這樣成功，爲什麼會被紛紛放棄，這完全是新自由主義意識型態主導的結果嗎？從李昌平《我向總理說實話》一書的討論可以看出，鄉鎮企業的衰落，一方面是因爲農村整體命運在1990年代中後期急遽下滑。1994年實行財政分灶(分稅制)改革，將市場管理、自負盈虧的「承包」觀念引進基層政府的行政，但卻沒有建立相應的民主監督和透明度。結果，政府規模膨脹，稅費層出不窮，農民負擔加重，而種子、化肥、電力等農業生產資源卻不斷漲價，務農成爲完全賠本的付出，直接影響到鄉鎮企業。另一方面，由於鼓勵鄉鎮企業的政策是此前(特別是文化大革命時期)鼓勵人民公社社辦企業的延續，而鼓勵社辦企業的主要思路是要實現地方自給自足，從而導致中共(包括其元老)在改革時期將鄉鎮企

(續)

年底增長到2.42億人，其中外出務工人數兩年間從1.3億增長到1.53億。不過，媒體和學界在過去兩年中卻熱衷談論「民工荒」，只有少數討論涉及到民工潮和民工荒並存的狀況。

業僅僅視爲改善農村條件的權宜之計，不認爲這是改革中具有方向性意義的重大事物。結果，一旦發生鄉鎮企業與城市裡的國有企業爭利的潛在威脅，政府很輕易就會選擇棄農保城的政策路徑。李昌平用生動的實例說明，到了1990年代中後期，「國家還通過政策保護國有企業，整死了一批鄉鎮企業」[13]。也就是說，鄉鎮企業是在分稅制和國有企業的共同壓力下，陷入難以爲繼的困境之後，才不得不面對私有化話語占上風的狀況，造成大批集體所有的鄉鎮企業轉手給個體。

其次，農村地區1990年代中後期的困境延續將近十年，到2005年全面取消農業稅才得到緩解。值得注意的是，農村困窘與城市地區大規模私有化同時發生，不但工業企業抓大放小、關停並轉，教育和醫療推行「產業化」，國有土地拍賣也是在這一時期打開大門。這些方針政策實施的時候，1994年分稅制改革已經有效提高了中央政府的收入，同時，由於亞洲金融危機削減了海外來華投資與中國出口貿易，中國正經歷連續五年(1997-2001)內需嚴重不足的通貨緊縮。如果保護發展農村經濟，本來完全有可能紮實地提高國內消費

13 李昌平的討論轉引自王超華編，《歧路中國》(台北：聯經出版公司，2004)，頁164-168(分稅制)，170-171(鄉鎮企業)。這方面的辯論可參見安舟，Joel Andreas, *A Shanghai Model?: On Capitalism with Chinese Characteristics* 和Huang Yasheng(黃亞生), "The Politics of China's Path: A Reply to Joel Andreas," *New Left Review* 65 (Sept/Oct 2010), pp. 63-85; 87-91. 與鄉鎮企業陷入困境同時，逐漸引起關注的環保言說也在1990年代末開始將鄉鎮企業認作是發展主義成為主導的重要標誌和中國環境污染的最大源頭，客觀上增加了鄉鎮企業的道義負擔，進一步削弱了在原有架構空間裡爭取更新的機會。例見《南山紀要：我們為什麼談論環保—生態？》，《天涯》，2000年第1期。

能力，也為長遠發展打下比較好的基礎。可是，中央政府的政策方向卻是加速社會功能商品化，提高農業成本，降低農村發展空間，將危機壓力轉嫁給基數龐大的農村人口。結果，在嚴重瓦解農村社會紐帶的同時，也為2002年加入世貿組織後的出口飆升及時提供了大批勞動後備軍。中國高度仰賴出口的經濟，必須要和既沒有城市居民身份又不被當作正式工人階級的「農民工」現象聯繫在一起，才能得到比較合理的解釋。不妨說，政府和資本的聯手剝削，創造出了世界現代史上前所未有的、在超短時間內、將數億農村人口轉化為勞力出售者的資本主義奇蹟[14]。

最後，這些經歷顯示出，過去30年裡，透過中央財政和外來投資兩條渠道，資本主導了中國在經濟生產、社會功能和勞動力等諸方面全方位的高度商品化。從傳統馬克思主義的分析角度看，作為商品的勞動，在當代中國極端缺乏博弈地位和博弈能力，與勞動者

14 近年研究中國農民工的一些社會學著作，傾向於將這一群體視作「半無產階級」，因為農村戶口為他們在「土地公有」的制度下保留了名義上對農村土地的所有權(實踐中表現為使用權)，使得他們在失業的情況下，可以返回鄉村，依賴土地存活，而不是陷入「一無所有」的純粹無產階級狀態。例見李靜君，《對抗法律：中國衰敗地區和新興地區的勞工抗議》(Ching Kwan Lee, *Against the Law: Labour Protests in China's Rustbelt and Sunbelt*, Berkeley: University of California Press, 2007)。不過此書並沒有對此作深入探討。同時，中文世界與此類似的觀點出現很多問題：第一遮蔽了這些工人依賴出賣勞動維持生存的基本狀況；第二忽視了中國有大量農業剩餘勞動力仍在持續轉移的事實(這個判斷是基於中國農村勞動生產率有待繼續提高的假定)；第三在聲稱中國沒有貧民窟時忽略了勞工在城市只能有臨時住所的惡劣條件和缺乏保障；第四這個表面上為土地公有制辯護、反對城市貧民窟的說法，實際上常常變成是在為歧視性的城鄉二元戶口制度辯護，結果，在聲稱要捍衛革命遺產的同時，恰恰走向中國革命曾經企圖消滅三大差別的反面。

的人的屬性高度剝離。但是這種狀況並不是資本獨力造成，而是資本與政府合作，在「國家」和「民族」等一系列沒有民眾政治參與基礎的集體主義名義下，通過國家機器(其中包括以資本再生爲中心的中央財政)的強力作用造成的。在這個意義上應該說，中共之所以還不願放棄社會主義的言說，並不僅僅是因爲在消極意義上要應對民眾心目中仍然存有的社會主義觀念(4：2，開頭)。更重要的是，以往社會主義實踐中以國家強勢主導的傳統，在積極意義上，有利於今日的統治集團維護並鞏固中國社會已經形成的資本主義秩序及其既得利益。

三、革命已死，革命萬歲?

當世界正在遺忘20世紀兩次最偉大的社會主義革命實踐的時候，安德森幾乎是不合時宜地重提這兩場革命的理想，並以此來解讀正在成爲熱門話題的「中國崛起」。這個看起來非常堅定左派的努力，在我們比較仔細的閱讀分析中，其實已經顯現出傳統左翼立場內部發生重要變化的一些跡象。只是這些變化，似乎還沒有表現爲有高度自覺和細緻分辨的明確立場。看來，在冷戰結束後，資本主義全球化加速發展的情勢下，左派還需要在理論反省和立場重建方面做更多的工作。目前可以看到端倪的變化，至少有以下四個方面。

1. 我們已經看到，在回顧蘇中兩場革命時，安德森很少具體討論革命所持有的意識型態立場。既然如此，那爲什麼一定要以這兩場革命爲分析對象？爲什麼不能(如喬萬尼·阿瑞吉或伊懋可那樣)從更長的時段來考察歷史的變遷？實際上，在有限幾次提及意識型態的地方，除了蘇俄的大俄羅斯沙文主義和毛澤東消滅三大差別、追求社會平等的理想，安德森討論最多的，是以列寧、魯迅、毛澤東爲代表的，借助西方思想資源批判本國落後傳統並尋求創造性更新的思路。很明顯，這是沒有明確使用「現代性」這個詞彙的關於現代性的討論。19世紀以來的國際共產主義運動，界定立場時的標誌性概念是資本主義及其反對派，傳統上不會訴諸於「現代性」這種具有普遍性特徵的概念。安德森的這種處理，如果不是僅僅出於對中國革命及其種種遺緒的偏愛，很容易被理解爲正在放棄正面批判資本主義的立場。

2. 安德森在分析中國革命和改革時，肯定改革初期的「『家庭聯產承包責任制』相當於第二次土地改革，與第一次同樣平等，但更有利於促進農民生產」(2：7，開頭)，同時，對於大躍進和人民公社卻毫無熱情。似乎20世紀蘇中兩國社會主義實踐中的農業合作化，最多只得到有保留的認可。考慮到安德森在關於拉丁美洲的寫作中曾高度重視那裡的無地農民運動和印第安土著組織農會合作生產的經驗，似乎可以說，這是一種與列寧主義敵視小農經濟、追求國家壟斷社會主義不同的立場。事實上，在爲《新左翼評論》寫作的一篇社論裡，安德森曾強調馬克思主義早期的社會基礎其實不是產業工人，而是手工業者[15]。看來，在蘇聯解體、冷戰結束、資本主義擴張在全球都沒有多少阻力的今天，左翼另類想像不能不引進社群主義因素，從農村社區或街市勞動者出發，自下而上，尋求更爲平等、公義的社會建構。不過，這樣的建構想像要如何對應基於國族國家的既有世界秩序，還不是很明確[16]。

---

15 Perry Anderson, "Internationalism: A Breviary," *New Left Review* 14, March/April, 2002.

16 與安德森類似，若干海內外華人學者曾強調中國土地改革和土地承包對農民而言公平正義的正面效果。但與安德森不同，他們都堅持

3. 如果農民運動仍然有可能基於社群展開想像，工人階級在今天的處境可以說要惡劣得多。中國多達數億的工業勞動人口，大部分是只有短期合同的「農民工」，就業地點遠離戶口所在地，享受不到就業所在地政府向當地居民提供的社會福利，說明設廠的資本雖然在工人就業地點納稅，卻沒有承擔起對這些工人的社會責任。更糟糕的是，越來越多的工人必須依賴中介才能得到工作機會，在資本和勞動之間又多加了一層不必對工人承擔社會責任的隔閡。這不止發生在中國，而且是世界性的勞動「碎片化」趨勢。與此相對的，是金融資本日益上升的決定性作用。冷戰結束後，勞動和資本在社會發展中的角色，還沒有得到過如馬克思主義曾作出的那種明確分析，可是工人不再被看作是資本主義的掘墓人，卻好像已經是大勢所趨。安德森關於兩場革命的討論基本沒有涉及到這方面，未免令人驚訝。左翼的另類社會想像，如果只停留在社群主義層面，顯然不能應對勞動面臨的日益惡化的無力狀態。

4. 在今天的國際社會上，中國的角色和表現與當年的蘇聯有本質上的不同。如前所述，蘇聯在冷戰時期曾相當積極活躍地發揮國

(續)

認為人民公社遺留至今的土地公有權不應再次分配給農民。他們論證說，農地所有權如果轉到小農手中，必然會導致「資本主義」，但卻沒有說明，既然如此，為什麼土改和承包時的平分土地是值得肯定的。這些學者也很少考慮或分析近年來土地徵收中資本主義地產開發的表現和運作機制。例如，溫鐵軍2006年的〈現場目擊墨西哥「蒙面軍」〉，中國選舉與治理網，http://www.chinaelections.org/NewsInfo. asp?NewsID=95618，2011年4月25日走訪；汪暉〈中國崛起的經驗及其面臨的挑戰〉，《文化縱橫》2010年第2期；汪暉〈中國道路的獨特性與普遍性〉，見http://www.cul-studies.com/Article/contribute/201104/7891.html，2011年4月27日走訪；林春〈社會主義的中國模式還是中國特色的資本主義？〉，《香港傳真》，2011年第28期。

際作用，包括最大限度地使用聯合國安理會否決權(總共121次，遠高於美國)，致力於發展並維護一個以蘇聯爲領導中堅的國際聯盟，對抗以美國爲首的冷戰對立面。中國在1980年代韜光隱晦之後，1990年代兩次爲懲罰台灣使用否決權，新世紀裡兩次爲緬甸和津巴布韋的獨裁政權在安理會投否決票，給外界留下只考慮自身利益的強烈印象。經濟上同樣如此，在過去20年不斷發展對外關係的時候，遵循一種在商言商的進路，除了堅持「不干涉內政」以外，並沒有建立起一種國際外交關係的原則性言說。這大概也是國際左派人士會聚集於拉丁美洲的古巴、巴西、委內瑞拉、阿根廷，或者亞非地區的印度、泰國、塞內加爾、南非，卻還沒有到中國來的原因之一[17]。只有東亞鄰國裡懷舊的老左派，還會一廂情願地將今日的中共看作是以往革命遺留價值的代表。

另一方面，中國在世界各地特別是非洲和拉丁美洲的經濟外交，雖然存在種種弊病，而且沒有從前蘇聯所高調堅持的意識型態說教，畢竟爲當地國家提供了不同於西方老列強作爲的更多選擇。在這些地區，中國確實成爲平衡美國全球影響的一支重要力量。國際左派並沒有像攻擊其他主要國家的政治領導人那樣攻擊過中共領導，但目前也還沒有看到針對中國的明確立場。其實，安德森這篇文章在這方面有相當代表性：致力於分析中國的經濟發展，但在評判和預測未來時，非常謹慎小心。

看來，外人當中熱情爲中國的經濟成就叫好、無保留地歡呼中國崛起的，還是右派經濟學家和各國政要居多數[18]。堅持左翼立場、

17 另一個重要原因大概是中國害怕這種集會可能會引起國內的群眾反應。世界銀行和國際貨幣基金組織2005年12月在香港召開年會，曾引來世界各地的抗議者。

18 註16中提到的汪暉和林春等人文章，都是先假定中國經驗(或中國

嚮往革命未來的國際左派人士，真的能在中國的經驗中看到屬於勞動階級掙脫桎梏求解放的革命精神嗎？

王超華，中央研究院近代史研究所博士後研究人員，主攻現當代中國思想史。曾編輯《歧路中國》(聯經)，現正致力於一部以蔡元培為中心關於晚清民初思想文化變遷的書稿。

(續)

模式)值得肯定，然後再努力說明真正值得肯定的是其中的「社會主義」經驗或「社會主義」成分。這種論述模式，將他們與大多數右翼經濟學家置於同樣肯定中國經驗的前提之上，他們與後者的區別，只是在什麼意義上肯定而已。參見本期《思想》高力克，〈中國經濟奇蹟〉一文。對於國際左派的大多數人士來說，這個經驗是否值得肯定，還需要打一個問號，因此前提上就有不同。此外，本文所說「國際左派」，主要指以不同方式參與各國左翼運動的人士，包括基於學院和寫作的如安德森這樣的人士，但範圍超出一般所說歐美「學院左派」。

多重革命：
——讀佩里・安德森〈兩場革命〉隨想

伊懋可(Mark Elvin)
彭淮棟 譯

人類歷史上有許多種革命：技術、人口、經濟、文化、意識型態、思想和政治革命。這些革命彼此重疊、交纏、迂迴出入。過去兩個世紀以來，中國人的生活，常人和非常人的生活，都經歷上述所有革命，有時候不止一次，其變幻猶如萬花筒，令人目不暇給，有時頗爲嚇人。俄國人的生活亦然，不過，我雖然教過俄國經濟史，而且俄國經濟史亦自有其引人興趣之處，但我不擬在這裡討論俄國的情況。論者可以評說「中國」的1911和1949革命，而且的確如此論評，他們指的是兩個時間相對短暫的20世紀軍事和政治事件。這樣的提法，大而化之來說，是可以接受的。但是，此法不宜。這種做法的窒礙在於：一個「革命」何時結束？李克曼(Pierre Rickmans, 筆名Simon Leys)談中國，曾說：*La revolution, c'est l'order etabli*[1]。不過，從我個人觀點而論，想對這些改變一個民族生活的過程有一個整體的感受，最有效的著手點不是單談政治本身，也不是單談一段相對短時間上發生的政治事件，而是看那些出於想像但

1 「革命就是目前的既有秩序。」他意思當然是說，「革命」一詞逐漸變成一個當權而且地位已穩的權威的自稱之詞。

具有強大情緒鼓動力的故事所經歷的更深層變遷。人根據這些故事，從長期現象的角度，來了解他們的生活，並據此判斷他們自身和他人的云爲[2]。在這裡，我正有意這麼做。

就這層意義而論，現代中國人在其中「生活」、相信然後不信、宣揚然後丟棄的故事，爲數之多，實甚可觀。舉個例子，大約從我祖父出生之年(1874)以還，中國人拋棄了不是一套，而是兩套不厭其煩表述、由政府推動的徵聖宗經、準宗教信念系統：第一個是崇奉四書五經的儒家思想從20世紀初年前後停止繁衍(廢科舉，以利教育課程現代化)；第二個是毛澤東(或他的意識型態智庫，如陳伯達與艾思奇)對馬克思主義所做那種思想降格但情緒感染力盛極一時的簡化，在文化大革命結束於1970年代之後不再原樣留存下來。諸次爲時不久的盛綻更不用說，如太平天國在1850年代和1860年代借自傳教士的信仰，不妨稱之爲「具有中國特色的基督教」，而且末期帶著一套現代化方案。另外，太平天國之後一世紀，台灣提倡崇奉孫逸仙思想(三民主義)，用心良苦，但思想說服力不足。這段時期還有一些平行發展，例如中國歷代領土本來不斷擴張，名列18世紀歐亞四大帝國，逐漸式微[3]，然後在19世紀中葉遭受西方武力軍事羞辱，不過並不是一些浮論暗示的「帝國主義」全面征服，而且其事只是外國占領一些小區域，時間不長，範圍也有限。相較於英國

2 如沙特所言，「人永遠在說故事；他活在世上，就是被他的故事和他人的故事環繞，他透過這些故事體驗他碰到的一切事物。而且，他生活就像在說一個故事似的。」沙特，《嘔吐》(*La Nausee*)(Gallimard: Paris, 1938; 1958), p. 57.

3 見地圖Competing Imperialisms in Eurasia，收入Caroline Blunden與Mark Elvin修訂的*Cultural Atlas of China* (New York: Checkmark Books, 1998)，pp. 34-35. 地圖中顯示清代中國、沙俄、英屬印度及鄂圖曼領土的增長。

統治印度而派總督常駐新德里，南京從無外國總督，我並且懷疑何嘗會有此事發生：中國一度式微，晚近重新崛起，至少已是一個潛在的未來超級強權。

這個時期也是西方大多數先進科技逐漸但大規模轉入中國之手的時期，自1860年代在上海以造船和機械正式展開[4]，到今天仍在持續。這場移轉裡，最重要的一個層面是德國發明的化學肥料[5]，若非這些化肥，不可能養活20世紀後期日益膨漲的人口。現代科學也來到中國，現代科學在現代世界是一項關鍵性的轉化因素，前此向爲中國所缺，除了一兩次孤立的成功，以及在歷史方面重建中國語言的古代和中古音韻[6]，這個領域是邊緣性的，但分析上的要求很高。這些現象都和政治彼此交織，交織程度往往深重，有時輕微，但本質上完全屬於政治的層面大概只有一個，就是1840年代和1850年代對西方開放貿易和外交門戶，這件事，一般用不足以表現其意義的「鴉片戰爭」一詞稱之[7]。

---

4 關於這個過程及其社會—經濟連結，請看Mark Elvin, "Le Transfert des technologies," *Nouveaux Mondes* 2; "Chine: Le Grand Reveil" (Geneva: summer, 1993).

5 從Justus von Liebig的發現開始。

6 Mark Elvin, "Some Reflections on the Use of 'Styles of Scientific Thinking' to Disaggregate and Sharper Comparisons Between China and Europe from Song to Mid-Qing Times(960-1850 CE)," *History of Technology* 25(2004).

7 數十年前，我遍閱《清實錄》中1830年代階段提及鴉片的條目發現，第一次鴉片戰爭前，提及中國國家內部鴉片貿易問題之處(當時中國鴉片產量已相當可觀)，遠多於指涉海外進口鴉片。英國並未強迫中國接受鴉片，而是將鴉片賣給中國本身那時已頗具規模的經銷網，獲利不菲。

數年前我出版*Changing Stories in the Chinese World*[8]，書中主要摘選五部和成書時代中國社會直接或間接相關的長篇小說，以及清代一些以日常生活爲主題的詩，藉以彰顯1820年代以降中國人的生活體驗，以及他們對世界及其歷史的理解和詮釋發生多麼戲劇化的改變。首先，我們看看拙作綜觀那段變化的所得的結果，就那個社會—政治世界做個速寫。故事十分錯綜複雜。

第一部小說是李汝珍的《鏡花緣》。此作落筆於1828年前，是一本中國式《格列佛遊記》，以微妙幽默之筆，諷刺——笑聲底下藏著嚴肅的說教用意——清代社會的許多浮誇作態和愚蠢信念，於文人之自滿而虛驕無實，特多嘲刺。書中並主張婦女應該視同男人，是社會和思想上的要角，應該獲得和男人同樣的對待和尊重，即使年輕、非中國人，亦當獲得如此看待。從一個較深層次看，這部小說是一種充滿自我矛盾的混合：一面堅信儒家的道德和儀式(尤其是孝道尊親，以及節婦的自苦)，一面堅信佛—道業報論，人、獸、甚至(有時候)鬼魂永世輪迴。往更深一層看，李汝珍認爲有一張前生注定，大體上凡人永遠無從得知的因果之網，「凡此根牽蒂，奚殊鐵引磁」(見第九十回)。作者有求知之心，而措意於科技，包括精確報時的鐘(用途包括測量音速)，會飛的機器，以及詳細的水利工程。此外，作者痛感理想與實際之懸隔。書中視天朝中國爲「萬國之首」(第十六回)，只惜帶有缺陷，需要改善。宇宙由上界階級分明的小仙和其他仙靈奉上帝之命掌管，但上界一如人間，勾心鬥角，爾虞我詐。不過，此中要義在於，全書視中國爲世界的中心，無論就人類歷史或人類的觀念，都是如此——此書問世一百年後，這個信念大致上一敗塗地。中國人失去這個聊以告慰的惑妄，轉而痛苦

8 史丹福大學出版社：1997。

懷舊，懷念一個過去，那個過去的確偉大——但並非唯一偉大。這股懷舊之情，至今不曾完全止息。

這股懷舊，有點兒是精英之見。在我們的歷史資料裡，幾乎沒有一個尋常百姓能直接自抒感受。倒有不少詩人，有些出身寒微，但以其文才非凡，屬於「縉紳」階級者，深切感受窮苦無勢者遭受的不義與苦難。在1859年以《國朝詩鐸》之名刊行，1960以《清詩鐸》重印的集子裡[9]，張應昌輯選二千多首痛陳時事和民生疾苦的詩，主題含括旱饑荒、洪水、漲潮與河水決堤淹死人、稅捐、徵兵、地方惡霸高利貸惡行，地主倚仗地方政府勢力要租，以及賣兒與父母不堪貧窮而自殺，都不在話下。題材包括婦女在家中紡織與農作的血淚勞動(後面這類工作在清代人口壓力最大的地帶日益普遍)，以及婆婆對媳婦的殘酷心理虐待。為了平衡，所收詩作也刻畫媳婦任勞任怨，終於熬成婆的喜悅，但其中帶有濃厚的意識型態暗示。其他還有各色各樣的題材：出生即被教養以備高價賣予富人為妾的少女，以及江湖賣藝、採茶、煤礦工、燒炭人、佣僕、士卒、獄囚生活之朝不保夕，最多的是季節工，以及農民與其妻小的夢、怨、無奈、曇花一現的幸福。凡此詩中之畫，形成一幅逐次披展的捲軸，畫面見所未見，而且在世界文學上極少同等之作。諸詩流露一股溫暖、同情的人性情感，對剝削者時而明白指斥，時而隱含譴責[10]，但人民苦難如此，社會、政治或意識型態體制至少可能有某個部分難辭其咎，全書卻無一詩人有此知覺。有此了解的話，這了解可能會帶有含蓄未發的革命意蘊，但這樣的了解需要觀點的改變，而這

---

9 北京：中華書局，二卷，1983年再版。

10 有時候，但次數不多，書中點出政府與放貸人有他們自己的難處，諸如平定匪亂，以及貸款收不回來，是值得注意的另一種平衡。

改變要到19世紀末才開始在中國發生，主要是西方影響使然，而且在某種程度上是取法西方。

不過，到1920年代初期，中國社會較爲發達的部分出現一個危機，我們只能名之爲「荒謬危機」(a crisis of absurdity)。奧地利諷刺作家卡爾・克勞斯(Karl Krau)生卒之年大概與此同時，提姆斯(Timmms)以他爲題寫過一本書，書中點出「一個社會結構與人用以理解它的意識形式之間的種種矛盾」，這些矛盾產生人生荒謬之感[11]。此感殊非瑣事。人生荒謬之感是一種危險的情緒。人有此情緒，感到必須加以否認和壓抑，大概就是助成國家社會主義(納粹)先在維也納，然後在德國興起的因素之一。在一套舊有意義模式仍然揪住人的心智，但其不合時宜日益明顯的過度階段，其徵候大概就是這麼一種荒謬感。

民國初期，這種心理上的自我折磨傳遍中國的教育階層，當然，是以中國文化模式傳播；一批才華洋溢、滿懷理想主義的行動分子和知識分子形成早期中國共產黨，這就是心理成因之一。他們痛切覺得必須了解那一切混亂和羞辱是怎麼回事，他們渴求確定性，渴求自主和希望。總之，不計代價以求。

許多讀者會說，人所以轉入此途，有其足夠的客觀理由。此說並非完全無據。一種以事實爲本、務實、有自我批判能力、非教條的馬克思主義分析，本自有其用益和給人啓發之處。但此話未得要領。這樣的分析並非中國共產黨創黨諸人所欲。他們學到了他們半宗教式的教條，順勢自圓其說一條迂曲的歷史道路，從而開始容忍

11 E. Timms, *Karl Kraus: Apocalyptic Satirist. Culture and Catastrophe in Habsburg Vienna* (New Haven CT: Yale University Press, 1986), p. 10.

像艾思奇很快在《大眾哲學》[12]裡宣揚的那種原本不可容忍的黨路線改變之後，他們就以委屈對現實的知識去遷就他們的信念，終於帶來恐怖的後果。

許多讀者會問，這扭曲有什麼證據？有此一問，是可以理解的，正好中國共產黨本身的紀錄就可以直接用來舉證。因此，容我離題片刻，略述取自蕭作梁《中國土地革命，1930-1934：文獻研究》[13]的例子，以及我自己就此作所寫的書評[14]。

在前共產主義的中國，擁有土地的模式隨地方而有別，不過，從卜凱(John Buck)1920年代末期的知名調查之後，說20世紀初葉的農業部門大致上是小農世界，應屬持平之論：一半以上是土地所有人，三分之一是部分所有人，17%是佃農。農地的中位數規模是極小的1.37公頃，而且，比起高利貸和貿易來，土地本身對擁有資金者，除了增加保障，並不是很好的投資。比較大的地主之中，有相當大比例是住在城市裡的不在地地主，其農地分散各地，在本地社群出現的時間有限，甚至長年不見人影。農民之間的社會—經濟區分大多十分微小，而且實際存在的那些區分，也被擠在很狹窄的上下幅度之內，在這些幅度之間，往上和往下的社會流動都是迅速的，甚至超越這些幅度。中共的武裝力量在1930年代初期占領江西省部分地區時，在他們認爲應該以鮮明的意識型態來處理的農民範疇之

12 修訂版(新中國書局：1949，未著出版地點)。我找不到原版，但這理論樹立已久。其基本觀念是，由於世界的現象變動不居，我們的觀念必須與時推移，以便與之相符。粗略來說就是，不同的觀點隨不同的環境而為「真理」。見頁123。

13 Tso-liang Hsiao, *The Land Revolution in China, 1930-1934: A Study of Documents* (Seattle WA: University of Washington Press, 1969).

14 Mark Elvin, “Early Communist Land Reform and the Kiangsi Rural Economy,” *Modern Asian Studies* 4(2), April, 1970.

間不厭精細區別，以便造出貌似毛澤東所謂「農村封建勢力」的東西。例如，他們以收租在家戶所得中所占百分比爲準，這樣的判準顯失公平，很容易將一個勞力暫時貧乏的家庭打成剝削者。有一個縣，第一次調查土地持有的情況，發現1,576個「地主」和「富農」家庭；毛澤東1933年所做的補充調查又找出536個；但是，重新檢查之後，941個家庭洗清這些「剝削」身分。因此，經過這番大工夫之後，只剩當初調查所得百分比的74%[15]。這種溜溜球似的數字修正生動說明了，想用取自現實的資料創造可信的圖像，說那裡有一個穩定、層層畫分的階級結構，在實踐上何其困難。在這裡，現實最主要的特徵是，這個現實由一個階級連續體的成員構成，成員的身分每每並非一成不變。有鑑於社會流動的速度，中共的調查員斷定「地主」或「富農」可以視爲用三年就建立其地主或富農的身分。但是，一個沒有土地而受雇於人的勞動者在20年裡上升成爲地主和放貸者，這個人該如何歸類，連這些調查員也得煞費腦筋。中共有個異常可信的文件說，「在[江西省]農村地區，富裕中農在人口裡占可觀比例」[16]。

一般經濟水平偏低的話，所得的微小差異當然會造成權力和地位的重大差異，但是，我們可以做個合理的猜測：共黨的土地改革運動，其最大的支撐是動員那些在激烈競爭中自感失利的人來鬥那些社會地位在絕大多數情況下和他們接近相等的人，而非來自彼此明顯區分的階級之間的結構性敵對。在華中和華南很多地方，早先的確有這些差異明顯的階級，一直到這個結構在17世紀大致毀於

15 蕭作梁，*Land Revolution*, Document 107, p. 117.

16 蕭作梁，*Land Revolution*, p. 263.

佃—奴起事[17]。不要忘了中國有幾次重要的前現代革命，即使其深廣和劇烈程度不如比較晚近那些由於接觸現代西方而產生的革命。

言歸正傳，也就是「荒謬危機」，這裡要提平襟亞(筆名網蛛生)寫的《人海潮》[18]。全書五卷，在1930年代中期似曾紙貴一時，而且大概比我們今天視爲民國時期的「正典」文學流傳更廣。此書從滿清覆亡後數年寫起，以幾條彼此交織的情節呈現上海社會及其周遭鄉下地區，平襟亞用他律師的銳利和憤世嫉俗眼光刻畫各種場面，而以無情、不避醜怪、充滿巧構的幽默著墨，其寫實的細節使我們相信，他在向我們述說重要的真相。人生是超現實的，事事偶然，無處而非愚蠢和迷信，行事動機是貪、慾、欺，而以天性良善、坦直、天真者爲犧牲。平襟亞文筆表面逗趣而裡子冷酷，其間時或流露他心底對如此人類世界的沉哀，以及他對相形之下大自然之美的喜愛。這兩種情感賦予他的諷刺一種驀然、出人意表的深度。

舉凡歷代崇信的觀念和建制，書中無不視爲虛妄、無據或戕害人性。嘴上最常掛著「老天爺」之類字眼的，是明目張膽的騙徒和僞君子。書中捉弄城隍神，作爲風月諧謔之具，上海一個老鴇爲了不讓她旗下最得意紅牌妓女的本夫來要人，編造鬼話，假稱該女已死，還爲她做個和活人一樣的像，送去和城隍神公開完婚。那丈夫和地方官一樣收了錢，個個逢場作戲，他還煞有介事領一口假棺材，

17 例如1644-45年吉州自稱「剷平王」者，「每飲酒，則命主跪而酌酒，抽其頰，數之曰：均人也，奈何以奴呼我！今而後得反之也。」傅衣凌，《明清農村社會經濟》(北京：三聯書店，1961)，頁109。不過，要注意，明朝末年，半奴身分的地理分布並不規律，其集中地在華中與華南，而且並非處處皆是。

18 上海：中央書店，1935。上海古籍出版社1991年發行簡體字版，並且附加一些有用的背景資料。

後來扔掉，省了喪葬之費。平襟亞以作者的聲口說話，立論有異於他筆下的尋常人等，認爲人間之事並無佛教說的那種道德因果正義。人命無端毀於意外，這些飛來橫禍往往出於地方豪勢惡霸的惡意或乖戾，有時則由於人對他人行事與動機的誤解。人的生活可能變富有，但也同樣沒來由。傳統家庭是制度化的壓迫和不幸。平襟亞暗示，女人寄身有名氣的青樓，經濟上、財務上都比較好過，必要的話不妨母女皆娼。全書最殘忍的例子裡，一個年輕寡婦死了丈夫，被聽信閒人說長道短的夫家虐待，終而自殺，作者一路寫來，傳統頌揚的寡婦貞節加倍可怖，因爲那貞節毫無意義，其出發點是今人再也不可能相信的儒家理想。寡婦自殺出於真心，滿屋子旁觀者卻有人嘲笑她爲了給她公公壓力而假意尋死尋活。寡婦心想能夠和丈夫在陰間重聚，這是傳統的想像，但平襟亞斷定她這想頭是「幻由心生」。社會上的賢達長者，以及調解紛爭之人，在書中幾乎全都慣使小奸小壞，滿口仁義道德，卻爲了貪財圖利而倒行逆施，以傷害他們不喜歡的人爲樂。年輕和尚嗜敦倫，好春宮，染毒癮，隨時準備捲寺中錢財逃之夭夭。傳統醫學和藥劑明擺著招搖撞騙，名爲醫學，實爲生意經，在思想上一派胡言，實際上有時真要人命。平襟亞對小說藝術有足夠的掌握，因此以一些誠實、利他主義的例子來平衡邪惡的行爲，但利他之事有時也難免用本身不當的手段完成，例如巧設謊言來使受冤屈者獲得寬宥。

《人海潮》在1930年代中期落筆時，上海其實已是高速運轉的金融、商業和現代工業成長火車頭，在作者筆下角色的經驗中卻無非精巧且無情的剝削，在那裡，人的生活和自然離異，而具現爲欺騙、冒牌及醜怪的自嘲。例如書中有一連串寫來駕輕就熟而令人佩服的場面，呈現城市叫化子是「高尚」世界的一面寫照，有其自身的社會階層、法律政府、主子、領土、學者，甚至「現代化」的行乞技巧。其道德標準委實也不比體面世界要糟多少。至於如今已經無用的傳統學問，書中的「二先生」痛斥有加。他是前清秀才，現在加入乞丐這一行，靠拆字算命和教窮孩子識字度日：

> 我只恨從小爺娘為什麼逼我讀書，教我識字，為什麼要我考試，望我進學，害得我這樣子苦。
>
> 倘使從小送我堂子裡學燒湯，車行裡學拉車，到現在寫寫意意，決不會吃這幾年苦頭。(II, 頁148)
>
> 他並且說，他日到了陰司，他打算「和我爺算一算帳」。好個父慈子孝。

傳統的中國文學文化變成半生不熟的經典記憶，和生吞活剝的西方觀念兩相摻雜，如書中所指的「寫實派」，上海的虛矯文人以此揚揚自得其三流詩作，題材無非名士寢室裡的蚊子虱子之類(II, 36)。作家生計是爲廉價報紙寫艷聞蜚語，不然就是寫廣告文案，一邊愚蠢妄想自己身負不世之才而遭時不遇[19]。這裡必須指出，凡是明顯屬於西方的事物，平襟亞幾乎一概視爲虛僞、吹噓，而且往往有害。據此而論，報紙以逗讀者之樂爲能事，而非提供有用的新聞：書中有段情節，一個年輕女子用心良好卻爲人所騙，內定要當一所小學的校長投身現代化，婚後某日，她端坐家中閱報，和丈夫讀一則令人心碎的新聞，是上海汽車輾死一條哈巴狗，他則說，那

19 關於其中細節，可看Mark Elvin, "Litterateurs and Voyeurs. Shanghai Men Letters of the 1930s, as Portrayed in Pin Jinya's Novel *Tides in the Human sea*," Rachel May and John Minford, *a Birthday Book for Brother Stone. For David Hawkes, at Eighty* (Hong Kong: Chinese University Press, 1999).

陣子屋外鬧的大水災沖走了他們的學校，農民爭相逃命，而她全不知道，報紙也隻字未提。

這種精神層次的反常沉淪必須尋藥對治，而此藥很容易變成很有力的政治動員手段。所以，中共除了嘗試某些合理或不合理的實際手段，還進一步為中國人提供一個另類故事，讓他們在裡面安身立命。欲知其最清楚的結果，最簡單的辦法是看一個例子，此例取自「意識型態上還活著的毛澤東思想」這個階段接近結束之際，也就是浩然1974年之作《西沙兒女》，初版超過100萬本[20]。第一卷寫對日戰爭；第二卷寫1949年以後在西沙群島建設社會主義。此書文筆精采而清澈，書中表達的許多觀念，從抽象層次看，是利他主義的、值得的，甚至是高貴的。這裡權且不談那種抹煞一切道德考慮的沙文主義(這並非中國人獨有的問題)，本書最嚴重的缺點，是把毛澤東思想的道德刻畫成本質上具有魔法特質。如此寫法，是一種帶有殘酷後果的自欺。不過，這部小說的歷史角色最不堪的一面是，它被掌權者兜售散布，他們大多只藉此圖謀短程的政治目的，對其中的信息根本談不上什麼信念。

故事主要寫阿寶，她在漁船上出生時正值暴風雨，情況危險，考索作者的暗示，她所以能夠活下來，是由於她父親程亮從意識型態的出發點，熱切祈求海天之靈讓黎明降臨窮人和受蹂躪者，以及祈禱女孩子獲得她們應得的高評價。不久，當地漁霸逼她母親當日本人的奶媽，這位無畏的母親不從而死，跳水自殺，甘心沉入祖國的海底，與礁石共存(〈正氣篇〉頁35)。對於人死之後是何情況的問題，人地合一是個老套的解答，但這裡提出一種新的表述，既合

20 北京：人民出版社，1974。兩卷。上卷：〈正氣篇〉，下卷：〈奇志篇〉。

乎愛國主義，又不涉迷信。

不久，阿寶的父親從共產黨地下運動那裡得知「全國窮人的大救星——毛主席(〈正氣篇〉頁65)，他獲准入黨時，生平頭一遭真正知道他的人生有個意義(〈正氣篇〉頁75)。他和他的游擊隊同志一同養大他女兒，訓練她無比的耐力，連鐵錚錚的士兵也相形生畏。後來，在一次對南越的交戰中，程亮安排一次緊急補給任務，將自己女兒排在名單最後，因爲他知道，別人都挺不住的時候她還是挺得住(〈正氣篇〉頁243)。她成熟過程中對情慾的態度也是如此。與異性同志朝夕共處已無道德上的危險，因爲新的世代已養成自制力。

程亮如今是地方領導人，開發西沙對他是個充滿鼓舞的活動，不過，社會變成兩個階級，一級是負責指導的幹部，一級是必須服從指導的人民，對這樣的分別，並非人人自在。幾乎每個家庭都想辦法把孩子弄出公社，弄到廣東，去受專科訓練，謀個前程。阿寶上專科學校，沒多久就自己退學，理由是到那兒念書的人全都是出於錯誤的動機，只圖個人前途，「千方百計地不回漁村抓魚」(〈志氣篇〉頁38)。她父親支持她面對嚴厲的批評，說「你比我們先進多了！阿爸要好好向你們新一代學習！……同志間，就不能分長輩晚輩」(〈志氣篇〉頁41)。一句話打倒了中國原則裡最古老的一條：人年長，則權威與見識都高。

某個深更半夜，一名爲南越蒐集情報的叛徒坐小舢舨逃走。阿寶一隻手舉起步槍，全副著裝游泳追趕，她母親是跳水死的，阿寶象徵性地爲母翻身，升上水面，登舢舨，殺叛徒。

> 她把年輕的面孔，有些發熱的面孔，親切地貼在手中握的槍膛上。槍膛也是發熱的。
>
> 浪花在她身上歡躍，要登上舢舨跟她擁抱，或者要跟她親切地

握手吧？

（〈志氣篇〉頁181-182）

浩然將殺人有理寫得美美的，大自然則是樂意的共犯。

全書高潮在極抬舉精神力量之能事。首先，程亮認爲規畫事務不能斤斤計較經濟，例如他宣布，一條新船的代價「只是汗水」(〈志氣篇〉頁112)。他並且說，在引擎之類事情上，依賴專家是危險的：人們必須自己會做這一切技術性的事情。這樣的判斷並不完全是壞的，但是，後來有一艘漁船和南越軍艦對峙，船上的島民沒有武裝，揚言「中國人民不是好欺的」，就這樣單憑虛張聲勢和意志力量，就嚇退越艦。衝突愈演愈烈之後，阿寶的丈夫海龍在一場殊死戰中打敗南越，即使敵方擊中他艦上的發電機，造成電舵失靈。他打勝仗的方法，是採納操舵班長的建議，以人力操舵，一群人站在滿是血污，深及胸部的海水裡，合力徒手操作舵盤，其他人則一個挨一個，做成一條傳話線，將海龍的命令從指揮台往下傳到後舵房(〈志氣篇〉頁312-313)。革命的人類，其榮耀在於變成可以互換的零件，既操縱、又從屬於他或她服事的機器。

10-15年後，鄧小平的改革大舉上路，這個故事及其夢想被忘記，彷彿從來不曾有這回事，而且逐漸成爲笑話[21]。不過，要是咬定那勝利的故事不會再變，還是未免不智。

我1997年英文著作裡舉的最後兩部小說，一部呈現國民政府治下的台灣所見的20世紀中葉世界，另一部呈現香港／舊金山中國移

21 2003年，一位英國同事和我在雲南西部做環境田野工作，我們從山上一條陡峭的泥巴路走下來時，把離開此路5公里的比較大而對車輛構成危險的石頭推開，中國同事問我們為什麼這麼做，我們靦腆微笑，答說「當然，為人民服務的」，中國同事報以諧謔的大笑。

民眼中的20世紀中葉世界。這兩部作品，我在這裡略過不談，改提一個問題：在前兩個故事——《鏡花緣》和日常生活之詩《清詩鐸》——的世界，和後兩個故事——《人海潮》和《西沙兒女》——的世界之間，如何、爲何發生這麼巨大的變化，而且這些變化來得這麼快？

核心答案是，相較於大多數其他國家，帝國晚期的中國政制在非常大的程度上是一個**威信結構**[22]。這一點何以攸關重大，需要些許解釋。威信結構有賴於創造並維持一種形象，這形象在參與其中者心中喚起敬和畏。此外，它給人的觀感是，它擔保一個未來，那個未來命定將會來到，而且涉身結構之中者必須參與那個未來，才能安身立命。這威信是一種非有即無的聲望：一個政權或意識型態不是有、就是沒有這聲望。古老的「天命」觀念就是一個威信結構的典型表現：一個朝代或者秉天命，或者失天命，視它是否得民心而定。近代，此說似乎有一種含蓄但更複雜的世俗版。政府或社會可以擁有或喪失Mandate of History。中文裡沒有與此觀念相應的標準或通用詞，意譯倒是不難(歷史之選定，等等)。據愈來愈多從19世紀下半葉回顧過去的士大夫和思想家之見，18世紀前的中國在世界—歷史上是成功的，那成功必定表示清朝和前朝一樣得天命，但在19世紀的進程中，這個帝國及其知識和不斷現代化的西方相形之下既積弱又落後，就失天命了。一個問題開始浮現：這失敗是否不只是一個政府之失，也是中國傳統制度和價值有以致之？

威信結構是相對僵硬的。改變太明顯，恐怕暗示過去有過錯，

22 關於這一點，以及下面涉及的其他想法，我最先發表於“How Did the Cracks Open? The Origins of the Subversion of China’s Late-Traditional Culture by the West,” *Thesis Eleven* 57 (May 1999).

而這有損形象。不過，只要形象得全，這類結構也會暗中發揮可觀的彈性。形象一旦惡化，可能加速正回饋，導致突然崩潰。「跟著熱鬧走」的心態從此開始。大多數人不願改變效忠，但他們一旦察覺決定性的移轉，就迅快附勢而上。這有助解釋，在中國，何以新運動的熱情傳播既迅速，對新運動的幻滅也突兀。

對威信體系中的政治人物，維持門面是存活之鑰。他們連最細小的讓步也抗拒，因為你無從得知正回饋什麼時候會觸發崩潰。心理態度的控制攸關存亡。現實的某些層次如果暴露而使人對門面產生疑心，不只丟臉而已，更是危險。有識之士對這類體系的邏輯具備某種了解，對門面背後的真相冷眼以待，這通常能互補，但不足以抵消體系中人的慮患之心。當初西方強行在北京派駐外交官時引起高層中國那麼驚恐的仇外症，原因就在上述這種整體政治情況。

大約與此同時，太平天國占領長江流域大部地區，幾乎推翻滿清王朝。太平天國假使獲得列強支持而非受其抵制，十分可能推翻清朝。太平天國的意識型態，也就是它想使其信徒在其中安身立命的新故事，主要取自基督教義，與儒家思想中的傳統和烏托邦兩種成分混合而成，將民間信仰、道教和佛教斥為迷信。廣義而言，其推動力量是一種集體的經濟願景。太平天國嚴禁男女姦淫，禁鴉片，禁賭，在信徒心中灌輸罪惡感，以及懺悔與得救的欲望。易言之，太平天國運用並且發展後來中共利用的大部分心理—社會潛因。萬物是上帝一元之氣的顯現，不是神或靈的作用。人類一家，人都是上帝子女。其配合中國環境而創造的新說是，惡來自一個唯一的起源，一個妖鬼，即佛教裡地獄的統治者閻羅，而非只是一群彼此不相統屬的疾苦。太平天國起事之初提倡的理想化經濟制度從未實施，但婦女的社會解放有相當程度的實現，包括成立女兵。洪秀全族弟洪仁玕的著作顯示，基督教義與儒家思想成分的結合是十分可能的，例如他界定上帝爲自然而然、始終萬物、造化庶類，如此定義，上帝與道幾無二致。洪仁玕並且推廣技術現代化和福利國家的要義。

太平天國在1864年敗亡，根本原因是內爭及領導階層腐敗。許多規模較小但相當嚴重的亂事被平定，包括再次占據曾經得而復失的東突厥斯坦。然後，政治生活穿了三十多年的保守主義緊身衣，高層政治人物對任何變革幾乎避之唯恐不及，除了迫於外力而做些必要的戰術性調整。造鐵路，拉電話線；現代工業在上海及其他一兩個城市駸駸成長；派一些軍官出洋受訓，創辦海軍。此外無甚進展。不過，矛盾的是，也就是這段時期，尤其1890年代，在少數操危慮患的官員不斷質疑，以及少數士大夫階級成員日益焦慮之下，支撐帝國秩序的那些觀念幾乎在不知不覺之中瓦解。若說近代中國只有一個深刻的政治「革命」，當推乍看幾乎了無動靜的這數十年。何以故？這數十年結束時，以經典維繫的儒家在戰略層次上已經死亡。「死亡」，意指再無具有可觀創造性的思想家來重新賦予它生命，繼往開來[23]。同樣關鍵的是，新政策已粗具輪廓，即使其時尚未充分了解其種種窒礙。20世紀第一個10年裡，地方初現民主之苗，然後一度出現較高層的民主建制[24]，以及接下來1911年革命，都是

23 Mark Elvin, "The Collapse of Scriptural Confucianism," in *Papers on Far Eastern History* (March 1990)，重印於Elvin, *Another History: Essays on China from a European Perspective* (Sydney: Wild Peony Press, 1996).

24 關於最早階段，唯一完整的記述仍是Mark Elvin, *The Gentry Democracy in Shanghai, 1905-1914*，博士論文(Clare Hall), 1967(在劍橋大學圖書館，開放閱覽)。另見Elvin, Another History論上海的第五、六章。關於後來的發展，請看John Fincher, *Chinese Democracy, the Self-Government Movement in Local, Provincial and National*

觀念改變帶來實質衝擊的知名證據，儘管都有爲德不卒之憾。但是，當初對現存意識型態提出質疑者中，最重要的或許是鄭觀應，就某種意義而言，甚至到今天，中國政府追隨的外交戰略有一個重要層次其實出自鄭觀應，只是變得精細老練。鄭觀應首倡「商戰」說，以制西人[25]。

那些年裡談論時事的士大夫幾乎無不認爲，與看來欣欣向榮的他國相較，中國出了很嚴重的岔。六個影響深遠主題與當時的憂患交織，主導他們的辯論。(1)歷史詮釋是否應該重新檢視？最重要的是，當前這個時代只是華夷自古以來衝突的又一章，抑或是一個性質全新的時代？若然，其新何在？較爲可能且可欲的，是不是與外人合作，而非針鋒相對的衝突？(2)中國要如何抵抗西方的軍事與商業威脅？人人同意之事，亦即重振劉錫鴻所謂「眾志」，加上加強傳統軍事技術，是否即足以濟事？[26]還是說，應該自造或採購現代武器? 中國是否應該以自己的方式，以自己的殖民主義、帝國主義和宗教宣傳來模仿西方民族墾殖他人土地(「殖民主義」的嚴格傳統字意)，來依西方的樣征服他人土地(「帝國主義」一詞的傳統意思)，或學西方派商賈出洋售貨，派傳教士使外國人皈依其信仰，換句話

(續)

Politics, 1905-1914 (London: Palgrave Macmillan, 1981)，以及Mireille Delmas-Marty與Pierre-Etienne Will編，*La Chine et la Democaratie* (Paris: Fayard, 2007).

25 其說每每未符事實，而且往往徒逞詞藻之快，但關鍵處洞見要害。見其〈盛世危言〉，收於翦伯贊等人所編，《戊戌變法》(上海：上海人民出版社，1957)，卷一，頁83-87。

26 中國史學會編，《洋務運動》(上海：上海人民出版社，1962)，八卷，卷一，頁284。以下引用之處，概稱《洋務運動》。文末論鄭觀應之處除外，所有出處都在本卷，頁263-599。特別重要之處才標頁碼。

說，中國是否應該派出儒家傳教士？(3)如果中國爲安全之故，決定擇西方文化之要而採行，豈無王韜所說變中國爲西人之國之虞[27]？因此，要如何保全中國人的文化認同，例如加強灌輸，或繼續強調仁義，因爲(依王韜所見)中國由於仁義立國，一直得以免於泰西諸國之「以兵爲國」而其興也勃，其亡也速。(4)要不要以西方機械取代人力，增加生產？若然，則創造一個唯利是視的社會，對精神價值可能有何影響？對充分就業可能有何影響？因爲機器會奪走人的工作；對自然資源可能會有何影響？特別是，如果自然資源在需求增加之下逐漸涸竭。仰慕西方技術突破及其實驗基礎如薛福成，也指出一切生物皆有其成長極限[28]。王炳燮之見相反，其說在當時的條件下不無根據，主張中國勞力密集的農作技術細緻，無法機械化，除了抽水，而且一般農民絕無能力購置機器[29]。(5)所有官吏與學者幾乎都認爲西方國家強盛的一大原因是政府與人民關係密切且相互理解，中國如果至少引入某種程度的民主，會不會有用？有用的話，要多少以及何種民主？(6)對科學的重視，其來甚遲，但鄭觀應有此一問：科學不是晚近西方所有創造中最重要的一項嗎？

> 格致(實驗科學)為何？究天地之化機[奥秘]，闡萬物之元理，以人事補天工[自然]，役天工於人事。能明其理[自然法則]，以一人而養千萬人可，以一人而養億萬人亦無不可。我中國生齒四萬萬，人民甲於五大洲，子此元元，可不亟圖教養之方哉？[30]

27 《洋務運動》，頁512。
28 《洋務運動》，頁391。
29 《洋務運動》，頁460－461。
30 《戊戌變法》，卷一，頁74。

易言之，他建議普及自然科學教育。先論實務，並進一步認爲，久而久之中國的「理」將與西方的「數」和諧融合，從而發現「性命之樞紐」[31]。鄭觀應即使與明／清思想家方以智有部分關連，而且對「理」有一種文化上的懷舊情緒，但此見仍是一個根本的改變。

這場辯論，最後並未獲致任何眾議咸同的方案，但是，在我們粗略稱之爲政治、經濟、社會的「現代性」方面，這場辯論的確爲中國指認了一套問題，並且永遠改變中國政策辯論的根本性質。我們還可以說，這辯論出現更精進的形式之後，不但是摧陷儒家教化意義的主要思想力量，甚至也比毛思想更持久。中國兩個被正式承認的政治革命裡，都有重量級的偶然因素：在1911年那次革命，這因素是清廷大員的顢頇無能，他們本來很容易就可以和革命運動中的官紳領袖達成立憲協議；在1949年的革命，偶然性則在於爲了全國一致抗日，中共得以在1930年代中期逃出國民政府的軍事掌握。相形之下，在觀念和文化陣線的根本重新調配上，1870、1880、1890年代都有幾分近乎勢所必至、無可倒轉的成分。至少，這是一個考量起來逗人興趣的觀點。除了一些零星的細節，這觀點和佩里大作所論並無本質上的衝突，而是一個與之互補的對應，一個性喜今昔互考的歷史工作者的隨興之想。

伊懋可，寫過一冊前現代中國的經濟史(1973)，與他人合編中國歷史地圖集(1982)，著有前現代中國的環境史*The Retreat of the Elephants* (2004)。他在2008年退休。

彭淮棟，專業翻譯家，譯有多種經典名作。他的譯筆在信達之外更稱典雅細緻，可供讀者品賞。

31 《戊戌變法》，卷一，頁44。

思想
評論

死刑之不可能：
一個簡單的倫理學觀點

陳正國

《思想》第17期製作了名曰「死刑：倫理與法理」的專號，刊登了七篇探討死刑的文章。這些文章集體所展現的質地，是筆者近年來在臺灣公共議題論文之所僅見；其論理之縝密、自制、雄辯，在在預示了台灣，甚至華語公民社會的美景。只可惜這七篇文章多數以刑法(哲)學與政治學角度析論死刑存廢之可議或可取之處，少從歷史與倫理哲學兩個重要角度面對**死刑的存在困境**。這七篇文章雖隱隱涉及倫理議題，然絕大多數論證則是繞著人權、國家統治權、民主憲政、正義等概念來思考死刑。其內容基本上都有意或無意直接回應「國家能不能、有無權力執行死刑」這個問題。似乎我們這社會在討論死刑議題時，非常強調死「刑」的目的、效果與正當性，甚少討論其中「死」刑的倫理意義[1]。目前「廢死」運動的出現與正反論述理路，常常反映當代人對文明化的信念——卻常常不自知。他們的每一份宣言與理性辯論，其實都反映了人類文明化的歷史沉積。然而深一層看，文明化理論雖然是死刑意象的反命題，

1 雖然陳祥波的〈死刑：人類之罪〉也以「正義的死亡」與「非正義的死亡」來安置死刑的倫理意義，但其論述層面與其他六篇文章大異其趣。難道這是因為陳祥波來自中國大陸，有以致之？

終究不能保證死刑的廢除。反之，從倫理學角度而論，「死刑」原本就不可想像。換言之，倫理命諭所提示的覺醒，不是「廢死」，而是懺悔死刑的存在。「廢死」是個目標、是個未來、是個運動、是不確定、議程、是個政治修辭，更常常是個藉口。倫理學則直接告訴我們「死刑之不可想像」、「死刑之不可能」，因爲「人不可殺人」是普世人類所周信、確信、相互信守的第一倫理。因爲「人不可殺人」，所以「死刑不可能」是個簡單到近乎童騃的倫理學觀點。然而，或許，我們之所以安然世故地嘲笑其童騃，正因爲我們習慣了將倫理學懸置於我們對生命的討論之外。

從「刑」的角度來看，討論人權、國家、民主、憲政、正義與死刑的關係，當然至爲關鍵。但是，死刑之存在久矣。以現代國家的出現或現代法秩序、憲政主義原則，來證題或質疑死刑的正當性，都免不了會落入時代錯置或輝格史觀的困境。死刑幾乎與人類歷史一樣長；而死亡則是遠比國家、人權、民主、憲政、正義等等概念或秩序更爲普遍、終極、永恆的課題；因此它與個人的關係其實更爲直接。這麼說來，我們如何能夠以相對變動、短暫、不確定的現代價值與概念(儘管它們現在聲勢奪人、所向披靡)去衡量、思考更永恆、更原初、更終極的價值？如果我們自詡爲自由民主的憲法之比例原則不容死刑，豈有任何政治體制可以、必得制定死刑？豈有任何刑法、憲法的正義的比例原則可以衡斷生命之被剝奪是否爲洽當？任何以憲政主義談論死刑的策略，都已經自我限定爲區域的、文化的、歷史的、有條件的(如果不是暫時的)。它有意或無意的將自己視爲歷史的一部分，並且宣稱自己正站在歷史的前沿，回顧著兩千多年來人類野蠻、不正義的刑罰。從以牙還牙的舊約到專制的大清律令，或黑暗中古到啓蒙時代或現代性，我們繼續往前走……

的確，雖然許多國家之所以能夠廢除死刑，多少出於歷史的偶然性(例如德國在二次大戰後通過廢除死刑，與爲納粹戰犯解套有關)，但是「文明化」這個集體的歷史文化力量，絕對也扮演了舉足輕重的角色。文明化讓我們拒絕直接說「死」。例如陳瑞麟在〈對廢除死刑的六個困惑〉中表示，對於惡人，我們都有「『恨不得其消失』的衝動」。以消失代替死，證明了文明對我們的馴化。文明化讓我們拒絕觀看死刑表演。文明化甚至讓我們拒絕死刑。文明化讓我們厭惡勞動、粗活、爭執、血腥、傷口、苦難、戰爭；讓我們習慣舒適、享樂、乾淨、整潔、衛生、感性、同情。因此，文明化很可能讓我們排斥任何形式的殺人。從這個角度看，那個激烈反抗王權，聲聲天賦人權的盧梭竟然會贊成死刑，其實也不那麼難理解——因爲盧梭同時也是18世紀反文明論的健將；他接受戰爭之必要從文明化的角度看，台灣目前輿論之所以有高達七成以上民眾支持死刑，當然與談灣的歷史進程有關。二次大戰、太平洋戰爭的那一代人尙未完全過去。50歲以上的人很習慣，甚至自豪於「九條好漢」的軍旅磨練。「殺朱拔毛」、枕戈待旦、軍法審判這些生活經驗對台灣(男性)民眾忍受、甚至習慣暴力的能力，絕對有幫助。但是如果此間持續無戰事，如果生命教育持續扎根，只要願意等待，台灣，乃至於世界上大多數國家或許都會逐一廢除死刑。君不見當今許多現在檯面上的政治人物即使一面下令執行死刑，畢竟也一面宣稱，廢死是臺灣司法的終極目標。這句話必須放在文明化脈絡來理解；畢竟政治人物是文明(化過程中的)人。

當然，事情有時也不必然如此樂觀。在人類歷史上，死刑的確是漸漸從一個事實到一個非事實的過程。從有人類文獻以來，死刑之記載就不絕如縷。在17世紀的中國與歐洲，毀謗國君都可能被五馬或五輪分屍後棄市。在18世紀之前的歐洲，讀書人有可能因爲宗教意見與正統教會不合而被判以火焚；而在中國則可能因爲觸犯統治者的感覺而人首異處。相較之下，我們現今對死刑的使用已經因爲自由權利的擴張而極度限縮；其執行方式也已經文明到激不起絕大多數人的不悅了。可是，納粹執行大屠殺的方式不也同樣文明嗎？如果不是因爲聯軍勝利而將集中營的故事揭露出來，後世人類會知道六百萬猶太人是如何安靜的、文明的、無聲無息的被處決嗎？正如以善爲核心的宗教一樣，文明的確有助於我們面對死亡時表現出凝重的態度，因此有助於限制死刑或讓死刑的執行方式進一步文明化，但也**正如以善為核心的宗教一樣，文明不必然支持廢死**。

歸根結底，死刑是關乎原則的、絕對意義的課題，而不是歷史發展的課題。這個絕對意義不是因爲死「刑」的「不可回復性」，而是因爲「死」刑所牽涉的生命終極。既然死之意義先於國家、主權、憲政、正義，關於死刑的討論也就不該局限在國家、主權、憲政、正義等等價值之內。死刑必須從生與死這個人類倫理的首要課題出發。的確，在當下台灣，廢死的抗爭對象是國家。又因爲台灣是憲政國家，所以抗爭的對象，其實是支持死刑的公民。所以討論死刑，很容易就從訴諸公民對於法正義的認識開始。在這個脈絡下，支持死刑的法正義觀，就被稱爲「庶民正義觀」，代表著前憲政主義，甚至是前現代的正義信念——相信、甚至崇尚以牙還牙的刑法。顯然，站在庶民正義對面等待的，是進步的、更啓蒙的正義觀；他們視「庶民」爲歷史的陳跡，是一群等待改變、智識尚未進化的公民。的確，每個社會成員的世界態度有寬窄之別，其識見有深淺之殊，其價值觀也不盡相同。但是，儘管當代的智識風景之一，就是很多人對很多事無知卻好發議論，但在生命的態度上，社會成員豈可能有重大差異？豈可能有庶民與真正公民或知識分子之分？

如果人類社會有一條，而且只有一條誡律是放諸四海皆準，傳諸百世而不易，無論是從常識、常民道德意識、精英法哲學的觀點來看，都不容翻轉否定的倫理信條或戒律，那無疑就是「人不可殺人」[2]。一旦這命論被否定，人類社會就不可能存在，所有的政府、刑法也就一併事先被否定。既然人不可殺人，任何群體固然不能以任何理由殺人，除非是爲了當事人本身的利益。因此，死刑既是一群人殺死一個(些)人，又非爲了被殺者自身的利益，死刑當然違反了這條人類生存的第一戒律。換言之，從倫理學的角度而言，死刑背叛了人類，背叛了社會這個概念。死刑表面上是要維持社會秩序，但它背後的價值邏輯正好違背了它自身宣稱的目的；它背叛了自己。

如果「人不可殺人」，「因此不可能有死刑」，爲何人類歷史上充滿死刑？爲何我們還需要長篇累牘的討論廢與不廢的問題？的確，歷史上的制度一定有它形成以及延續的道理；我們斷不能簡單說，人類自己所相信的倫理命論與人類制度的實況之間之所以有重大落差，純然是因爲人類自身的虛僞(儘管有時難免如此)。我們之所以很難從「人不可殺人」直接、安然抵達「因此不可能有死刑」這個結論，歸根結底的原因在於人類會恐懼死亡。我們恐懼被殺、橫死。所以一旦發現敵人、惡人，我們很容易擴大恐懼，被恐懼、被很能夠渲染恐懼的人或語言所綑綁。如果這個恐懼與我的生存攸關，我就會像消滅病菌一樣，恨不得其消失。難道，我們不該殺死所有對人體有害的病菌嗎？「恐懼」使得人類一方面越來越團結，越傾向擴大政治社群。當政治社群達到一定規模，刑罰就越來越被交付給專業人士——律師、法學家、檢察官、法官。刑罰距離我們自己的生活經驗越來越遠，以至於談論死或死刑越來越理性(法邏輯主義？)。佛洛伊德曾經說，文明就是減輕疼痛的過程。同理，文明

2 更精確的限定應該是：「人不可有意圖的殺害人類，除非是為了被殺者的利益。」

也是消除恐懼的過程。警察、軍人、檢察官、法官都是出現在我們身邊，幫我們減輕恐懼的人。我們因此將權力交給了他們，然後過我們自己安全的生活。

人類的現代性，就是追求安適的生活；不多也不少。爲了這個現代性，爲了安適的生活，我們甚至選擇背對「人不可殺人」這個亙古以來的倫理命論。我們的生活經驗太多關乎不安全、恐懼的意識與語言，我們沒有時間、空間讓「人不可殺人」這樣的倫理學第一課題著床、生根。甚至有些人會認爲，爲了取得安全感，這樣的(扭曲)過程其實相當値得，甚至合理。這裡，容我們再次以納粹的故事說明恐懼戰勝倫理第一命題的過程。納粹之所以在歐陸甚至英國獲得相當多人的支持，最重要原因在於他們成功說服許多人，猶太人是文明的敵人，是人類衰頽的病因。猶太人從歐洲社會內部的異邦人，變成了內部的敵人；身分的轉變代表了恐懼的增強，直到無法面對、思考人類的第一倫理命論。許多人看到無辜的猶太人受難卻不能有所作爲，問題不在於他們對苦難麻木不仁，而是因爲他們已經先成爲納粹恐懼言論的俘虜。要求心靈的俘虜做倫理課題的思考，無疑太過於強人所難。

「恐懼」與「人不可殺人」是面對死刑的倫理情境時的兩難。這個兩難其實清楚顯現在進步主義法正義觀點，或廢死論者常常點名批評的「庶民正義觀」。所謂庶民正義，就是希望自己所屬的群體以群體利益之名，執行他們所希望的正義。不論他們理性上說死刑是爲了報復或嚇阻，其背後的根源，無疑是想(一勞永逸地)祛除死亡的恐懼。如果超人也會恐懼橫死，超人也可能支持死刑。但是，死刑之所以能在古往今來得到許許多多人的支持，不單只是因爲我們都「分享」了恐懼；也是因爲一命償一命的邏輯，符合了「人不可殺人」的倫理命論之表象。換言之，庶民正義的擁護者，正是「人不可殺人」倫理命諭的堅信者。此處「正義」，實實在在就是「人不可殺人」這倫理命諭的「刑法表述」。我們的困擾是，我守了這命諭，絕大多數人都守了這命諭；那麼，在面對少數不守者時，我當如何自處? 這個困擾，其實是心理學而非法學或倫理學的困擾。因為從倫理學角度而言，既然人不可以殺人是第一義，如此，其他的作為都斷不能違背這命諭，因為沒有這一條守則，就沒有社會，沒有「我(們)」。正如同所有的現行法規都不能違背憲法精神，所有的人類行為、刑罰、憲法都不能違背這倫理命諭。人不可殺人的倫理位階必須高於憲法。正是在這樣的意義下，我們才說，倫理是自律的。

心理學上的困難對支持與不支持死刑的人其實同樣沉重。如果說，支持死刑者的困境在於必須在死亡的恐懼下，坦然接受倫理第一命諭的超前；支持廢死的人，則必須辛苦地在堅持倫理的第一命諭時，清明的攔阻恐懼在心中蔓爬。我該如何面對一個面目猙獰、惡貫滿盈、泯滅人性、凌殺我親人、甚至揚言出獄後仍舊要持續虐殺無辜者(如果有這種人)的人？在實務上，當然已經有很多人提出終生監禁的方法。但是(攔阻恐懼的)方法的提出或對方法的不滿，其實與是否肯認倫理命題無涉。從倫理學的角度看，廢死論者此時所能做且所當做者，只是義無反顧的重複說：「不可殺人是倫理的第一命諭，這無關乎恐懼，這與阻絕恐懼無關。」

文明之所由，在於減輕吾人之疼痛與恐懼；或許是。如果是，那現代國家顯然是最善於利用，甚至挾持吾人恐懼的巨獸。這隻成長了數百年的獸，宣稱能密不透風的保護個人之身體安全——只要政治身分被牠確定。牠設計國家健保、國家公園、刑法、憲法、護照……牠宣示要在我們入土為安之前，無所不在並時時刻刻地妥善照顧我們，只要我們繳納一點靈魂作為牲禮(從牠的角度)或稅貢(從我們的角度)。我們繳納掉的那一小片靈魂因爲如此細小，以致於我們沒有感覺失去，以致於我們常常還覺得靈魂依然完整而圓滿。但其實那片失落的靈魂剛剛好大到足以讓我們忘記這世界的初始應該是人類，是社會，而非國家。從第一倫理命論的角度出發，人類的基本倫理衝突是我能不能任意的自殺。我，作爲一個主體，理論上可以任意處置我自己。但是，倫理第一命論又說我不能殺人。這是人與社會之間的倫理矛盾。然而在國家巨獸眼裡，人的身體被牠保護之完密，一如人的身體被牠所擁有。我們這些已經向國家繳納一點點靈魂的人也一併忘記了，在國家巨獸之前，我們人類還有一段生命歷史，在其中我們的身體屬於我們自己，也屬於全人類。靈魂失落者完全認同了國獸的坐想行思，也從此相信，自殺或殺人只是人與國家之間的矛盾。我們能否殺人，或者「人不可殺人」，變成我們能否殺美國人、日本人、阿富汗人，或者台灣人。倫理命題成了司法與政治命題，成了刑法、國際法、引渡法、戰爭法、各時代憲法的問題。這些法律條文固然必須依據深刻的理念而生，但本質上立法就是爭執、協商、討價還價的過程。而倫理恰恰不允許討價還價。

國家巨獸以恐懼爲名向人類脅取靈魂作爲牲禮之舉，莫過如戰爭。爲了換取安全舒適，我們以勞役形式將身體抵押給國家，以分期付款方式——諸如當兵、納稅——繳付贖金。一旦戰爭到來，就是零存整付的時刻。我們之所以願意將整個身體奉獻給國家，原因是國家神祇命諭道，唯有如此，國家公民才能完全免於敵人的威脅，例如資本主義的腐蝕、共產主義的殘暴、回教激進者的喪心病狂、分離主義者的無盡叫囂、基督教世界的宰制霸權。憲政主義不宜規訓死刑之洽當與否，原因就在於不論國家之政治體制爲何，國家宣稱在特殊狀況下，牠(例如中華民國)可以戰爭、殺人，並且不是爲了對方之利益。畢竟，為了讓我們獻上戰爭的身體，巨獸要先吃掉我們一小片倫理的靈魂。從國家巨獸的角度來看，死刑只是戰爭殺戮的小小擬喻。罪行重大者固然是全民公敵，但只消費我們一顆子彈。如果國家子民已經忘記戰爭中的殺戮是一種殺人行為，牠們當然就比較容易相信殺人其實是一項榮譽。殺人越多，離鐵十字勳章、青天白日勳章的距離就越近。雖然法官與參謀總部都是協助國家認定威脅的腦細胞。但只有國家巨獸才能定義我們與恐懼之間的關係。或許每一物種都有其消滅死亡恐懼的方法。數以億計的魚群集泳於洋流之間，目的是要躲過鯊魚的暴齒；草原上成千上萬的羚羊結隊而行，為的是要降低成為獅爪亡魂的機率。被擄殺機率從一變成千萬分之一，恐懼就也減輕了千萬倍。天地茫茫伊始，人類就集體走上消除死亡恐懼的文明化道路上。但國家巨獸以文明的篡位者出現後，恐懼其實並未被消滅。巨獸只是劫持了我們的恐懼── 牠會、牠能、牠將不斷尋找新的恐懼對象，例如金融危機、石油危機、飛彈危機、甚至是文明危機，以確保能隨時徵調我們的身體。

國家之所以成為巨獸，而非中性或和平的國家，原因是牠宣稱自己超越了人的倫理位格。牠不受人不可殺人這些基本誡命的約束。好像一群人集合在一起執行某種政治儀式，就會提升到像盧梭所講的普遍意志，或羅伯斯比爾的德性之超越存有，或黑格爾所說的絕對精神，會進而產生倫理學上的化體(transsubstantiation)──人群之賢肖智蠢依舊，但其倫理位階卻集體聖化而超越人之所以為人的倫理位格，其代理人也同時超越了人類的第一倫理命論。人的確會殺人。但相對於人類普遍遵守「人不可殺人」此一事實，發生在人類社會中的殺人行為都是例外。如何詮釋這種「例外」，如何面對秩序的例外，的確是我們的心理上的重大困擾。選擇消滅，就是選擇了最少量的心理負擔；尤其是以全體社會或國家之名去分擔這已經降至最輕的心理負擔。但是死刑的制定卻代表了殺人行爲的常態化——無論真正執行的次數多寡爲何。貴族社會裡的貴族拿起劍，就向庶民的頭頸揮斷「制裁」。或許如今還有些許人對這種「騎士精神」與殺人的常態化充滿浪漫的想像，但恐怕多數人已經會從這些貴族英雄的刀光劍影裡發現倫理的不安；那是個正義踰越倫理，正義不受控制的社會。不過我們當代社會固然少了英雄、多了文明，其本質並沒有改變。人依舊可以殺人，如果主詞中的人是以國家之名出現。從倫理學的角度看，支持死刑無疑等於宣示了：「人可以殺人，如果……」。我們常常忘記，在這命題下我們必須面對的倫理困境是，這個「……」有很多種甚至非常多種可能，例如「他是叛國賊」、「他是同性戀」、「他是連續殺害本國雇主的外勞」、「他是精神病患」、「他是政治顏色非常令人厭惡的人」、「他是無藥可醫的超級病菌帶原者」。掌握權力、意識形態宣導的人或團體，都可以自行塡寫甚至竄改。這是正義踰越第一倫理的必然，也是錯殺的必然。

在習慣了以國家取代社會，甚至人類，以正義取代倫理的當代世界，許多人應該都會同意：「我們的確沒有確定性的理由來支持廢除死刑，但廢除死刑代表我們的一種價值的選擇。」[3]但是若從倫理學的角度來看，廢死就跟「人不可以殺人」這個第一命諭一樣簡單而確定。人與生命的價值是原初的、是在所有的言說出現之前就必須肯認存在的，而且不可衡量的。這裡沒有價值可以選：「人不可以殺人」不是選項，而是別無選擇。退一萬步講，國家主義依然意氣勃勃的當代世界，畢竟不是已經倫理甦醒的世界。在戰爭容易

3 陳瑞麟，〈對廢除死刑的六個困惑〉，《思想》17(台北：聯經出版公司，2011)，頁206。

被合理化，甚至是在備戰狀態的社會裡，死刑只是小小的非倫理隱喻。面對國家巨獸，我們無能自我警醒，人不可以殺人。或許我們所能期待的最大倫理實踐，就是在事後，在每次執行死刑之後，我們整個社會都能立刻全體靜默一分鐘，懺悔自己的作爲，爲自己破壞第一倫理命論而贖罪。是的，倫理的孿生概念是贖罪，而非刑罰。

陳正國，中研院歷史語言研究所副研究員。

「維基揭密」與歷史的時間

胡昌智

去年(2010)年初，有一位在伊拉克戰場服役的美軍情報分析師，從政府內部電腦網路下載了美國國防部及國務院(外交部)的大量機密檔案。他把檔案傳給了 wikileaks.org 網頁。該網頁主持人阿桑傑在2010年下半年，分批公布了這些機密檔案，並且讓《紐約時報》、《衛報》以及《明鏡週刊》等美國，英國與德國際媒體利用這些原始資料，同步發表專題報導。

被盜載的五角大廈的檔案包括阿富汗戰爭日誌，以及伊拉克戰爭記錄。它們是前線作戰美軍的第一手實況報導資料彙編；除了文字之外，還有戰場紀錄片。外交部的檔案是2000年到2010年約25萬件電報。它們是美國駐各國大使館向國務院寫的報告，以及國務院給他們的外交指示；其中包括美國在台協會收發的3456件——從例行報告到第六級的極機密報告。

戰爭檔案的內容涉及到美軍的特種部隊，當地美方主導的秘密民兵組織、秘密線民，以及美軍作戰方式。外交檔案裡有所有美國大使館對當地政局的分析，以及對當地領袖的臧否。尤其重要的是，其中有許多北非及中東各王公對伊朗發展核武的私下意見。

國家的國防與外交機密檔案洩漏出去，而且被公諸於世，當然引起軒然大波。國防部長羅伯特・蓋茲震怒。希拉蕊・克林頓也氣急敗壞；美國的外交像被剝光衣服站在市集上的人一樣，赤裸裸地呈現出來。俄羅斯的普丁在電報裡被形容爲「領頭的公狗」怒不可言。公布的資料也透露，聯合國官員，包括秘書長潘基文在內，都被克林頓的外交部下令竊聽。聯合國忿憤又無可奈何，只能於大會中，正式重新宣讀昔日簽訂的外交人員規範。

洩密的軍人2010年5月被捕。收受檔案，並主持公布事宜的維基揭密組織，被美國政府正式定讞爲國家的敵人。這些軒然大波，半年以來，經由傳統媒體及網路媒體傳播，很多都已經是大家耳熟能詳的事。對旅居德國的人而言，我們覺得可以從三個層面看與這件事相關的德國現象：政府的層面，新聞界的層面，以及集體心態的層面。

維基揭密這個跨國的網路組織，它以追求透明的政府爲主旨，鼓勵線民提供貪腐、不正義，以及政商勾結的資訊。它們宣稱將保護線民身分，並讓真相曝光。它們的資料有些是線民親自經手的資料洩漏給維基揭密組織。但是，也有許多資料來自組織外圍的駭客，他們將下載的資料轉給該組織。根據阿桑傑所說，2006年有一大批資料間接來自中國的駭客。當時維基揭密外圍的網路活躍分子，在網路裡跟上了中國駭客的足跡，緊跟在渠等屁股後面。駭客竊取的資料，他們也都備分一份。根據明鏡週刊的報導，維基揭密組織所得的資料包括27國，有百萬個檔以上，譬如有整個巴基斯坦政府的檔案。因爲資料量大到超過該組織能儲存的能力。因此，他們放棄了跟著做備分的工作。

德國負責國內安全的憲法保護局2011年初公布去年1月到9月共有1600次官方網站及資料庫被攻擊的紀錄。局長希瑪策爾表示60%來自中國：駭客隸屬人民解放軍。《明鏡週刊》記者也在相關書中指出，駭客的兩個基地分別設在天津與廣州附近。情報即國力，網路戰正是今天國家之間角逐的重要部分。即使邁向大國的中國有官方的否認，德國政府還是在今年2月23日正式決定成立「國家網路防禦中心」，該中心協調整合軍方、警方、情報單位及其它政府單位的網路防禦工作。這個國家中心的成立具有重要的象徵意義。這是我們在維基揭密事件發展中觀察到，而且樂於指出的第一個新現象。

其次，維基揭密組織的活動理論上應該會給新聞界造成很大的衝擊：它以揭密爲方法致力政府的透明，與行政的正義，制衡並監督權力的運作。這些都是新聞傳統的角色，傳統媒體會以敵對的態度對待維基揭密網路平台的組織嗎？或者傳統媒體會從維基揭密及類似的組織公布的資料裡，得到許多珍貴的報導素材，發揮更多社會功能，他們覺得唇齒相依？

事實上，不少德國媒體強調他們依賴資訊的源頭，不論那是線民或是記者。他們取得資訊後還有檢測真僞的工作、說明事件的前因後果、建立事件所在的脈絡，收集不同立場對事件的判斷等等專業的工作，這些都不是主持揭密網路平台的人所能取代的。維基揭密的工作毋寧說是在分析報導與資料源頭之間插入的一個部分。德國媒體界將它視爲是新世代數位發展過程中，媒體界的制度分工與系統細密化的現象。而且這個過程尚方興未艾。

維基揭密被美國官方大力撻伐，從技術上，從司法上，從商業上都要緊縮它的生存空間。PayPal, MasterCard, Visa都不再提供全球捐款者轉帳給維基揭密。最大的網路商務公司Amazon也不租網路空間給維基揭密。德國媒體體認到這是新興的數據世界的主權之爭：是國家行政權與公民資訊權之爭。12月初德國幾家大報呼籲反對對維基揭密的攻擊。12月16日德國記者協會(DJV)發表聲明支持各大報的呼籲，並表示攻擊維基揭密「與言論自由的基本原則不符合」，該協會聯邦主席米歇爾・孔肯如是說。他也表示維基揭密不會取代傳同媒體，而是使他變的更豐富。德國媒體協會公開支持被美國定讞爲國家敵人的維基揭密。我們覺得這是這一波事件中另一項非常明確的訊息。德國的新聞界知道在數位化資訊發展過程中，他們現在以及未來所站的立場。它們有即時的反應。

德文裡沒有與whistleblower(吹哨人)相對應的字。沒有這樣的字，誇大而言，就是文化裡沒有這樣的概念及心態。1999年德國學術聯合會(VDW)設置了一個吹哨人獎。獎項是頒給「把工作周遭與影響範圍內可能導致重大危害的錯誤作爲揭發出來的人，不論那些危害是對人、對社會、對環境或對和平」。該網頁做了這樣頒獎對象說明之後，加上括弧，裡面寫「吹哨人」。也就是說，頒獎的對象，英文一個字，德文必須用一長串的句字來解說。

1970年代美國水門事件吹哨人丹尼爾·艾思柏格早已成爲家譽戶曉的英雄人物。這些人冒著被解雇、被褫奪退休福利的危險講出工作組織中不法的事。在英、美國家中早有法律的保障。德國在這方面仍緩緩其行。德國學術聯合會2007年頒獎說明中特別提及，德國在這方面的改革尚需大力推動。德國公務人員權利架構法在2009年之前，還有公務人員對職務上的事，有保持緘默的義務的規定。新的公務人員身分法強調對周遭不法之事先於內部反映，並得以向檢調單位報告。新的法條打破了公務人員緘默的義務，但是措辭謹慎。

這種緩慢是可以了解的：從歷史時間的觀點而言，國家設置新的中心，以及新聞界發表共同聲明，都是事件；它們本來就是具有急促的時間性質，它們的變化，有時候甚至具有戲劇性。它們展現的是令人眩目的事件的時間。而心態在歷史的時間中，它波動平緩，有時幾近不變；心態的現象，它展現的是結構的時間。在一年來維基揭密事件中，我們在三個層面中所見的德國的三種變化，從歷史時間的角度而言，它們自是不可相提並論，不可同日而語的。

胡昌智，曾於東海大學教學以及在波恩與倫敦從事學術交流工作。德國浪漫主義對歐洲啓蒙運動的反思是主要研究興趣。目前從事譯著。

思想
書評

擲地有聲：
評葛兆光新著《宅茲中國》*

張隆溪

中國、亞洲、世界，這些概念近年來在學術和非學術的討論中，都是相當熱門的話題，在很大程度上，這也是西方關於民族國家以及全球化和區域研究等話題在中國的回響。我們不時看見這類西方理論的話題在中文學術界出現複製式的類比，卻不見足夠多的人站在中國學術的基礎和立場上與之對話，更少有中國學者對之作出反思式的回應。就拿中國這個概念爲例吧，對於大多數中國學者而言，這可能本來就不成問題，但仔細想來，這當中又確實有不少內容在學術上值得探討。首先，中國的疆域在歷史上不同時期並不一樣，民族的遷徙和融合也相當複雜，服飾、語言、習俗、觀念都不斷發生變化，而隨著時代的變遷，政治、經濟、社會、文化各個方面也相應不同。稍有歷史知識的人，都絕不會以爲自從盤古開天地，三皇五帝至於今，中國都從來如此。中國是個在變動中存在的觀念，所以在中國學術機構裡，有歷史地理這樣的專業研究領域，有譚其驤、侯仁之及其弟子傳人這樣的研究者。與此同時，自先秦兩漢以來，我們又的確有歷朝記載的歷史，有大致統一的文字，疆域固然

---

* 葛兆光，《宅茲中國：重建有關「中國」的歷史論述》（台北：聯經出版公司，2011）。

有變化，但中心地區又大致穩定，雖然時隔千百年，我們還可以用原文去讀先秦以來的古籍，所以大多數中國學者都有很強的歷史觀念和文化傳統的意識，並不認爲我們生活在其中的這個中國，並非真實的存在，只是一個「想像的共同體」。

這所謂「想像的共同體」，就是西方一個影響深遠的觀點[1]。由此把中國作爲一個理論問題來討論的，也首先是西方學者，或是來自中國或東方、而在西方、尤其在美國大學裡任教的學者。例如2000年美國杜克大學出版社出版了一部有關近代中國文學和文化研究的書，編者周蕾(Rey Chow)在序裡就把中國或中國性(Chineseness)作爲一個理論問題來探討。她認爲1990年代海外中國研究出現了一個「認識論上的轉變」(epistemic shift)，這轉變依靠的是「另一種選擇的力量」，這些力量不關注大一統的中國，卻「研究中國少數民族(例如回民即中國的穆斯林)、解放西藏的持續要求、新疆和內蒙不斷出現的抗爭、台灣政治和國民自主的反復聲明，還有英國退出之後的(post-British)香港要求民主和法制的努力」[2]。這些議題都明顯有一定的敏感度和政治含義，都有在理論上解構中國或「中國性」的趨向。周蕾說，這類研究關注的核心是民族或族群(ethnicity)問題。由族群的角度出發研究語言，就會覺得中國的「國語」或「普通話」其實是一個建構起來的抽象，被壓制的各種「方言」才是不

1 Benedict Anderson, *Imagined Communities: Reflections on the Origin and Spread of Nationalism* (London: Verso, 1983). 中譯本見班納迪克·安德森著，吳叡人譯，《想像的共同體：民族主義的起源與散布》(台北：時報文化，1999)。

2 Rey Chow, "Introduction: On Chineseness as a Theoretical Problem," in Rey Chow(ed.), *Modern Chinese Literary and Cultural Studies in the Age of Theory: Reimagining a Field* (Durham: Duke University Press, 2000), p. 6.

同的語言。她說：「官員和學者們都毫無疑問需要回應語言的多元，這種多元迄今為止還一直被『標準中文』的神話壓制著。」[3] 這類研究關注邊疆少數民族及其語言、文化、習俗，看起來有點像19世紀末至20世紀初在西方和日本都很有影響的西域學或「滿蒙回藏鮮」之學，不過周蕾所說1990年代興起這類「另一種選擇的力量」，主要是針對西方漢學主流而言，其研究方法不像老式的「滿蒙回藏鮮」之學以文獻、考古和史地研究為基礎，卻正如其書名所說，是「理論時代的近代中國文學與文化研究」，即以後現代主義和後殖民主義等西方當代理論為指導。然而在試圖解構「中國」這一觀念的研究趨向上，這種新的「認識論上的轉變」與過去老的「滿蒙回藏鮮」之學，的確又有相通之處。

由於近代中國的貧弱，生活在不同國家的華人往往飽受歧視，對他們說來，被視為華人是自己並不願意背負的一個包袱，甚至覺得是一種恥辱，在那些國家多數民族發起反華排華運動時，還真可能是一種危險。東南亞國家，尤其印度尼西亞，就曾多次發生這樣的排華事件，所以出生在印尼的洪美恩(Ien Ang)也就深知作為中國人的危險甚至屈辱。於是她從所謂「離散」(diaspora)和後殖民主義理論立場出發，解構作為中心的中國，認為在這種激進的理論和敍述裡，「中國性這一範疇的合理性本身受到質疑，它作為身份符號的地位也受到激進的懷疑」[4]。她拒絕了杜維明「文化中國」的概念，也批評了李歐梵所謂處在中美兩者之間「邊緣地位」的身份認同，認為他們都未能擺脫中國這個想像的中心。對於生活在遠離中國的地方、不講中文、已經好幾代和中國毫無關係的「華人」說來，她

3 Ibid., p.9.

4 Ien Ang, "Can One Say No to Chineseness?" Ibid., p. 293.

認爲膚色、長相和血緣上那一點點「中國性」毫無意義，最多不過是周蕾所謂「血緣的神話」(myth of consanguinity)[5]。她以自己的親身經歷爲例，說她有一次在澳洲雪梨乘的士，司機是來自中國大陸的一個華人。司機見她像中國人，她卻不得不告訴那位司機，她不會講中國話。可是那司機回答說：「你要學是很容易的。你畢竟有中國人的血統呀。」那司機的話應該沒有什麼惡意，但在她聽來卻很不舒服，因爲她覺得這句話代表了「中國人種族的想像」，而以爲天下華人都同屬一個種族的這種「幻想」就「壓制了各不相同的離散狀況和經驗」[6]。洪美恩由此總結說，對於處在「離散」狀態中的「華人」說來，「中國人身份在此並沒有什麼好處；而且在一定的環境條件和必要情形下，在政治上還有必要拒絕那個古老的稱謂，拒絕屬於世界上最大的種族，屬於『華人』的『大家庭』」。所以最終說來，問題就「不僅是能不能對中國說不？而且是能不能對中國性說不？」[7]那答案在她是不言而喻的，於是拒絕「中國」、解構「中國」和「中國性」，就形成了周蕾所謂海外中國研究「認識論上的轉變」。然而，宣稱現在出現了「另一種選擇力量」，整個西方漢學或海外中國研究在研究模式上發生了轉變，都未免言過其實。但在西方理論影響之下，對中國和「中國性」提出質疑，又的確是1990年代美國和西方中國研究中一些新的動向。

在這類解構中國和「中國性」的文章裡，在台灣工作的陳奕麟(Allen Chun)可以說最出風頭，他在美國 *boundary 2* 這份研究文學

---

5 Ibid., p. 295；引周蕾的原話見Rey Chow, *Writing Diaspora: Tactics of Intervention in Contemporary Cultural Studies* (Bloomington: Indiana University Press, 1993), p. 24.

6 Ibid., p. 296.

7 Ibid., p. 297.

和文化理論的刊物上，發表題爲「Fuck Chineseness」的文章，在美國學術刊物上，這也許是一種創舉，是絕無僅有的標題[8]。陳奕麟在文章裡說，中國人是同一民族這種觀念「基本上是現代的，甚至是源起於國家概念本身」[9]。他並且斷言「在辛亥革命之前，並沒有同族的觀念，也沒有把國家視作以族群爲分界的政體的觀念」[10]。且不說這一斷言在歷史事實上有沒有根據，但其來源無疑是西方，因爲西方學者認爲民族國家是現代才有的，即中世紀之後經過文藝復興和宗教改革才得以產生。伊曼努爾・華勒斯坦就說，「現代國家是主權國家。主權是現代世界體系裡發明的概念。」[11] 這在歐洲也許如此，但在中國也是如此嗎？然而想解構中國的人卻據此觀念認爲，既然按照西方有影響的理論，民族國家的形成是16世紀之後的事情，那麼古代中國就不可能是一個民族國家，統一的中國就只能是一個「想像的共同體」。陳奕麟的文章基本上就是用西方關於民

8 Allen Chun, "Fuck Chineseness: On the Ambiguities of Ethnicity as Culture as Identity," *boundary 2*, vol. 23, no. 2(Summer 1996), pp. 111-38. Fuck在英語裡相當於中文「肏」、「日」、「屌」這類不雅的字，一般不大可能出現在學術文章裡，也很難想像在*boundary 2*上面會看見Fuck任何其他東西的標題。此刊物編者容許這樣的標題出現，這本身就很耐人尋味。陳奕麟自己用中文翻譯了這篇文章，發表在《台灣社會研究季刊》第33期(1999年3月)，頁103-31，但題目卻只是〈解構中國性：論族群意識作爲文化作爲認同之曖昧不明〉，並沒有把這篇文章英文標題那個引人注目的骯髒字眼翻譯出來。但不知這是他本人在中文語境裡改變了策略，還是台灣這份刊物編者做出的決定。

9 陳奕麟〈解構中國性〉，載《台灣社會研究季刊》第33期(1999年3月)，頁106。

10 同上，頁107。

11 Immanuel Wallerstein, *World-Systems Analysis: An Introduction* (Durham: Duke University Press, 2004), p. 42.

族國家和族群的觀念，來論述「中國」是一種壓制性的想像和虛構。其文章並沒有什麼特別，要說特別，就是他在標題和結尾，都刻意用fuck這個骯髒字眼來引人注目，所以他文章標題開頭用這個字，最後結尾也用這個字:「中國性重要嗎？我們怎麼可以不去屌它呢？(How can one not give a fuck?)」[12] 可是這樣污穢的語言除了追求一種廉價的「轟動效應」之外，除了迎合台灣某些政治勢力去中國化的意識型態傾向之外，與學術和理論還有什麼關係呢？

脫離了中國本土，一些華人或飽受種族歧視，或極欲融入當地社會，或要靠西方理論在學界出人頭地，或出於別的某種原因，總之有各種理由希望擺脫做中國人的包袱，甚至破除中國人「血緣的神話」，這在一定程度上都不難理解。這是他們身份認同的選擇，本無可厚非。但是把產生於自我生存狀態和生活環境的思想感情，借助西方理論概念的權威來無限擴大，振振有詞地解構中國本身以及「中國性」，否認中國作爲一個實體和民族國家的歷史存在，似乎中國從來就只是一個「想像的共同體」，則又實在是一種過度的自戀或自大。這種論述顯得既狂妄，又完全不現實。況且拒絕中國和中國性，也並非身處海外所有華人的選擇和訴求[13]。然而在我們這個時代，西方理論概念不僅僅只在西方流行，也在西方之外發生廣泛的影響，包括中國的學界；「離散」、族群意識、東方主義、

---

12 陳奕麟，《解構中國性》，頁131。

13 與洪美恩恰恰相反，出生在英國利物浦的利大英(Gregory B. Lee)有中國血統，相貌卻看不出來，但他不僅學習中文，而且堅持自己的中國性，滿懷深情回憶他的中國祖父，重建利物浦華人社群的歷史。見Gregory B. Lee, *Chinas Unlimited: Making the Imaginaries of China and Chineseness* (University of Hawaii Press, 2003)，尤其該書第四章。

後殖民主義等來自西方的理論概念，也都在中文學術論述裡頻頻出現。這就對中國學者提出一種挑戰，等待中國學界的回應。

洪美恩在她的文章裡說，「文化研究一個重要特點就是承認任何學術實踐模式或知識生產方式的位置性(positionality)。承認此點就意味著打破知識的普遍性，而強調歷史和文化的特殊環境造就了話語的敍述和知識的形成。」[14] 把這句話的意思說得更明白些，那就是任何人的知識和論述都與這個人所處的位置，即特殊的歷史、文化、社會等環境因素密切相關。按照這個「位置性」觀念，生活在爪哇、阿姆斯特丹、雪梨，或美國某個大城市裡，你就會形成與這些環境相應的知識，作出與之相應的論述。這當然有一定的道理，但這種知識生產的「位置性」未免把人的思想太過局限於生活環境和物質條件，讓人想起費爾巴哈(1804-1872)常常被人詬病的那句話，「人吃什麼，就是什麼」(Der Mensch ist, was er ißt)。這個概念也一反西方文化研究標榜的解放性，恰恰壓抑了在同一環境中會產生不同思想和論述之多元觀點的可能。其實我們只要打破理論術語的模糊和神秘，就可以看得很清楚，這個「位置性」概念不過是要爲身處「離散」即「邊緣」位置的知識生產者提供論述的合理性，使他們得以解構中心，獲得更大的話語權。

然而這個概念確實又可能產生大談「離散」和「位置性」的學者們始料未及的結果，那就是讓中國學者也來思考身在中國的「位置性」，使我們意識到在中國這樣不同的社會、政治和文化環境裡，機械搬用西方理論概念多麼沒有出息，而且違背了這些概念本身積極的意義。其實任何理論都既有產生的背景，也有作爲理論必然追求的普遍性。西方後現代和後殖民主義理論一方面否認普遍性，但

14 Ien Ang, “Can One Say No to Chineseness?” p. 283.

另一方面不是也超出西方到處流行嗎？不是也不僅針對處在西方或東南亞地區的「離散」狀況和經驗作出論述，而且以西方理論觀念爲依據，從西方或從外面來解構中國和中國性嗎？這種自相矛盾的狀況，的確是否定普遍性的理論必然會面臨的困境。站在中國學者的位置上，既認識到「中國」這一概念及其歷史的複雜，卻又並不因此就懷疑中國作爲一個實體和文化傳統的存在，在身份認同上也沒有「離散」的尷尬和搖擺，對中國、亞洲、世界等等問題，又當相應產生怎樣的知識和論述呢？在與國際學界的交往和對話中，又該怎樣獨立思考，依據自己的學術傳統和生活經驗來討論問題呢？

葛兆光教授的新著《宅茲中國》，就是一個擲地有聲的響亮回答。取自西周青銅器何尊銘文這四個字，有厚重的歷史感，有強烈的象徵意義，再明確不過地肯定了作者立足中國的立場和視野。這裡所取「中國」二字和作爲國家的中國，在意義上固然不完全一樣，但兩者又的確有語義上逐漸發展的聯繫。從甲骨文到金文，再到書之竹帛的典籍，「中國」二字本身有悠久的歷史。《詩·大雅·民勞》有句云：「民亦勞止，汔可小康。惠此中國，以綏四方」；《左傳》莊公三十一年：「凡諸侯有四夷之功，則獻於王，王以警於夷。中國則否，諸侯不相遺俘」；《孟子》梁惠王章句上：「蒞中國而撫四夷」。在三十多種先秦典籍中，都出現「中國」二字，而且往往與四夷對舉。黃俊傑在總結「中國」概念涵義的一篇文章裡就說，「中國古代經典所見的『中國』一詞，在地理上認爲中國是世界地理的中心，中國以外的東西南北四方則是邊陲。在政治上，中國是王政施行的區域，《尚書·堯典》記載堯舜即位後，在中國的四方邊界巡狩，中國以外的區域在王政之外，是頑凶之居所。在文化上，中國是文明世界的中心，中國以外的區域是未開化之所，所以稱之爲蠻、夷、戎、狄等歧視性語彙。」[15] 這種華夷對立觀念的確是古已有之，但卻並非中國獨有。古希臘人也曾以自己爲文明世界中心，不會講希臘語的人就叫蠻夷(barbarian)。這種文化和種族意義上的自我中心主義(ethnocentrism)是一種普遍的偏見，而由於中國的文字和思想傳統在整個東亞地區很早就產生了廣泛影響，「中國」作爲地理、政治和文化意義上之中心的觀念，也很早就形成了。換言之，中國歷史，也即地域、政治和文化意義上之中國的歷史，遠比歐洲近代民族國家的歷史要久遠得多。

針對以西方近代民族國家觀念來質疑古代中國是否可以稱爲民族國家，葛兆光十分明確地說：「和歐洲不同，中國的政治疆域和文化空間是從中心向邊緣彌漫開來的，即使不說三代，從秦漢時代起，『車同軌，書同文、行同倫』，語言文字、倫理風俗和政治制度就開始把民族在這個空間中逐漸固定下來，這與歐洲認爲『民族原本就是人類歷史上晚近的新現象』不同，因此，把傳統帝國與現代國家區分爲兩個時代的理論，並不符合中國歷史，也不符合中國的國家意識觀念和國家生成歷史。」[16] 其實不僅中國如此，而且古代埃及、希臘、羅馬、波斯等文明與其周邊地區和族群的關係，也無一沒有內與外、中心與邊緣、自我與他者的區別，無一沒有地域的邊界、政治管理的許可權和文化認同上的差異。只是在歐洲、北非等地，這些古文明後來都消逝殆盡，與中世紀和文藝復興以後的歐洲歷史好像相去甚遠，歐洲於是強調現代性，把新型的現代民族

15 黃俊傑，〈論中國經典中『中國』概念的涵義及其在近世日本與現代台灣的轉化〉，載《台灣東亞文明研究學刊》第3卷第2期(2006年12月)，頁93。

16 葛兆光，《宅茲中國：重建有關「中國」的歷史論述》，頁28。以下引用此書，只在文中標明頁碼，不另注。

國家與所謂前現代的歷史和社會形態截然劃分，認爲現代民族國家之形成，必在16-17世紀之後。西方後現代理論一方面質疑普遍性，但另一方面在解構中國和「中國性」時，又恰恰用以歐洲歷史爲基礎產生的民族國家概念爲普遍標準，這樣做豈不是自相矛盾？如果邊界、主權、自我和他者的族群意識等等都是民族國家形成之標誌，那麼在中國，至少宋代就已經明顯具有這樣的意識和國家形態。葛兆光認爲，從中國歷史上看，「具有邊界即有著明確領土、具有他者即構成了國際關係的民族國家，在中國自從宋代以後，由於逐漸強大的異族國家的擠壓，已經漸漸形成，這個民族國家的文化認同和歷史傳統基礎相當堅實，生活倫理的同一性又相當深入與普遍，政治管轄空間又十分明確，因此，中國民族國家的空間性和主體性，並不一定與西方所謂的『近代性』有關」(頁25-26)。「空間性」當然是指中國這塊土地疆域，「主體性」則是中國人對自身的身份認同，即自己作爲中國人的意識。這兩者是密切相連的兩個概念，也就是說，生活在中國這塊土地上的人，儘管有族群、語言、區域、生活習俗等程度不同的區別和差異，有地域和文化意識上中心與邊緣的區分，但大多數都有中國的身份認同。這也並不是中國獨有的情形，而是大多數國家的情形。

在古代，所謂「中國性」首先是文化而非種族的。錢穆在《中國文化史導論》裡說：「在古代觀念上，四夷與諸夏實在另有一個分別的標準，這個標準，不是血統而是文化。所謂諸侯用夷禮則夷之，夷狄進於中國則中國之，此即是以文化爲華夷分別之明證。這裡所謂文化，具體言之，則只是一種生活習慣與政治方式。諸夏是以農耕生活爲基礎的城市國家之通稱，凡非農耕社會，又非城市國家，則不爲諸夏而爲夷狄。」[17] 余英時也認爲，「但以中國觀念而言，文化尤重於民族。無論是『天下』或『中國』，在古代都是具有涵蓋性的文化概念，超越了單純的政治與種族界線。」[18]《孟子》離婁章句下：「舜生於諸馮，遷於負夏，卒於鳴條，東夷之人也。文王生於岐周，卒於畢郢，西夷之人也。地之相去也，千有餘里；世之相後也，千有餘歲。得志行乎中國，若合符節，先聖後聖，其揆一也。」這是證明古代中國文化認同觀念很有名的一段話，不過這裡值得注意的是在主體意識上，種族或族群無礙於中國的文化認同，但在空間觀念上，中國則是相當穩定的。舜與文王儘管是東夷和西夷之人，但他們到了「中國」而且行爲「若合符節」，才成爲中國文化中的聖人。正如葛兆光所說：「作爲一個中心地域很清晰的國家，漢族中國很早就開始意識到自己空間的邊界，它甚至比那些較爲單一民族國家(如日本、朝鮮)還清楚地認同這個空間作爲民族國家的不言而喻」(頁26-27)。作爲主體的中國人和空間觀念上中國這一塊有清楚疆界的領土，是互相緊密聯繫的概念。疆界在不同朝代可能在邊緣地區有變化，但其中心是清晰的，這是中國之爲中國在地理疆域方面的基礎。

葛兆光所舉「主體性」與「空間性」這兩個概念十分重要。文化而非種族的「中國」觀念尤其在17世紀明亡之後，曾經使朝鮮和日本的一些學者宣稱滿清是異族統治，中華已經不復存在，真的中華文明似乎轉移到了朝鮮或日本。黃俊傑就指出：「『中國』概念在德川時代(1600-1868)日本，被挪移來指稱日本而非中國本土，與

17 錢穆，《中國文化史導論》(上海：三聯，1988)，頁35。

18 余英時，〈國家觀念與民族意識〉，見《文化評論與中國情懷》(台北：允晨文化，1993)，頁18。

近世日本思想史上日本主體性之發展桴鼓相應。」[19]日本德川時代學者山鹿素行(1622-1685)就曾經說：「天地之所運，四時之所交，得其中，則風雨寒暑之會不偏，故山土沃而人物精，是乃可稱中國。」黃俊傑認爲山鹿素行由此「解構了中國經典中以『中國』一詞指中華帝國兼具政治中心與文化中心之舊義，並成功地論述日本因爲文化上及政治上『得其中』，故遠優於地理上的中華帝國，更有資格被稱爲『中國』」[20]。黃俊傑還說，「日本陽明學者佐藤一齋(1772-1859)也以『天』普遍性解構『中國』一詞的特殊意涵。他說：『茫茫宇宙，此道只是一貫。從人視之，有中國，有夷狄。從天視之，無中國，無夷狄』。」黃俊傑總結說：「經由上述跨文化間的意義轉換，山鹿素行等德川日本儒者就可以徹底顛覆東亞世界的華夷秩序，並重構中國經典中習見的『中國』一詞的涵義，使中國儒家經典可以被生於日本文化脈絡中的儒者所接受。」[21]不過這種挪移和轉換只是利用「中國」一詞在文化上的涵義，用日本的主體性來替換中國的主體性，但卻完全拋開地理疆域上「空間性」的中國，所以也就總顯得勉強。其實，文化意識上靈活寬泛的「主體性」和地理疆域上相對固定的「空間性」兩者結合，才形成「中國」這一概念的內核，二者缺一不可。也正是「主體性」與「空間性」結合的中國，才使其在歐洲近代民族國家形成之前，早已成爲一個實際存在的民族國家。

葛兆光在書裡從文化意識到種族意識之變化，討論了唐宋之

19 黃俊傑，〈論中國經典中『中國』概念的涵義及其在近世日本與現代台灣的轉化〉，載《台灣東亞文明研究學刊》第3卷第2期(2006年12月)，頁92。

20 同上，頁95。

21 同上，頁97。

變。由漢至唐，中國在文化和政治的層面基本上沒有受到其他異族的挑戰，所謂「溥天之下，莫非王土，率土之濱，莫非王臣」，凡有文明，都是我華夏，而四夷則是沒有文化的，這就是中國古代天下觀的寫照。葛兆光描述這種天下觀說：

> 在古代中國人心目中的天地格局，大體上就是，第一，自己所在的地方是世界的中心，也是文明的中心；第二，大地彷彿一個棋盤一樣，或者像一個回字形，四邊由中心向外不斷延伸，第一圈是王所在的京城，第二圈是華夏或者諸夏，第三圈是夷狄；第三，地理空間越靠外緣，就越荒蕪，住在那裡的民族也就越野蠻，文明的等級也越低，叫做南蠻、北狄、西戎、東夷(頁109)。

在整個東亞，中國很早就成爲一個文明大國，朝鮮、日本、越南等國都採用了漢字，從中國引進儒家和佛道，所以曾有一個以中國爲中心的東亞文明。但首先是佛教的西來，就開始了對這個中國中心觀的挑戰。葛兆光說，佛教有兩個空間觀念，與中國很不相同，「第一個是包括更廣的佛教的整體世界。按照佛教的說法，世界並不是以中國爲中心的一大塊，而是四大洲，中國只是在其中一洲」(頁113)。「第二個是佛教的世界中心觀。……既然佛教來自天竺，真理出自印度，那麼，印度當然就是世界文明的中心」(頁114)。不過佛教在中國經過長期融合演變，成爲傳統所謂三教之一，對中國中心的文化觀念沒有形成太大的衝擊。但到唐代中葉以後，情形就發生了根本性的改變。唐代藩鎮割據已逐漸顯出種族衝突的問題，安祿山、史思明就都是胡人。時至宋朝，北方不斷有契丹與西夏的攪擾，後來更讓遼、金奪取大半國土，南宋更最終滅於蒙元。所以在宋代，「東亞的國際關係，已經與唐代只有唐稱君主、冊封周邊諸國成爲藩國的時代大不一樣了，從這一狀況來看，東亞從此開始了不承認中國王朝爲中心的國際秩序」(頁47)。葛兆光說，也許在宋人的意識裡，「中國還不是後來那個多民族共同體的『中國』，但是，漸漸也不再是原來那個以我爲中心藐視四夷的『天下』了。這個漢族中國，在越來越變得龐大的四夷的壓迫下，顯出中國有限的邊界和存在的緊張來」(頁64)。南宋弱小，故「中國」縮小而民族意識反而隨之膨脹。至清則又一變，以滿漢同一，「中國」於是成爲有多民族大一統之中國。雖然清朝在乾隆之後逐漸走向衰落，但滿清統治者在接觸到從「泰西」來的外族人時，也是把他們當成「夷」而藐視之的。不僅乾隆時對英國使臣馬戛爾尼如此看待，就是鴉片戰爭敗於英國之後，清朝的皇帝和官員們仍持如此看法。

葛兆光在此書討論得很多的一個議題，就是17世紀之後，原來以中國爲中心的東亞已經不復存在，中日韓三國漸行漸遠，並沒有一個統一的亞洲。這當然不是無的放矢，因爲他說：「近來，很多學者包括日本、韓國以及中國的學者都好談『亞洲』這個話題，有時候，『東亞』作爲一個和『歐洲』或者『西方』對應的文化共同體，似乎也成了一個不言而喻的存在。」正是在這種情形下，葛兆光特別提醒大家注意，「如果說這個『東亞』真的存在，恐怕只是17世紀中葉以前的事情。在明中葉以前，朝鮮、日本對於中華，確實還有認同甚至仰慕的意思，漢晉唐宋文化，畢竟還真的曾經讓朝鮮與日本感到心悅誠服，而很長時間以來，中國也就在這種衆星拱月中洋洋得意。但是，這一切從17世紀以後開始變化」(頁168)。的確，如果說山鹿素行在德川幕府時代還挪用「中國」於日本，認爲日本學者才掌握了中國尤其是儒家文化的精髓，那麼到了明治維新以後，情形就大不相同。那是一段複雜而沈重的歷史，是至今尚待認真清理和認識的歷史。《宅茲中國》關於晚清至民初日本與中國「亞洲」概念和「亞洲主義」論述的討論，就在這方面做出了重要的貢獻。

19世紀中後期的明治維新結束了幕府時代，轉入以天皇爲核心的君主立憲制度，使日本成爲東亞最早成功進入現代化的國家。在19世紀和20世紀初，現代化或現代性乃以西方列強爲代表和標準，所以明治維新是全面西化的改革，而在日本西化的同時，也就提出了「脫亞」即擺脫老大亞洲之固陋而轉向西洋文明的口號。明治十八年(1885)，福澤諭吉(1834-1901)發表了有名的《脫亞論》。葛兆光特別說明，福澤「在強烈呼籲『脫亞』的時候，其實並不忘記亞洲的連帶性」，不過在福澤和當時絕大多數日本人看來，「這個亞細亞的同盟，當然不能不以日本爲盟主」(頁174-175)。「脫亞」是以進步與落後的觀念爲思想基礎，其目的在於使先進的日本區別於滯後的中國、朝鮮等亞洲鄰國。但實際上日本「脫亞」既不可能，「入歐」更是幻想，於是改革成功之後，便又反過來強調以日本爲盟主的「亞細亞主義」。葛兆光說，1894年甲午之戰日方獲勝，「強化了亞洲盟主的觀念」，1904年在日俄戰爭中戰勝俄國，更使「這種盟主的意識就膨脹成了霸主的野心。因此，這種觀念蘊涵了日本民族主義的擴張意識，卻又以對抗西洋的侵略爲旗幟，以所謂追求普遍的亞洲文明爲口號」(頁177)。這種宣揚東亞同文同種的「亞細亞的同盟」，當然就是日本軍國主義後來宣揚「大東亞共榮圈」的理論基礎。雖然這是以反對西方白種人的殖民主義爲號召，但實質上卻掩蓋了日本稱霸亞洲的野心，爲其將朝鮮、台灣變爲殖民地，又占領滿洲，並進一步侵略中國提供說辭。所以葛兆光強調說，這所謂「亞洲主義在很大程度上是日本的『亞洲主義』，而不是中國的『亞洲主義』，這個作爲西方的『他者』的『亞洲』，也只是日本想像的共同體，而不是實際存在的共同體」(頁187)。近年來在反對西方霸權的氛圍內，「亞洲」似乎重新成爲一個熱門話題。在這種情形下，葛兆光揭示明治維新以後日本奢談所謂「亞洲主義」的侵略擴張實質，的確很有必要。從族群或種族的概念出發，把亞洲和西方對立起來，建立所謂「亞洲主義」或「亞洲價值論」，其實與「西方中心論」一樣，都是一種危險的意識。

當年日本改革成功，對於希望中國富強的知識分子和想要推翻腐敗清政府的革命黨人都有極大的吸引力。正如美國學者卡倫·桑貝爾所說，「東亞各國領袖都相信，在如何反抗西方威脅、建立一個現代獨立國家方面，日本提供了一個無可抗拒的典範。」[22] 從康有爲、梁啓超、孫中山到章太炎和魯迅，近代中國有大量的知識人到訪過日本，也從日本間接接受了許多西學的新理論、新概念和新名詞。僅以文學爲例，桑貝爾說中國、韓國和台灣讀者「在20世紀頭10年裡閱讀的日本戲劇、詩歌和散文，比他們的先輩們在前此一千年裡讀過的所有日本作品加起來還要多」[23]。19世紀末20世紀初，梁啓超、章太炎等人都曾發表過接近日本當時宣揚的「亞洲主義」言論。葛兆光舉出章太炎1901年在《國民報》第四期上發表的文章，「甚至認爲對於漢族而言，『日親滿疏』，『自民族言之，則滿、日皆爲黃種，而日爲同族而滿非同族』。1907年更在日本組織『亞洲和親會』，主張『反對帝國主義而自保其邦族』。」梁啓超則於1898年的《清議報》第一冊上，提出要「交通支那日本兩國之聲氣，聯其情誼」，並且要「發明東亞學術以保存亞粹」。至於孫中山，

22 Karen Laura Thornber, *Empire of Texts in Motion: Chinese, Korean, and Taiwanese Transculturations of Japanese Literature* (Cambridge: Mass.: Harvard University Asia Center, 2009), p. 40.

23 Ibid., p. 9-10.

那就「更是提到亞洲主義的人必定要舉的例子」(頁180)。不過這些中國知識分子和革命黨人並不是簡單模仿日本的說法，我們必須從當時的歷史環境去理解他們的用意。朱維錚先生就曾指出，章太炎「排滿」號召主要是爲推翻清政府的革命造輿論，做宣傳，但他並不是一個「徹頭徹尾的大漢族主義者」[24]。葛兆光也說，他們當時談亞洲，「常常是因爲對西方列強侵略的警惕，換句話說，是由於『西方』或『歐美』的壓力而被逼出來的一個『東方』或『亞細亞』。」而「另一方面，這也只是處於積貧積弱狀態下的中國知識人，對日本迅速『富強』與『文明』的豔羨，這種豔羨的價值基礎恰恰是對西洋文明以及近代性的認同，並非來自對日本民族與文化的認同」(頁181)。那是一個風雲變幻的年代，到1931年九一八事變日本關東軍占領滿洲，1937年七七盧溝橋事變日本向中國全面開戰以後，情形就急轉直下，日本提倡的「亞洲主義」、宣揚的「大東亞共榮圈」之侵略實質，也更暴露無遺。然而就是在此之前，畢竟也還有如李大釗這樣頭腦更清醒的人。葛兆光引用1919年元旦李大釗在《國民》雜誌發表的文章說：「『日本近來有一班人，倡大亞細亞主義，我們亞細亞人聽見這個名辭，卻很擔心』。爲什麼擔心？就是因爲他已經察覺『亞洲主義』背後一是『併吞中國主義的隱語』，二是『大日本主義的別名』，儘管這種大亞細亞主義在表面上確實有凸顯『亞洲』而拒絕『歐美』的意思」(頁193-194)。時過百年，這些話在我們今天仍然很有啓發，很有針對性。不清楚「亞洲」這個概念的來龍去脈，不了解「亞洲主義」的歷史背景，我們就不可能明確自己的定位，不知道如何處理中國、亞洲、世界之間的關係。

24 朱維錚，〈《民報》主編章太炎〉，見《音調未定的傳統》(瀋陽：遼寧教育，1995)，頁298。

正是在這一基礎上，我們可以理解葛兆光討論有關中國道教與日本神道教及天皇制之爭論的意義，以及他對19世紀末至20世紀初日本「滿蒙回藏鮮」之學的評論。葛兆光指出在日本學界，「有兩個關乎日本文化主體的地方似乎不易動搖，一個即日本文化是獨立文化，……一個是神化的『天皇』歷史」(頁202)。所謂日本文化是獨立文化，的確是建立日本主體性面臨的一大難題。研究日本宗教和文化史的德國學者克勞斯·安東尼說：「日本有一個很長的傳統，就是在與外部世界衝突的基礎上，在文化上反觀自我。與中國的關係討論得幾乎發瘋似地激烈，就因爲日本許多傳統文化資産事實上來自中國，而非日本本土。」[25] 隨著日本民族主義的擴張，強調本土之優越，拒絕和貶低外來文化因素，就成爲學術與政治糾纏不清且具有強烈意識型態色彩的日本「國學」之特點。王小林在討論「國學」這一概念的文章裡就說：「我們必須首先了解到，日本文化自始至終經歷了一個漫長的『去中國化』，建立日本民族主義精神的過程。從早期的排斥漢字文化的思想，發明假名，到中世紀出現的著名概念『和魂漢才』，都暗示了日本『國學』的排他性本質。」[26] 他引日本學者久松潛一(1894-1976)出版於1943年二戰期間的《玉勝間與初山踏》開頭一段話，就明確揭示出日本「國學」這種排他性。久松潛一說：「國學主張爲了闡明純粹的日本精神而研究古典文獻，同時必須擺脫中國思想的束縛，站在日本的立場上，以堅固大和魂爲基礎來面對古典文獻和古典研究。如果在研究《古事記》與《日

25 Klaus Antoni, "*Karagokoro*: Opposing the 'Chinese Spirit': On the Nativistic Roots of Japanese Fascism," in E. Bruce Reynolds(ed.), *Japan in the Fascist Era* (New York: Palgrave Macmillan, 2004), p. 51.

26 王小林，〈「國學」的迷思〉，《書城》2011年3月號，頁24。

本書紀》時，以中國思想和佛教思想進行研究，就不是真正的國學。」[27] 中國思想包括儒家和道教，佛教也由中國傳入日本，這些就都是日本「國學者」用各種辦法要去除或邊緣化的外來思想成分。他們把日本的神道說成完全是本土特產，而否認任何中國思想的影響，所以1982年東京大學福永光司教授出版《道教與日本文化》，提出日本神道受到中國道教影響，日本「天皇」的名稱也來自中國道教，就立即遭到攻擊，引起爭論。

葛兆光分析了這場爭論圍繞的一個中心人物，即在日本曾有「最大的東洋學者」之稱的津田左右吉(1873-1961)。葛兆光介紹此人說：「作爲白鳥庫吉的私淑弟子，他和白鳥庫吉一樣體現著明治維新成功之後日本文化界對中國的普遍輕蔑，表現出日本要求擺脫中國歷史和文化籠罩的爭勝心。……他的諸多觀念中，一個重要的思想就是，日本歷史與文化是獨立發展起來的，而不是在中國文化影響下成長的」(頁203)。然而問題是津田左右吉「雖然是一個感情上的日本主義者，但也是一個理性的歷史學家，在研究日本上代史的時候，他面對著一個相當尷尬的困境：一方面他不願意承認日本文化受到中國文化的影響，……但是另一方面他又不能無視歷史與文獻的證據，把日本上代史說成是自成系統的神話系譜」(頁208)。津田氏在1920年發表的《天皇考》中，不得不依據文獻記載承認天皇名號「來自中國道教和中國古典，只是他覺得，這不過是『借用』了中國的辭彙而已」(頁213-214)。然而就是這樣一位極力貶低日本文化中的中國因素、卻又不能完全無視歷史和文獻證據的大日本主義者，在1937年盧溝橋事變日本向中國發動全面戰爭之後，竟也遭到日本右翼攻擊，被控以對天皇不敬之罪，而不得不在1940年一月

27　同上，頁26。

宣布從早稻田大學辭去教職，並在次年被東京刑事地方裁判所判爲有罪。葛兆光對此的評論發人深省，他說：

> 毫無疑問，每個民族都會爲自尊和認同書寫歷史，「爲了證明民族偉大，往往要證明歷史悠久」，這當然沒有問題。可是，關於過去的敍述只是依賴傳說嗎？提供過去的記憶只能相信一些神話嗎？歷史學僅僅是這樣的工具嗎？歷史學家一直宣稱歷史就像科學，科學的歷史學面對過去，應當像聚光燈下操手術刀的醫生去挖瘤割瘡，卻不應當充滿愛恨情仇去編造故事。在建構認同和追求真實之間，在國家需要與歷史事實之間，歷史學家究竟該何去何從呢？在那個時代，他們沒有選擇，津田左右吉的命運說明，學術常常被政治綁架，歷史敍述有時就像事後有意放在現場的證據。(頁210)

「學術被政治綁架」的確是一切研究學術的人——不僅是歷史學家——必須隨時注意的一個根本問題。學者和其他人一樣，都有自己民族、文化、身份認同的立場，都有自己的思想感情，用闡釋學一個術語來說，就是我們每一個人認識事物，都必然有自己的眼界或視野(horizon)。但眼界或視野只是認識的開始，而認識和研究的過程就是依據事實和文獻材料，不斷修正最初認識而逐漸接近真實與真理的過程，在這過程當中，學術必須實事求是，以超越自己眼界和立場的理性原則和邏輯推理爲指引。在「建構認同」和「追求真實」之間，在「國家需要」與「歷史事實」之間，學者的選擇毫無疑問只能是後者，否則便是曲學阿世，便是媚世的鄉愿。在日本如此，在中國也如此；過去如此，今天也同樣如此。學術的獨立在任何時候，都應該是我們去堅持和護衛的。

然而在日本，關於神道爲純粹而且最優越之本土信仰，天皇乃「天照大御神」嫡傳子孫的神學譜系，尤其在二戰前後的1930年代末至四十年代中，卻成爲不容置疑、不可挑戰的宗教信條。如王小林所說，在江戶時代，本居宣長(1730-1801)已提出研究日本古典之目的，在於「可令大和魂堅固不破，以防漢意之侵襲。」本居宣長的主張經過「以平田篤胤(1776-1843)爲首的國學家的普及，特別是通過對神道『來世觀』的重新詮釋之後，在日本思想史上，從『學術思想』嬗變爲具有『救贖』功效的『終極關懷』，明治維新所依據的『國家神道』與20世紀前半葉支配日本軍國主義體制的『國體論』，均以此爲核心」[28]。日本學者把儒、釋、道等中國因素首先通過「神儒一致」、「神佛習合」之類手段，吸收到日本神道思想中，然後再逐漸加強本土信仰，將原來的關係顛倒過來，把這些因素貶低甚至完全排除在大日本國家主義的意識型態之外。王小林說：「從中世紀神道的『大日如來說』、『根葉花實論』到江戶國學的『天人唯一』、『神儒妙契論』，雖然稱謂不同且時代各異，但都擁有一個共同的特徵，即：新的神道理論的產生總是首先吸收外來思想，然後在『習合』中用神道概念加以詮釋，最終再創立以神道爲中心，將外來思想邊緣化的新理論。而在這個過程中被反復強調的『古傳』，與其說是神道學派的理論依據，倒不如說是使其理論正統化的信條。所以，『古傳』所具有的象徵性意義實在要比其理論本身大得多。」[29] 通過回顧日本近代思想史的發展，克勞斯・安東尼也說，17世紀以來，強調本土主體性而排斥中國儒家影響的

28 同上，頁25。

29 王小林，〈日本近代國學宇宙觀的形成及其影響〉，載台灣中央研究院史語所編，《古今論衡》第12期(2005年3月)，頁45。

「國學」，經過荷田春滿(1668-1736)、賀茂真淵(1697-1769)、本居宣長及平田篤胤等人的闡述，「便從一種純語言文字考據訓詁之學，變成推進極端民族主義排外思想一種激進的政治意識型態。」[30] 安東尼認爲，這種極端民族主義就是法西斯主義。他說：「本土主義式地搜尋獨特的民族特徵，同時又認爲從種族和文化方面而言，本民族高於其他民族，這就是法西斯意識型態的核心。」所以他認爲這種以大和民族至上爲特徵的日本法西斯主義，「尤其從文化和種族上優於中國，或者說優於『漢心』這一觀念上，在日本近代史上就看得很清楚。」[31] 這對於中國學者，一方面是清醒的歷史認識，另一方面也應該是自己爲學的警戒。每個學者都有自己的民族文化立場和思想感情，但狹隘民族主義，總以自己的民族優於別的民族，總認爲自己的文化高於別人的文化，則很容易走入歧途，甚至有導致法西斯傾向的危險。

學術被政治綁架，甚至主動服務於政治，在日本明治大政時代的「滿蒙回藏鮮」之學就表現得尤其明顯。葛兆光引用日本學者中見立夫的話說：「日本『東洋史學』學術領域之形成，大約在1894年至1904年這10年，即日清、日俄戰爭之間，這一形成期的時代背景——即向大陸帝國主義侵略初期——對此後東洋史學的展開，有極大的影響」(頁236-237)。從學術方面看，日本東洋學之興起，固然受歐洲學術發展的刺激，也是日本學界從傳統的漢學研究走向中國之外的亞洲和東洋，與歐洲漢學爭勝的結果。然而這一學術發展與當時現實政治的環境，卻還有更深一層的聯繫。葛兆光說：「明

30 Antoni, "*Karagokoro*: Opposing the 'Chinese Spirit'," in Reynolds (ed.), *Japan in the Fascist Era*, p. 55.

31 Ibid., p. 50.

治以來，『國權擴張論』逐漸膨脹，日本民族主義以所謂『亞細亞主義』的表像出現，特別是在1894年甲午海戰中擊敗清國之後，日本對於這個過去在亞洲最大的敵手，重新採取一種俯視的眼光來觀察，對於中國以及周邊的領土要求也越來越強烈」(頁246)。東洋學或「滿蒙回藏鮮」之學「借用歐洲流行的『民族國家』新觀念，把過去所謂的『中國』解釋成不同的王朝，這些王朝只是一個傳統的帝國，而實際的『中國』只應該是漢族爲主體，居住在長城以南、藏疆以東的一個國家，而中國周邊的各個民族應當是文化、政治、民族都不同的共同體，所謂『滿(洲)、蒙(古)、回(疆)、(西)藏、(朝)鮮』，都只是中國之外的『周邊』」(頁246)。「滿蒙回藏鮮」之學以族群觀念把中國縮小成漢族所居的地方，即把長城以北、川陝以西的廣大疆域都從「中國」劃出去。這在1920-30年代整個國際局勢的背景上，就顯出與現實政治必然的關聯。

與此同時，像白鳥庫吉(1865-1942)這樣的學者就更自覺地把學術與政治相關聯，甚至爲日本的殖民戰爭服務。他在1915年出版的《滿蒙研究彙報》發刊詞中，就直言不諱地說：「滿蒙對我(日本)而言，一爲北門之鎖匙，一爲東洋和平之保障，今滿洲蒙古爲(日本通向)歐亞聯絡之最捷徑，處於未來東西文明接觸圈內，我國國民豈可輕忽視之？況我於滿洲投入戰費20億，人員犧牲則在五六萬以上」(頁249)。我們不要忘記，在那之後不到20年，日本對中國的侵略就是從占領滿洲開始。所以那個年代歐洲和日本發展得很快的滿蒙回藏鮮之學，固然在學術領域的拓展和研究方法的更新方面，都自有其價值，但也擺脫不了那個時代現實政治的背景。正如葛兆光所說：「由於淡化甚至超越民族國家的現實邊界和政治領土，隱含了歐洲與日本對於重新界定『中國』的疆域，重新書寫中國的『歷史』的政治意圖。儘管古代王朝以及現代中國，確實因爲天朝大國的自大，遺留了『朝貢體制』或『冊封體制』的想像，但是，近代以來中國的落後與衰敗，不僅導致了日本對於滿洲與朝鮮、俄人對於蒙古與回疆、英人對於西藏、法人對於安南的領土要求，也特別容易引發對於『中國』的重新界定」(頁271)。那的確是一個國勢危於累卵的時刻，而這樣的情形與今日局勢當然已大不相同。中國現在似乎正在努力擺脫百年以來落後與衰敗的困境，但回顧近百年來的歷史變遷，檢討近代歷史和學術進程的軌迹，對於我們在歷史變動中有比較清醒的頭腦，對於堅持理性和真理的追求，都絕非徒然。

讀過《宅茲中國》，我們對學術與一時代政治、歷史和思想環境之關聯，必然有深切認識。《宅茲中國》一書本身就與我們所處時代的政治、歷史和思想環境密切相關，是站在中國學者立場，對國際學術環境中提出的一些重大問題作出反思和回應。書中最後一章回顧和檢討1920-30年代以來中國學術發展的情形，更把問題直接提到了中國當前的狀況。葛兆光拈出1925年成立的清華學校研究院，即近年來被人談論很多的所謂「清華國學院」，以及1928年成立的中央研究院歷史語言研究所，即後來遷到台北的中研院「史語所」，這兩者都是中國現代學術成功的典範，而成功的因緣際會，葛兆光認爲「除了當時中國學術正處在從傳統向現代轉化的關鍵時期、外在相對平穩的社會環境恰好給了學術界一個契機，以及各自擁有一批兼通中西的學者外，從學術的角度看，有以下三方面原因：第一，他們始終站在國際學術前沿，不僅在研究領域上把握了國際學界的關注點，而且在方法和工具上始終與國際學界同步」(頁279-280)。第二，他們不是亦步亦趨簡單跟隨國外「漢學」，而是「逐漸建立中國的立場、問題和方法」(頁280)。第三，「那個時代恰恰在中國不斷出現了新資料。像殷墟甲骨、敦煌文書、居延漢簡和大內檔案等所謂四大發現，都在那個時代的新思路和新眼光下被使用起來，並且給重新理解歷史提供了堅實的基礎」(頁281-282)。這最後一點，葛兆光說是「地利」(頁281)，那麼20世紀1920-30年代「相對平穩的社會環境」則理所當然應該是「天時」。以「地利」而言，近數十年來許多考古發現，無論馬王堆、三星堆、秦兵馬俑，還是郭店楚簡，其重要也許並不亞於1920-30年代的發現，可是今日中國學術顯然沒有與國際學界同步，更不說站在國際學術的前沿。這當中原由，顯然是在相當長的一段時間裡，中國缺乏平穩寬鬆的社會環境，沒有讓學者有充分的自由去獨立研究，而且自我封閉，失去與國際學界互動交流的機會。沒有「天時」，「地利」就無法得到充分利用，更不會有「人和」。相比之下，當年「清華國學院」就幾乎成爲一段傳奇式的歷史，一種不可企及的輝煌。這一點在我們當前所處的環境中，是應該深刻反省的。如果我們意識到學術環境不能完全脫離更大的社會政治的環境，如何改善我們當前的學術、社會和政治環境，就值得我們深入探討。

葛兆光在《宅茲中國》結尾的一段意味深長地說：「那麼，現在的中國大陸的文史學界，是否能夠在這個國際國內形勢越來越複雜的背景下重新出發，對傳統中國文史有新的研究，不僅成爲新的『國際學術潮流』的預流者，而且成爲對中國文史有新詮釋方式的研究基地呢？」(頁309)。他提出「從周邊看中國」，打破傳統文史研究只注視自我的局限，擴大研究視野與範圍，從外部和他者的眼中看中國，認爲這有可能是中國學術發展的「第三波」，「也許在某種程度上可以刺激學術史的變化」(頁288)。他論述了「從周邊看中國」的幾個特點，首先是不同於西北史地考古和文獻的研究，也不同於中西文化的比較或對比。與此同時，和歐洲日本的關注滿蒙回藏和中國周邊不同，這是以中國爲關注中心，是從中國立場出發的研究。在復旦大學文史研究院，葛兆光領頭把「從周邊看中國」

變爲研究實踐，他和他的同事們在幾年之內已經取得可觀的成績，引起國內和海外學界的重視。毫無疑問，這的確是很有發展潛力的學術研究新領域，在中國學術發展史上很有可能形成一波新潮，造成一定影響。是否如此，當然有待未來數年的持續努力。

葛兆光很自覺地意識到學術研究與民族立場的糾纏不清，而由此提出傳統文史研究的意義究竟在哪里的問題。他回答說：「我覺得，除了給人以知識的饗宴，訓練人們的智力之外，一個很重要的意義就是建立對國族(是文化意義上的國家，而不是政治意義上的政府)的認知，過去的傳統在一個需要建立歷史和型塑現在的國度，它提供記憶、凝聚共識、確立認同」(頁297)。我認爲這是值得深入討論的一個重要問題。我完全贊成葛兆光區別「文化意義上的國家」和「政治意義上的政府」，因爲在文化意義上認同中國、愛中國，絕不等於認同某一政治體制和政府，而這一點似乎在不少人是理解混亂，沒有分清楚的。目前在亞洲和整個世界，中國在經濟上正在逐步強盛起來，在學術環境方面，比起三十多年前也有明顯的改善，中國學者優秀的學術著作，也逐漸受到國際學界的重視。尤其在這種時候，區別學術文化和政治利益，更是非常重要。

葛兆光提出「建立對國族的認知」作爲文史研究接近於終極的意義，也許不同人有不同看法。我的看法就略有不同。在歷史上，當民族存亡成爲現實問題時，民族意識，包括國族的認知，就必然會十分強烈。葛兆光討論「中國」意識在宋代的凸顯，就是很好的證明。在近代歷史上，民族國家的概念更是十分明確。研究本國文化傳統當然有助於國族的認知和認同，這可以說毋庸置疑，然而這是否應該是文史研究最重要的意義，就值得再探討。我讀《宅茲中國》感受很深的，的確有對於中國——包括「主體性」和「空間性」之中國——更爲深刻的認知，作者針對西方理論觀念的挑戰、針對近代日本「亞洲主義」論述去中國化的企圖，從中國學者立場，以深厚的學術修養爲基礎，做出理性而有力的回應，更讓我深爲感佩。然而我並不覺得，對中國或國族的認知是讀此書最重要的收穫。對於讀此書的大多數中國學者和讀者，也許國族認知本來就不成問題。在我自己，無論是從後殖民主義「離散」和「位置性」概念出發來解構中國和中國性，還是從日本極端民族主義「國學」或「東洋學」出發來貶低和蔑視中國，都不僅使我認識到這種自我中心或國家主義理論的錯誤，而且也使我警惕同類型的錯誤。如後殖民主義「位置性」概念那樣強調自己的生存環境，突出自己族群或社會團體的利益，對於更開闊的學術研究說來，終究還是弊多於利。儘管後現代主義理論解構了理性，但我仍然相信，學術研究或對事物的認識都要有超越的理性原則，可以而且必須超越自我、族群和國家(包括文化意義上的國家，更不用說政治意義上的政府)。後現代主義理論解構了理性，卻又無法提出一個群體共識的基礎，最後就只有身份認同的政治，剩下自我和小群體利益的認同，從而造成共識的消亡、社會的碎裂化、片斷化。這正是當代西方社會一個十分深刻的危機，而在一定意義上，後現代主義理論可以說就是這一危機在理論上的表現。因此，我認爲對歷史和事物理性的認識，甚至超越國族範疇的認識，才是文史研究最終意義所在。所以，一方面我完全贊同文史研究有「提供記憶、凝聚共識、確立認同」的重要作用，另一方面我又認爲能夠真正做到這一點，而不被政治所綁架和利用，又必須強調學術的獨立，強調學者的獨立人格和批判思考。在國族的認知與學術的獨立之間，後者更爲根本，也更值得注重。其實這兩者並不是非此即彼，互不相容。《宅茲中國》突顯了中國學者的立場，但書中的論述能夠令人信服，不僅是因爲有明確的立場和情感，而且更是因爲有充實的文獻和史料，有嚴密的邏輯和清晰的思路，有問題意識和把握學術動向的敏感，有理性的分析和論述。此書無疑是當代中國學術一個相當成功的範例，不僅爲我們提供知識，而且刺激我們去深入思考。我相信，《宅茲中國》在國內和國際的學界，都會引起反響，在重大學術問題的探討上將會產生巨大的影響。

張隆溪，香港城市大學比較文學與翻譯講座教授。主要從事中西文學和文化之比較研究，發表多種專著及論文，主要著作有《二十世紀西方文論述評》(1986)，*The Tao and the Logos: Literary Hermeneutics, East and West* (1992), *Mighty Opposites: From Dichotomies to Differences in the Comparative Study of China* (1998),《走出文化的封閉圈》(2000, 2004)，《中西文化研究十論》(2005), *Allegoresis: Reading Canonical Literature, East and West* (2005), *Unexpected Affinities: Reading across Cultures* (2007),《五色韻母》(2008)，《比較文學研究入門》(2009)，《靈魂的史詩：失樂園》(2010)，以及《一轂集》(2010)等。

讀王鼎鈞的《文學江湖》：
冷戰年代一位讀書人的困窘和堅守

高 華

大陸人特別是知識分子在毛時代是怎麼渡過的，已有許多文字反映，台灣知識分子在這30年的生活，卻不爲大陸的人們所熟知。一般人所了解的就是台灣土改，經濟起飛，人民生活富足等很表面化的內容，對在那段特殊的歲月，人是怎麼生活的等詳細的情況大多不知，也很少見到親歷者就這30年寫的生活實錄一類的讀物。王鼎鈞的書恰說的是這一段，雖名曰「文學江湖」，然決非是單講文學，而是作者通過他生活於中的「文學圈」，對縱貫在台生活的30年歲月(1949-1978)的觀察、記錄和反省，與作者的《關山奪路》構成姊妹篇，展示了在政權更迭、易代之際一個中國讀書人在台灣的日常生活。

由於1949年後海峽兩岸長期武力對峙，蔣氏父子以此爲由，利用戒嚴和反共，在台灣建立起獨裁統治。但相比與抗戰、內戰，這30年畢竟是一個承平的年代。於是出現一種怪異的狀態：國民黨掛著「戒嚴」的牌子，用戰時的「統一思想」，「統一意志」來統領社會，實際上偏安一隅。在如此大環境下，一方面，個人被無所不在的政治裹挾；另一方面，隨著社會的成長，個人逐漸也有了一定的自由的空間，但更多的是遭受橫逆，被生活揉搓與擠壓。尤其作者在1950年代漫長的10年裡，心理壓抑，創痛巨深，這傷害既來自於國家、民族的分裂，更來自黨國的專制。從本書中既可窺見這30年世事人情和時代潮流的演變，也能感受作者對國家命運、歷史教訓的獨立思考，是一份極具歷史和人文價值的個人總結。

一、「以蔣來拒毛」

列寧曾把年輕的俄羅斯蘇維埃聯邦社會主義共和國稱爲：「全世界社會主義大火的中心」[1]。1949年，這股最早點燃於俄國的革命烈焰，終於在中國燃成一片，在列寧的學生毛澤東的領導下，中國人民解放軍徹底焚毀了國民黨在大陸的統治。

這場熊熊大火讓200萬人被迫逃離大陸來到台灣。1949年5月26日，王鼎鈞隨兵船從上海撤退到基隆，他沒想到這一住就是30年，當時來台的絕大多數人都以爲幾年後會隨「老總統」一起回大陸。

當年的台灣，落後貧困，國民黨後面被解放軍追趕，尤如驚弓之鳥，人是來到台灣了，可是靠什麼活下去？政府不管，王鼎鈞是軍隊中的文書，就拿到一紙國民證，其他什麼也沒有。當局對離職的士兵，允許帶走兩套舊軍服，另發560元老台幣，而一碗炒河粉要700元。士兵離營時可以把睡覺的席子帶走，供倒地而臥或倒地而亡——用蓆子卷人埋了(王書：頁24)。

上岸的人登記用的白紙成了王鼎鈞投書的稿紙，就在基隆碼頭上，他買了一瓶墨水，給《中央日報》副刊投稿，很快就被刊用，就此走上寫方塊(小專欄)謀生的人生道路。他先後給《中華日報》副刊、《公論報》副刊，《徵信新聞》(《中國時報》的前身)等寫專欄、編副刊，一幹幾十年。靠著朋友的幫助，更靠自己的天份和

1 《列寧全集》中文版第37卷，頁372。

努力，在台灣站住了腳根，還供養弟妹讀書，贍養父親。這在大陸是無法想像的，蓋因在台灣只要不反對政府，還可以讓人活下去。

人是有思想的動物，遭1949年的大變，不會不思考。到台灣，除了那些被裹挾的「壯丁」外，都是追隨蔣介石來的。可是爲什麼支持他，追隨他，這是迴避不了的大問題。大陸作家邵燕祥當時只是北平的一個初一學生，回憶他的1948年時就說過，選擇毛還是蔣，「對每一個20世紀的中國人都是多麼嚴肅鄭重需要深思熟慮的問題」[2]。對於政治早熟的他或一般知識分子，這是成立的，但我認爲大多數老百姓，特別是國統區的老百姓，則談不上選擇，就是對這個問題有所認識，也多是事後的認識。對於廣大普羅來說，只要不是異族的暴虐統治，在哪個朝代，都是幹活、吃飯。

王鼎鈞來台灣屬於自覺自願，這是符合邵燕祥那個命題的，他就是追隨蔣介石來台的，其原因用王自己的話來說，是「以蔣來拒毛」。王說，在對蔣和毛的態度上，台灣外省人和本省人完全不一樣：本省人仇恨蔣，但不怕毛，他們是從「2，28」和「白色恐怖」中知道了蔣的厲害。外省人則不一樣，他們是被共產黨趕到台灣去的，知道毛的厲害。他對本省人說，「你們不知毛更厲害」，而他們之所以支持蔣，是「兩害取其輕」，因爲在他們看來，只有蔣可以對付毛，所以要克制自己來配合蔣。作者認爲，「蔣到底與毛不同，比較起來，他還算是一個言必信行必果的人」（頁244）。

王鼎鈞的思想底色是自由主義。來到台灣後，他的自由主義，和大陸時代有了差別，最典型的莫過於他對胡適的態度：他雖然尊敬胡適的思想和主張，但是又認爲自由主義不切合當時台灣的處境。這個矛盾怎麼解決？王說，《自由中國》半月刊給了他答案：

2　邵燕祥，《別了，毛澤東》（香港：牛津大學出版社，2007），頁7。

「除了自由主義，反共沒有理論；除了納粹，反共沒有辦法」（頁112）。

可是現實是當局對自由主義深惡痛絕。國民黨恨自己不夠專制才丟掉了大陸，到了台灣後，索性「以組織對組織，以思想對思想，以特工對特工」，當這些類似納粹的做法全面鋪開後，王鼎鈞又受不了。於是作者得了「冷戰心理憂鬱症」，每天腰酸背痛，無精打采，也厭煩和別人交往。作者在台灣的30年活得不容易。既要有所爲，又要有所不爲，他在保持個人尊嚴和獨立的前提下，恪守住了做人的基本準則；同時又展現出靈活性和韌性，適時還得作出忍讓和妥協。但是人非機器，一旦超到了心理承受的臨界點，也就是實在不能忍受時，怎麼辦？那就去找一個參照物，這就是大陸。

王鼎鈞說，一想到大陸的情況，對台灣的一切，就都忍受了，他有一段話給人留下深刻印象：站在金門太武山從望遠鏡看「準星尖上的祖國」，當時最迫切的感受是，對岸繼「三年災害」之後搞「十年浩劫」，「我對來台灣以後所受的一切都原諒了！我內心的一切都化解了！」（頁432-33）。

二、「匪諜妄想症」和「做出來的匪諜案」

1950年代初，台灣國民黨當局要求黨員和非黨員「自清」——凡是在大陸和中共人員有過接觸的人，都要向當局辦理「自清」手續，否則視同繼續聯絡中。這很荒唐，在大陸時代，國共兩次合作，國民黨與共產黨有太多的交集，特別在抗戰時期，不是同學就是老鄉，很難切割清楚。國民黨當局以後就以這些做藉口，拿一張合影照片、一張舊報刊說事，大抓「匪諜」。

與此同時，毛號召在中層（政府部門）、內層（黨的部門）工作的共產黨員交代與國民黨及資產階級的關係。更早，在1940年代初的延安整風運動時，也要求黨員向黨組織說清與國民黨的關係。

國民黨因吃中共的虧太大了，對自己完全失去了信心。按王鼎鈞的說法，在大陸時代，國民黨是一個大馬蜂窩，處處可以潛伏（頁158）。逃到台灣後的國民黨剛安頓下來，就開始總結失敗教訓了，他們的結論之一就是中共已大量滲透進國民黨，才導致國民黨的大失敗。患了「匪諜恐懼症」的當局把台灣搞的一片肅殺，四處可見標語：「小心，匪諜就在你身邊！」

僅有口號還不夠，更重要的是要有措施，國民黨也是吸取了大陸時代僅有口號而無措施，更無落實的教訓，從此專注於在基層，在草根階層發展勢力。蔣經國在各單位廣設「眼線」，——即在各基層單位布建「細胞」，這項工作在大陸時代受制於各種因素的制約，沒有來得及做。國民黨來台後特別重視在工人，勤雜人員中吸收「細胞」。王鼎鈞多次提到在「中廣」公司那些工友特務，《郭廷以先生紀念集》中也提到在中研院近史所圖書館工作人員中也有當局布建的「眼線」，通過主動向研究人員介紹有關「匪諜」的書刊來「釣魚」。

在這方面，中共起步要早於國民黨，這也是中共戰勝國民黨的重要原因之一。早在抗戰初期，有關部門就在延安各機關、學校布建「網」，發展「網員」（情報員），江青在延安「魯藝」工作期間就是一名工作不甚主動積極的「網員」。她的單線領導許建國（原名杜理卿），在建國後曾擔任上海市公安局局長和駐羅馬尼亞大使。許建國指示江青多以「灰色」面目出現，以利於收集各方面情報，但江青從不主動向他彙報工作，而是經常往毛的住處跑，讓許建國很是生氣和無奈。這種工作傳統一直沿續了下來，建國後，保衛部門著手在各要害單位布建秘密組織，詩人牛漢當時在中國人民大學工作，有關方面動員他加入「保衛毛主席的絕密核心組織」，並說先送到莫斯科受訓，他在中共元老、校長成仿吾的暗示下婉言謝絕了[3]。

國民黨遷台之初，台灣確有中共地下人員的活動，但是在蔣經國的嚴厲打擊下，到1952年，全台的中共地下組織基本被摧毀。其後，就是借抓「匪諜」來統合社會，樹立黨國和蔣氏父子的權威。

大陸在1960年代後也是少有真正的「國民黨派遣特務」和「潛伏特務」，他們早已在鎮反等運動中被消滅了。大陸在鎮反運動後，在各單位都設有政工、人保幹事等，防特、保密已完全制度化。1962年蔣介石宣稱要「反攻大陸」，其派遣特務往往在東南沿海一登陸就被全抓，已達到「來一個消滅一個，來兩個消滅一雙」的程度。對於社會上的「特務」或「特嫌」(特務嫌疑)，只會是多抓，不會漏網，用大陸的術語，就是「擴大化」。例如，中共對歷史上當過「憲兵」的人高度警覺，幾乎把他們全都看成是「特務」，對他們的處理，最輕的也是戴「歷史反革命」的帽子，交派出所和群眾監督改造。其實中共對國民黨憲兵的判斷是有誤的，憲兵中是有特務，但只是非常少數的人，大多數憲兵就是維持治安和軍紀而已。王鼎鈞說自己在國民黨憲兵服役時，沒喊過一句反共口號，沒讀過一頁反共資料，沒破獲過一個中共地下情報組織(頁157)。至於文革中被揪出來的大把「國民黨特務」，那完全是「階級鬥爭」走火入魔的產物，與真正的「台灣特務」無涉。

台灣在1960年代抓出的匪諜案，基本上是「做出來」的案子：被抓人員被特務引導，再施以酷刑，迫其咬出同夥，交代上、下線，與大陸在文革中的「深挖五、一六」如出一轍。

3　牛漢口述、李晉西編撰，《我仍在苦苦跋涉》(北京：三聯書店，2008)，頁92-93。

國民黨一方面對「匪諜」充滿恐懼感；另一方面，又肆無忌憚，枉殺枉捕。任何一張舊的合影照片，一份舊報刊，一封誣告材料，一本左翼文學書籍，都可以成爲誣人爲「匪諜」的所謂「證據」。

王鼎鈞告訴我們，「匪諜案」是真正的「藝術品」：所有材料都是「真」的，這些材料結構而成的東西都是「假」的（頁36），因爲「酷刑之下，人人甘願配合辦案人員的構想給自己捏造一個身分，這些人再互相證明對方的身分，有了身分自然有行爲，各人再捏造行爲，並互相證明別人的行爲，彼此交錯纏繞形成緊密的結構，這個結構有內在的邏輯，互補互依，自給自足」（頁37）。

史達林「大清洗」中的形形色色的叛國案，諸如布哈林叛國案、圖哈切夫斯基叛國案等等，文革中的「劉少奇叛徒、內奸、工賊」案，都是這樣做成的。最近披露的材料說，參加劉少奇專案的一個必要條件就是文化程度不能很高，只能在小學五年級到初中三年級之間[4]。

這一套是從哪兒學來的？中國是從蘇聯學來的還是效法於本土的周興、來俊臣？這或許是人性幽暗面不加控制而帶來的災難?畢竟那是一個極端年代。特務之倡狂，令人髮指。王鼎鈞多次提到的那個在中廣公司半公開活動的「英俊高大的特務小頭目」，其中講到他對「引刀成一快」的解釋，說「沒那麼快」，意思是，特工部門不會就一刀砍死嫌犯，「讓你們死得那麼痛快，而是要折磨你們求生不得，求死不得」，讓王鼎鈞聞之驚駭不已，毛骨悚然。特務一直緊盯王鼎鈞，蓋因王有「歷史問題」，即平津戰役期間被共軍俘虜又被共軍釋放一事，因而長期被監控。手段有：「五人聯保」——

4 鄭彥英，〈與劉少奇專案組副組長同行〉，2011/03/28, http://blog.sina.com.cn/s/blog_500c7f7401017kt5.html?tj=1。

互保思想正確，行為合法，一人有罪，四人聯坐。還有跟蹤，私拆信件，偷聽電話，命令他的朋友偵察他的言行，勒令寫自傳，要求從6歲寫起，作者怕每次寫得不一樣而帶來災禍，不得不經常背誦自傳。王鼎鈞書中有三個章節專寫他所遇到的特務：「匪諜是如何做成的？」「特務的隱性騷擾」，「與特務共舞」——特務「瞻之在前，忽矣在後」，如影相隨，橫跨了王鼎鈞在台的整整30年。

在這種社會氛圍下，知識分子做特務似乎也沒有什麼不好意思。王鼎鈞說，那時官場盛傳「識時務者為俊傑，時務有三，黨務、洋務、特務」。書中有一段寫得非常生動，幾個朋友久別重逢，大家互道問候，「混得不錯啊，你通了特務啦！」看了誰神清氣爽，春風得意，第一個念頭就是此人已做了特務。王鼎鈞說，在他看來，1950-70年代的台灣，知識分子做特務的比例很高，甚至幾個人中就有一個是特務(臥底)。據王鼎鈞說，不少作家都做特務(頁306)，甚至是老作家，也做了黨國的「臥底」，他自己就多次遇到來打探他個人消息的老作家，轉眼就去向特務部門彙報去了。

類似的情況大陸也存在，只是表現形式不同，大陸更強調該工作的革命意識形態意義。大陸學者章詒和前幾年撰文，披露著名翻譯家馮亦代如何以「為革命」，「做好黨的馴服工具」來說服自己，克服了心理障礙，主動積極地在她家做「臥底」的。在經歷多次政治運動洗禮後，馮亦代已有了全新的人生觀和世界觀，為了提高自己的職業素質，他還專門買了蘇聯的《一個肅反工作者的手記》和有關介紹「契卡」(全俄肅反委員會)歷史的書籍。他說：「以前的生命只是行屍走肉而已，今天我已經消除了那種腐朽的感傷的情緒，我覺得我在保衛黨的工作中，我的生命日益豐富起來。」[5]。

5　馮亦代，《悔餘日錄》(鄭州：河南人民出版社，2000)，1960.8.3，他自認爲「是在第一線作戰」(馮書:頁288)的「一個保衛工作者」(頁258),於是,心中「也就釋然了」(頁335)。馮亦代以「好友」的身分定期到已打成「大右派」的章伯鈞家聊天、喝茶、吃飯,然後再向有關方面彙報章伯鈞在家中的言行。對於當年的行爲,馮在晚年有很深的悔悟,在他的《悔餘日錄》一書中將此隱私公之於眾。

誰是特務,都是慢慢發現的,也有弄錯的時候。王鼎鈞寫道:有一位作家問我,你看台灣的前途怎麼樣?咱們的反共文學這樣寫下去,到底是活路還是絕路?這種問題只有一個標準答案,怎麼明知故問。莫非他是一個特務,打算「引蛇出洞」?後來冷戰結束,兩岸交流,那位作家向我抱怨,你爲什麼勸我寫反共文學?現在共產黨要來了!我思來想去,你大概是個特務(頁307)。

無獨有偶,許倬雲先生也提到他在台期間被特務檢舉和騷擾,由於他與蔣經國有工作上的接觸,蔣經國說了一句話:我對他了解,他不是你們說的那樣,這才使許先生被解脫。

1960年代以後,國民黨殺人少了,但還是什麼都紀錄在案。特務直接對王說,「你幾根骨頭,我們都知道」,但一般不再直接行動。他們對誰都不相信,陳誠有一邏輯,連程潛、張治中都投共了,還能相信誰?特務甚至盯上了《蔣公序傳》的作者黎東方先生。此君在大陸被認爲是親蔣右翼知識分子,但在台灣的情治部門的眼中,卻演幻爲「左翼嫌疑」。他對王鼎鈞說,他演講時提了幾次「中共」,幾次「共匪」,有沒有引用「蔣公」語錄,引用了幾次,都有人記錄。

王鼎鈞也曾被弄到「保安司令部」談話,被罰站,他在那兒見到那位一直監控他的「英俊的特務」,特務對王鼎鈞還算客氣,沒

(續)

頁256。

有留下他。多數被叫到「保安司令部」(以後易名爲「警備總司令部」，簡稱「警總」)問話的，都不許回家，許多人就這樣神秘失蹤了。在如此恐怖氣氛下，誰都不敢打聽，個別人有大老援手，也無結果，蓋因蔣經國非常冷漠，「鐵面無私」。

照顧蔣氏父子一輩子的翁元對蔣經國有非常深入的觀察，他認爲蔣太子最大的特點就是「永遠神神秘秘，讓人猜不透他心裡想的是什麼」[6]。他說，蔣經國是「雙重性格」，在外面和私下完全不一樣，諱莫如深，高不可測，故做「神秘」狀，「鐵面無情」(翁元：頁224)。連翁元這樣對蔣經國極熟的人，都感到「時時有如臨履深淵，如履薄冰的惶恐之感」(翁元：頁218)。

魏景蒙是蔣經國的親信，又是中央社的老人，是董顯光的手下，1943年曾陪美國記者訪問延安，寫有訪問記，對王震有近距離的刻畫。然而就連魏景蒙向蔣經國求保「中廣」副總經理李荊蓀也被拒，致使李荊蓀無辜被關押15年。台灣在1970年代，還在抓匪諜。「中廣」崔小萍案發生在1968年，李荊蓀案是1970年，與真正的「匪諜」毫不相干，都是被誣陷入獄。在這之後，台灣的情治工作有所變化，開始注意「公關」形象。軍情局長沈之岳有意展現新風格，還籠絡王鼎鈞爲情治單位的公關電視片寫文字稿。當王鼎鈞收到赴美國大學講學的邀請信後，情治部門派出五個人定期與王喝茶、談話，他們只聽不說，對王進行新一輪面對面的考察。王知道自己能否飛出鳥籠，獲得自由，就在此一舉了，他孤注一擲，和盤說出他對台灣甚至是軍情部門的批評和建議，結果王鼎鈞被批准出國。

6 翁元口述，王豐筆錄，《我在蔣介石父子身邊的日子》(台北：中華書局，1994)，頁28，以下簡稱翁元。

三、「中國廣播公司」

王鼎鈞在「中廣」服務10年。中廣全稱「中國廣播公司」，是國民黨黨營事業，前身爲中央廣播電台，建於1928年，原在南京，1949年1月遷台，把所有重要業務資料都帶走了。

1950年代，在台灣是廣播電台占領天空的10年，聽眾眾多。中廣吸引聽眾的主要手段是廣播劇，王鼎鈞參考了中廣從南京帶到台北的1930年代的一些劇本，諸如：曹禺的《日出》、《雷雨》、還有郭沫若、洪深、陳白塵、李健吾、丁西林等的話劇劇本，然而特務身手敏捷，很快就把這些劇本都搜走了。在大陸時代，國民黨對這些事是從來不管的，但是敗退台灣後，完全翻了一個個兒，凡是左翼和留在大陸的學者、作家的作品一律查禁。

當局明明以專制主義治台，卻要扮出自由民主的模樣，其意也是爲了爭取美援和國際好感，爲此大耍兩面派。國民黨在香港辦的《香港時報》是一份地道的「黨報」，卻標榜「以自由主義反共」，「社論充滿自由主義色彩」，但這份反共報紙不能進口，只特許進口800份，供指定單位參考(頁258)。「中廣」被允許進口一份。

王鼎鈞從事廣播稿的撰述，一直小心翼翼。廣播有其特殊性，特別要注意諧音字的問題，因此禁忌特別多，「蔣總統復行視事」，簡爲「總統視事」，可以聽成「逝世」，因此要改字，改爲「總統復職」。廣播不能用長句，有一句是：「美輪美奐的大會堂中間懸掛著總統的肖像」，播音時斷句換氣，說成了「懸掛著總統」，引起了驚擾。王鼎鈞也叮囑，「總統」之前切忌有任何動詞。10月，更要小心注意，因爲許多重大節日都在10月：10月10日是「雙十節」、10月25日是「台灣光復節」、10月31日是「蔣總統誕辰」，「每一個節日都要節前有醞釀，節後有餘波」。可是「十、一」是中華人民共和國的國慶，這對於台灣來說是迎頭一擊，無形中把「光輝燦爛的10月」的亮度減低不少。國民黨的反制措施是從「十、一」前一天，台灣就不准有任何喜慶的表示，廣播中更不准有祝壽的內容，不可開張剪綵，快樂幸福的歌曲一概禁播，天氣報告中如有「台灣海峽烏雲密布，長江中下游陽光普照」，都會被治安機關追究。

在那個年代，真正是草木皆兵，政府對百姓家中的收音機也不甚放心。1950年代初，政府管制製造收音機的器材，誰家的收音機壞了，還得向治安部門報廢備案，交回零件。

當局對收音機一類的硬體不放心，對軟體就更不放心了。當局患有嚴重的「文字敏感症」，在「警總」眼中四處都是共黨在搞顛覆宣傳。王鼎鈞回憶說，1951年前後，他把文章寫好以後總要冷藏一下，進行自檢，假設自己是檢查員，把文字中的象徵，暗喻、影射、雙關等一起殺死，反復肅清，才敢放心交稿。即便如此，也有馬失前蹄的時候。「中廣」有一批從南京、重慶時代就從事播音工作的老播音員，個個都有很高的播音藝術水準，他們把廣播劇演得出神入化。由於廣播劇的效果太逼真，也被懷疑。某次，王鼎鈞編寫的廣播劇講述大陸鎮壓反革命，出現有槍斃人的場面，使聽眾有身臨其境之感，被「中四組」(即國民黨改造後的中宣部)叫停，情治部門也來調查，被懷疑是影射國民黨殺人。

從王鼎鈞的書中才知道，在1950年代初，「中廣」的收音效果很差，與大陸完全不可相比，大陸廣播在台灣任何地方都能收聽到，而「中廣」的播音，連陳誠的家都聽不到。陳誠清廉，不願接受新收音機，「中廣」只能派出技術人員一處處勘測，來確定收聽的信號的強弱。並把陳誠家的老舊收音機帶回來修理，重裝了真空管和換了線路，才給陳家送回去。

至於大陸人知曉的「敵台」之一的「中國廣播公司、自由中國之聲」，只是掛在「中廣」名下，與「中廣」台灣播音部沒有關係，台灣對大陸的廣播直接歸國民黨中央黨部中六組領導，實際上是情治部門的一個組成部分，「匪情專家」王健民曾長期在中廣大陸部工作，此人以後用國民黨虜獲的中共原始資料爲基礎寫成《中共黨史稿》，1979年後被引入大陸，在內部流傳，頗被重視。

四、「反共文學」，寫還是不寫？

王鼎鈞以報刊專欄作家而聞名，當韓戰爆發，美國第七艦隊巡航台灣海峽，台灣大局穩定後，黨國要人、也是國民黨文學界的掌門人張道藩就組織起了寫作講習班，王鼎鈞報名被錄取。第一期只錄取30人，大多爲外省人。王鼎鈞非常認真聽名家講課，也勤於習作。由於大家都是經戰亂而來台灣，寫作主題很自然的就是流離歲月和對中共的「控訴」，但是那時還沒有一個正式的「反共文學」的口號和概念。

不久，張道藩提出要寫「反共文學」，即所謂「戰鬥文學」，卻碰到一大難題，這就是「反共文學」的禁忌太多，作家不知如何去刻畫共產黨？甚至張道藩寫的「老天爺，你不長眼」一曲，也遭到警總的查禁，因爲此曲也可讀成對蔣介石的批判。某次，總統府前舉行歌舞會，一齣維吾爾舞蹈被檢舉是「蘇俄舞」，在「反共抗俄」的年代，這是嚴重的「爲匪張目」的行爲，於是張道藩馬上辭職。

所以，在那個時代，可以不寫反共文學，不寫，沒人找你麻煩；而寫了，卻可能遇到大問題，因爲分寸拿捏不准，作家的「反共」與官方的「反共」規格不合，當局更害怕「反共文學」有可能演變成對國民黨失去大陸的檢討批判。

怎麼寫共產黨？令許多人頭疼，共產黨到底是什麼樣的人？這些去台的作家個個有體會，在大陸時代他們和共產黨員都有或多或少的交往，不是同學，就是朋友或老師，但是他們卻寫不出具體的人物，用大陸的專業語言講，就是寫不出「典型人物」，無法在文學創作中塑造出符合國民黨意識形態要求的「共產黨員」的形象。

於是講習班請來胡秋原，此公早年曾參加「福建人民政府」，事敗後去過莫斯科，在莫斯科和重慶與共產黨領導人王明、周恩來、鄧穎超、葉劍英等有過近距離的接觸。他說共產黨有「宗教心理」，「會黨心理」，「軍隊心理」，有集體性，宣揚全體主義，同歸一宗，說話使用特別的切口，使用巫術、圖騰、咒語，身體動作單調重複，產生交互作用云云。胡秋原上述言論談不上深刻，特別是胡秋原說中共黨人「身體動作單調重複，產生交互作用」，就純屬無稽之談，在他之前和之後都沒有如此說法，堪稱胡秋原的原創。可能是過於荒唐，胡的這段話沒有傳播開來。

當時王鼎鈞就認爲中共不好寫，一寫就寫成了國民黨。事實也如此，閻錫山罵中共的那些洩憤之語，怎麼可以搬到小說和戲劇中去呢？只能是那些概念化的「青面獠牙」、「五毒俱全」的「匪幹」和「匪諜」了，時間一過去，反共文學的大部分作品就被大浪淘沙了。

就在當時，這些學員們就說，看來寫共產黨只能是將來的大陸人才能寫出來，果其不然，王鼎鈞在幾十年後高度評價幾位大陸作家，認爲他們在幾十年前的話應驗了。

那位姜貴呢？王鼎鈞與他很熟，對他的作品也評價很高，我最早是從夏志清的《中國現代小說史》知道姜貴的大名，以後在台灣，朋友還送給我一本九歌出版社2004年再版的姜貴的代表作《旋風》，但是我實在讀不下去，這本書沒有引人入勝之處。

五，「做成寶石，鑲在五星徽上」？

台灣在1950年代之窮，遠甚於大陸。大陸幅員遼闊，人口和物質資源極爲豐富，財富收入也多，國家對高級幹部(高幹)，高級知識分子(高知)、高級民主人士的待遇都很優厚，工資高，待遇高，住房條件好，還依級別配有秘書、警衛、小轎車、公務員等。台灣當時只有700萬人口，美援主要是軍援，經援相對較少，而等待土改出效果，還需要一段時間。

據蔣氏父子的副官翁元回憶，蔣經國一家在1950年代初的早餐就是一盆粥，煮一次羅宋湯一連吃幾天。他還說，在官邸工作年終時，「老先生」(蔣介石)會發給他們一份100元的獎金，他說，這筆錢，對於一個普通的公務人員是多麼大的鼓勵(翁元：頁48)。胡宗南家境也頗困窘，蓋因他的工資分三份，家中僅留一份，其他支援故舊，其他一般家庭就可想而知了。至於投稿、賺稿費也並非人人都可勝任。給《中央日報》副刊寫稿就絕非易事。胡宗南之子回憶其母爲彌補家用，給《中央日報》副刊投稿三次均被退回，其母爲此在家痛哭，而胡宗南妻還是留美博士。

王鼎鈞書中說，1951年中秋節，中廣公司發給員工的福利，只有一塊月餅。1950年代初，有些作家坐不起公車，雖然每張票只是5角，作家手上捏著4角錢，跟在公車後趕路。有的作家因褲子破洞而不能出門。那時，在台北的公車上還常看到赤腳的軍隊傳令兵。

我也聽朋友說，即使一些公教人員的家庭的子女，在1960年前很少有錢穿襪子。

1957年，開始出現初步的繁華，有霓虹燈了，也僅限於台北。

1960年開始，台灣初步富裕起來了，台北有所謂「吃文化」的興起。東華大學歷史系的李教授對我說，到1964-65年，生活才真正好起來，許多家庭有了電視機。到了1968年「四年經建計畫」完成，同年，實施九年國民義務教育，台灣的社會面貌發生了很大的變化，民眾的收入也不斷增加。1970年後，甚至出現「全民閱讀」的熱潮。作者曾去成衣加工廠參觀，看到縫衣的小姑娘利用釘鈕扣的間隙，看擺在縫紉機上的書本，竟是錢穆的《國史大綱》(頁470-71)。

要不要建設台灣，也有爭議。有一種看法認爲，建設好了台灣，還不是送給共產黨？「你有本事把台灣打磨成一粒鑽石，中共有本事把它鑲在五星徽上」(頁351)。還有人認爲，全力建設台灣固然很好，但在其背後，是不是覺得「反攻無望」呢？

1954年，王鼎鈞第一次聽一位本省人說，「你們回不去了」，很受震撼。在1950-70年代，台灣學生人人都會唱「反攻大陸」歌：「反攻，反攻，反攻大陸去，反攻，反攻，反攻大陸去；大陸是我們的國土，大陸是我們的家園……」。「反攻大陸」是蔣介石在台統治的合法性的基礎，也是凝聚人心的精神基礎，是神話也是信仰，一旦無效，心理崩潰將不可避免。因此蔣氏父子只能以暴力和鎮壓來維繫這個信念。然而現實是殘酷的，兩岸的力量對比太懸殊，反攻怎麼可能？更大的障礙是美國不支持。

蔣介石只能忍耐，1960-61年，大陸的大饑荒已達到頂點，也是人心最浮動的時候，國民黨對大陸沒有實施大規模的軍事行動。到了1962年的6月至1963年初，大陸的情況已大爲好轉了，國民黨卻開始行動了，派出小股武裝騷擾閩、粵、浙、蘇、魯等沿海地區，都以失敗而告終。1964年，國民黨不得不把「反攻大陸」改爲「光復大陸」，軍事性的內容消失了。王鼎鈞說，一向高歌「我們明天回大陸」的人由痛苦產生幽默：我們一定會回去，自己打回去，或是解放軍押解回去(頁351)。

蔣氏父子念茲在茲的「反攻大陸」，終因主客觀條件所限而告徹底失敗，但是他們對發展台灣經濟還是很有遠見的。1960年代蔣經國提出「建設台灣」的口號，1970年代後，終見成效。台灣各方面都取得長足的進步，特別是經濟繁榮了，百姓的生存狀況有很大的改善。以後隨著兩岸關係的改善，對大陸的經濟社會發展也起到良性推動作用，這一切都是當年他們未曾想到的。

人生如夢，世事難料，就像人們不可能料到蔣經國去世一年後東歐會發生歷史性巨變，武裝到牙齒的蘇聯也會解體一樣，當年的人們很難想像國民黨在台灣鐵桶般的統治也會結束。國民黨從特務橫行，嗜權如命，到遵守政黨輪替的遊戲規則，其間既有人的因素，也有客觀環境推動的因素。但不管怎麼說，國民黨進步了，台灣社會進步了。

說起人的因素，人們必然說起蔣經國。他確實是台灣現代化、民主化的重要推手。王鼎鈞先生呢，他難道不也是推手嗎？他在台幾十年的文字耕耘，把青春和汗水都灑在了這塊土地，不僅是爲了謀生，更是寄託了自己對台灣、對大陸的理想和追求，他在這裡有壓抑也有喜悅，正所謂冷暖自知。如今他不悲不怨，以坦然豁達的態度重拾那幽長的歲月。他說在年輕時不滿意當時的社會，以爲只有社會主義能解決問題，後來又相信美國的資本主義能解決社會主義不能解決的問題，但是又是失望，「奈何奈何！前面再也沒有一個什麼新的主義了！」(頁361-62)。一個80多歲的老先生所思所慮還是「中國向何處去」這個縈繞他一生的主題，讓人何等敬重！如今他的《文學江湖》一書，既是爲歷史做見證，也給我們啓示和教益，讓我們知道一個普通的中國人在過去的20世紀所經歷的痛苦和所懷抱的夢想、希望。所幸的是那個專橫的，看不到盡頭的反共一元化時代已經結束，一個孕育未來新創造和新文明的思想和價值多元的時代已經來臨。

高華，南京大學歷史系教授，華東師範大學歷史系講座教授，著有《紅太陽是怎樣升起的：延安整風運動的來龍去脈》(2000)，《在歷史的風陵渡口》(2005)，《革命年代》(2010)等。

思想
采風

思考正義的三種進路：
桑德爾談正義

李 琳

哈佛大學政治哲學教授邁克爾・桑德爾(Michael Sandel)，是英語世界獨樹一幟的思想家。1982年，他的《自由主義與正義的侷限》出版，針對羅爾斯的經典著作《正義論》提出系統的批評，構成當代社群主義的第一聲春雷。其後，他於1996年出版了《民主的不滿》，強調美國民主亟待恢復其道德內容，不能以中立的自由主義爲已足。三十多年來，桑德爾持續在哈佛大學開設名爲「正義：該作甚麼才對？」的課程，極受學生歡迎。這不僅是哈佛歷史上累計聽課學生人數最多的課程之一，也是哈佛有史以來單學段參與人數最多的課程。後來講課實況以影像搬上網路，風行全球，桑德爾由此獲得了「世界上最受歡迎的老師之一」的美名。2009年，桑德爾在課程講義的基礎上，寫就同名著作；該書出版後轟動一時，僅中文已有大陸與台灣的兩種譯本[1]。

最近，他就「正義」問題接受了英國空中大學教授奈吉爾・沃伯頓(Nigel Warburton)的採訪。這篇題爲〈訪談：桑德爾談正義〉

1 分別是[美]邁克爾・桑德爾：《公正：該如何做是好？》，朱慧玲譯(北京：中信出版社，2011)及[美]邁可・桑德爾：《正義：一場思辨之旅》，樂為良譯(台北：雅言文化出版公司，2011)。

的文章，發表在2011年1月21日出版的第178期《遠景》(*Prospect Magazine*)雜誌上。

桑德爾教授指出，在歷史上以及邏輯上，對於「什麼是正義？」，有三種回答。

第一，根據效益主義者的看法，「正義」在於設法將效益最大化。效益主義的代表人物邊沁認爲：追求「快樂」和躲避「痛苦」乃是人類行爲的終極原則。由於一切價值均可以化約爲快樂，道德便要求我們設法實現最大的快樂與最小的痛苦。據此而論，道德與立法的目標應該是使快樂的總量超過痛苦的總量。能實現這種結果的制度，便符合正義。桑德爾舉例說，如果某個小眾宗教引起這個社會中絕大多數成員的反感，那麼我們應該毫不猶豫地取締這個宗教。爲什麼？因爲即使取締這個宗教對少數信徒造成了痛苦，但卻可以換來最大多數人的滿意，這符合效益主義對於正義的定義。再舉一個例子：一直以來，西方世界對於伊斯蘭婦女的傳統服飾「布卡」(一種從頭臉包裹到足部的全身罩衫)都不以爲然。如果確如邊沁所言，「道德的最高原則是將幸福最大化」，那麼西方世界便有權抵制乃至於禁止伊斯蘭婦女穿著布卡上街；這樣一來，西方世界便可望獲得最大多數人的最大幸福。在桑德爾看來，這兩個例子都揭示出效益主義的一大弊病：在考慮人們的偏好選擇時，重「量」但不重視該一偏好的「質」。效益主義者對於在人數百分比上占少數的持不同意見者缺少尊重與理解。不難發現，在上述兩個例子中，無論是小眾宗教的信徒、還是喜歡穿著布卡的伊斯蘭婦女，其想法、感受本身的意義與價值皆無人問津。

第二，根據康德的看法，道德要求我們尊重個人本身，道德規範以絕對命令爲形式，不涉及特定目的或者結果(亦即道德規則的形式應該是「作X這件事」，而不是「作X這件事，以便Y」(Y可能是效益主義者所謂的快樂，或者其他的價值))。康德的觀念與上文所述的效益主義觀念針鋒相對：首先，效益主義對個人缺少重視，僅將人視爲實現最大幸福的工具；康德卻認爲道德意味著「始終把人當作目的，而不能把人當作工具」。其次，效益主義是結果本位的，根據行爲的後果判斷行爲的道德性質；康德卻是義務本位的，他相信世界上有一些道德命令本身具有絕對的道德性格，與結果是好是壞無涉。

桑德爾指出，雖然康德對效益主義的反思發人深省，但他的理論有一處硬傷。眾所周知，康德認爲人類是獨立自主的存在，人類有能力自由地選擇和行動。人類的這一特性使康德得出了如下判斷：當且僅當某一行爲是由某人的自由意志引發的時候，某人才需要對其負責；換句話說，如果某一行爲不是某人自由選擇的結果，旁人便無權要求他負責。可是，一切的選擇與行爲都是出於人類的自由意志嗎？在桑德爾看來，答案顯然是否定的。康德忽視了「人在根本上具有社會本性，始終是受條件限制的存在」這一事實。人類的許多道德義務和政治義務，並非源自個人自由意志的選擇，而是來自於社群、國家、歷史、文化……的要求。一味執著於康德的觀念，將阻礙我們正視這一重要事實。

爲了講清這個問題，桑德爾舉了一個家喻戶曉的例子。這一代德國人普遍認爲：我們必須爲父輩的惡行贖罪。然而，在康德的視域裡，這種說法完全不能成立。因爲道德是個人自由意志的產物，每個人只能爲自己做出的選擇負責，不能爲他人犯下的過錯擔罪。在桑德爾看來，這種康德式的思路過於極端、狹隘。「爲父輩贖罪」之所以可能，與許多因素有關，例如民族的凝聚力、對歷史的責任感……。而這一切因素，在康德的「自由意志」學說中皆無容身之地。

在過去的兩個世紀裡，不少學者從不同方面對康德的理論缺陷作出了有力的批評。其中最深刻有力的評斷，恐怕非黑格爾莫屬。黑格爾認爲康德的道德學說過於抽象，與日常生活脫節。他援引亞里斯多德留下的思考結晶，強調「人生性是政治動物」、「只有在政治共同體中，我們才能過人的生活」；幽閉在書房中的道德、政治思考，難免偏狹貧血。

由此便引申出了第三種思考正義的路徑，即亞里斯多德的思路。在亞里斯多德看來，「正義」便是「給予每個人以其應得的」。在膾炙人口的「長笛」故事中，亞里斯多德詢問我們：如果你是分發長笛的人，你會把最好的那支笛子發給誰？他自己的答案是：最好的那支笛子，應該屬於吹笛技藝最高超的人。一個效益主義者無疑會贊同這個答案，因爲吹笛技藝最高超的人才能夠創造出最美妙的音樂，從而使最大多數聽眾獲得最大的快樂。然而，這並不是亞里斯多德的理由。他給出的是一個目的論的理由：「被精妙地演奏——這是長笛之所以存在的理由。」推而廣之，在一個政治共同體中，最高的權力應該屬於政治才華最傑出、德性最卓越的人，因爲「被出色地治理——這是城邦之所以存在的理由。」

這樣的理由，相信會引起不少人的反感。因爲在很多人看來，僅僅憑藉才華、天賦來決定事物的歸屬，是一件很不公平的事。「難道說，」這些人反問道，「美食只應該供給美食家、好音樂只應該供給音樂家，像我們這種對於食物、音樂缺少鑑別力的普通人根本沒資格享用它們？」桑德爾指出：雖然這種反駁聽上去很有道理，但其實經不起推敲。假設有一位毫無美食鑒賞力的富翁走進一家裝潢豪華的米其林星級餐廳用餐，他狼吞虎嚥、囫圇下肚，彷彿眼前的魚子醬、紅酒是麥當勞的漢堡、可樂。面對此情此景，試問我們心裡是不是會感到不舒服？再假設有一把舉世聞名的斯特拉迪瓦里小提琴正在拍賣，一位競拍者是世界頂尖小提琴家，另一位競拍者是家財萬貫但對音樂一竅不通的富豪——此人直言不諱地表示，他買這把琴是爲了把它擺在家裡作裝飾品。最終，出價不菲的富豪贏得了這把琴。面對此情此景，試問我們心裡是不是會再一次感到不舒服？我們是不是會認爲：小提琴的歸屬，不應該是豪宅的儲藏室，而應該是一流音樂家的雙手？被精妙地演奏，這似乎才是小提琴之所以存在的理由。

桑德爾指出，上文所述的三種思路是回答「什麼是正義？」時最常見的答案。其中，前兩種思路更受人關注。今人的大部分爭論，都源於前兩種思路之間的衝突。以「是否應該對恐怖分子施加肉體折磨、來查明定時炸彈藏在哪裡」爲例，效益主義者的回答是：當然應該，因爲最大多數人的最大幸福就是正義。與之相對，康德主義者的回答是：當然不應該，因爲有一些絕對命令(例如無論代價如何，「絕對不可以對人施以酷刑」)是不可違反的。桑德爾認爲，今人對這兩種聲音都很熟悉；可是來自於亞里斯多德的第三種聲音，常爲今人忽略。在桑德爾看來，這種疏忽給我們帶來了巨大的損失。如果能夠審慎地考量亞里斯多德的正義觀，將有助於我們跳脫前兩種思路之間的紛爭，站在一個全新的視角思考並解決問題。

如前所述，亞里斯多德認爲正義是「給予每個人以其應得的」。在桑德爾看來，正是「**應得**」二字爲我們走出目前的困局指出了一條道路。以折磨恐怖分子爲例，雖然效益主義者堅定不移地認爲對恐怖分子施加拷打無可厚非；但是，如果拷打這個恐怖分子的女兒可以幫助我們在更短的時間內知曉定時炸彈的藏匿地點，我們是否要這麼做呢？桑德爾指出：面對這個問題，最堅定的效益主義者也會猶豫不決。爲什麼？因爲道德直覺告訴他們：這個女孩子是無辜的，她不應該受到牽連，拷打、折磨……這一切都不是她**應得**的。

由此可見，當效益主義者支持對恐怖分子施加刑罰時，他們／她們的理由不只有「這是爲了最大多數人的最大幸福」，也有「他是個恐怖分子，他犯下了罪行，因此拷打、折磨……是他應得的懲罰」。由此可見，**應得**的觀念在有意無意之間引導著每一個人的爲人處事。人們心裡對誰應該得到什麼、爲什麼應該得到這個，是有一定的考慮與判斷的。——而這一點是桑德爾想特別指出以供今人思考的：當我們在討論什麼是正義時，我們握有的資源不只有效益主義與康德主義，還有對**應得**的考量。

雖然桑德爾的訪談主要面向英文世界，但他指出的問題同樣值得中文世界借鏡。今日的中文世界在思考「正義」問題時，一般採用怎樣的進路？這些進路與桑德爾在上文中提到的三種進路有無關聯？……這些問題皆值得我們反省。不難發現，面對「正義」問題，中文世界同樣易於陷在效益主義與康德主義對峙的泥潭中不可自拔。如上所述，這兩種主義都試圖用一個整齊劃一的準則解決正義問題。然而，整齊劃一的準則，既無法分辨出不同事物之間的差異、也無法給予不同事物以相應的對待。恰恰在這一點上，亞里斯多德的正義觀顯露出了其獨特性與重要性。**應得**提醒我們對不同事物之間存在的或微或著的差異予以重視、對疏忽這些差異可能帶來的嚴重後果保持警覺。對於「正義」的思考如果拋棄了這樣一個視角、這樣一層關懷，難免營養不良。在「正義」問題席捲全球的今天，重溫亞里斯多德的正義觀，或有助於我們擺脫困局、開創新的思路。

李琳，上海華東師大思勉人文高等研究院研究生。

從歷史終結到秩序的開端：
福山新著《政治秩序的諸種起源》

陳瑋鴻

福山出版其新著《政治秩序的諸種起源》[1]，目前僅完成他整體研究計畫的上半部(到法國大革命前夕)，如同《歷史之終結與最後一人》爲他帶來的政治與學術聲譽，如今新書甫出版，演講、訪談邀請也紛至沓來，引起多方注意[2]。在最後一位政治預言家杭廷頓去世(2008年)後，言論能同時引起學界、媒體與政界關注的政治學者，恐怕也只有福山一人。

誘發福山寫作此書有兩個動機：首先、是補足其2004年《國家建構》一書的缺漏。在那本著作裡，福山雖然回答開發中國家政治制度的孱弱與腐敗所導致的國內與國際後果，但卻沒有直接考察當地政治秩序構成的歷史過程。當時福山背後所要傳達的微言大義是，西方或美國若要改造伊拉克、阿富汗等國家的政治制度，必須更深入理解他們制度演化的道路。其次、2006年他在爲其師杭廷頓

1 Francis Fukuyama, 2011, *The Origins of Political Order: From Prehuman Times to the French Revolution* (New York: Farrar, Straus and Giroux).

2 關於福山新書的報導與評論眾多，可參見*The Economist*(March 31, 2011); *Newsweek*(April 10, 2011); *The New York Times*(March 7; April 15, 2011); *The Wall Street Journal*(April 16, 2011)等報章雜誌。

的名著《變動社會中的政治秩序》撰寫新版導論時，促使他同樣去思考政治秩序的問題，並回答在經歷40年劇烈的國際變化後，杭廷頓的理論是否仍具解釋力。

福山的新著有幾個閱讀的層次：首先、除了他書中提出的解釋架構之適切性外，他所採取的視角更帶有特定的理論與實踐意義，尤其在整個學科體制走向愈益科學化與分殊化的趨勢下，重新提出人類發展與生物進化論的整合觀，背後蘊含著福山對人性及政治發展的見解。其次、福山的著作常與當前國際政治局勢有著緊密的對話，雖然上半冊尚未解釋當代政治制度的演化路徑，但我們仍可窺見某些預示。

不少評論家認為，福山建立了一套關於人類史發展的非化約式解釋，這是他優於其他相似作品——例如賈德・戴蒙的《槍砲、病菌與鋼鐵》僅從地理環境的差異來解釋人類歷史的演化——之處。福山採取整合性視角，出自於他對社會科學逐漸走向實證主義的不滿。他認為若要理解人類社會的複雜性，並且做出有益的政策建言，則理解人性與其生物演化的關係，將會大有助益。尤其人類社會最難以理解的道德面向——亦即縈繞在人腦海中關於正當性、正義、尊嚴和共同體的觀念——一直是引發人類社會變遷的動力。福山舉例，從突尼西亞蔓延至整個中東與北非的社會怒火，正是一名26歲的突尼西亞年輕人，在尊嚴受辱後以自焚行動所點燃的。他在新著中，借用生物學演化的學說，闡釋制度的產生有其人性根源。從歷史上來看，偏私、互利、創造並服從規則、好戰傾向等行為，都是人類具有普遍性的演化特徵。而人類政治受到這些反覆出現的行為或文化模式所限制。因此，每個政治制度都充滿著文化特性，一旦選擇了某條道路，改道相形困難許多。

在解釋整個政治制度的演化架構時，福山將人類政治秩序分為四種類型：以親屬爲基礎的群聚與部落，以及隨後以領土範圍建立權威的酋邦和國家。福山觀察人類歷史從採集社會到農業社會轉變過程中，生產方式、宗教與戰爭等因素如何促使政治型態的變化。他追溯中國、印度、伊斯蘭世界和歐洲如何從部落社會轉型爲現代國家，並從中歸納良好政治秩序的元素及其興衰過程。他提出，政治秩序的三個關鍵要素乃是：強而有力的政府、一視同仁的法治精神、以及對統治者的問責機制。而人類史上首度集三種政治秩序要素於一身的國家，是17世紀經歷內戰後的英國。這三項關鍵要素也是他衡量當前政治制度良窳的尺度。

閱讀福山著作有個更不可忽略的層次：福山的思考一貫具有強烈切入時局的風格，他不僅是世界銀行的顧問，多本著作皆受邀至美洲開發銀行、美國國際開發署等國際政治與外交智庫發表，可見供美國官方政策參考的程度。若要洞察福山新著對現實政治的擘劃，我們或許可以回到他與其師杭廷頓的對話。

1968年杭廷頓出版《變動社會中的政治秩序》，一手敲醒美國學界天真樂觀的現代化理論，以爲經濟發展將會帶來民主發展與社會進步；另一手則警告第三世界由法農與切．格瓦拉所帶領的人民解放運動的危險，強調過多的政治參與，以及無相配合的參與管道，將會對當地社會帶來更大的動亂。顯而易見的，福山新書的處境，宛如杭廷頓在1960年代所面對的學術與社會氛圍，那麼他又是如何回應當前北非、中東與中國等地風起雲湧的民主要求？以杭廷頓的提問，福山是怎麼解決當前「阿拉伯之春」正在發生的政治秩序與民主參與的兩難？中國是否會是另一個引爆革命的國家[3]？

3 這些問題可見福山近日在媒體與雜誌的評論："Is China Next?" *The Wall Street Journal*(March 12, 2011); "Political Order in Egypt," *The*

福山認爲，對於突尼西亞、埃及等中東國家近日的民主革命浪潮，杭廷頓的分析仍舊適用，但中國與中東地區的政治現況卻截然不同。首先，據杭廷頓的看法，1960年代第三世界政治參與的要求，多是來自中產階級而非窮人。雖然中國的中產階級如同中東地區，亦無政治參與的機會，但有趣的情況是，中國的中產階級認爲中國已相當民主且滿足於現況。福山認爲，這很大程度是中產階級恐懼多黨制民主會激發平民百姓對重分配的強烈要求，瓦解他們正享有的成果。其次，中國威權政體的能力遠高於中東國家。雖然程序上沒有透過選舉來問責，但中國政府面對大眾的不滿時，主要是透過安撫與滿足的措施而非鎮壓。在處理政府官員的貪腐與失職問題時，中國高層也常用最嚴厲的手段懲罰官員，進而塑造政府負責的形象。第三，軍隊對執政者忠誠程度，中國解放軍比起突尼西亞等地頻頻倒戈的軍方，顯然更願意服從官方。最後，中國與中東國家更重要的一項分野是，中國領導人存在一套自我約束的政治交棒規則。中東地區的獨裁者在位時，從沒想過下台的時間與方式，而中共近幾任的政治領導人輪替，都嚴格遵循既定的交棒程序。那麼中國是否是人類社會最完美的型態？或者用福山自己的話來說，是歷史終結的新型態？

福山的分析是，如杭廷頓在《第三波》所指出，威權政體相當依賴於政績表現，而一旦中國無法再有效管理經濟帶來的社會矛盾，當數百萬名失業大學生不滿情緒爆發，其力量與危險性可能遠超過貧窮農民。中國政治秩序存在的另一項問題，是他在新著中從中國政治史演化所觀察到的：雖然中國在西元前221年秦朝，已確立現代國家的型態，而接續各王朝也極力阻止徇私與裙帶關係對統治

(續)

American Interest (May/June, 2001).

者輪替的影響，但人性偏私的成分卻從來沒有消失。過去中國不斷陷入他所稱的「昏君困境」（the bad emperor problem），而當代中國在政治秩序的三個要素中，雖然擁有強而有力的中央集權官僚體制，但仍缺乏法治和問責制度。一旦缺乏好的領導人，課責又僅能由上而下進行，那麼便難以避免陷入「昏君困境」當中。

福山紀念其師杭廷頓時[4]說道：即使某人不同意他的論點，也不可能不以最嚴肅的態度面對他提出的挑戰；而杭廷頓不時對時局發出刺耳的批評聲，是任何一名舉足輕重的學者所必須做的事。這些評語似乎同樣適用在福山身上；面對躁動的時代，我們也可期待福山對未來局勢所發的驚人之語。

陳瑋鴻，台大政研所博士生。目前研究興趣為當代政治哲學、歷史正義論與記憶政治學等。

4　Francis Fukuyama, "Samuel Huntington's Legacy," *Foreign Policy* (January 5, 2011).

致讀者

中國正在崛起，成爲世界強權，不過中國的崛起具有甚麼普世的意義，代表怎樣的歷史突破，目前並不明朗，更爲周邊國家所關注。在中文世界內外，關於中國崛起的討論連篇纍牘，但是有一些議題、一些觀察角度似乎乏人問津。本期《思想》有三組文章涉及中國，呈現的正是這類較受忽視的視野：中國革命的社會主義成色、中國當代國家主義思潮的喧騰、以及中國的左派反對派在這個火樹銀花的「新時期」如何自處。

佩里・安德森的〈兩場革命〉一文，從西方左派的立場對比蘇聯與中國兩場革命的環境、特質與命運。這種宏觀的、比較的歷史—政治分析，比起常見的中國「特殊道路」的論述，視野要更開闊一些。但是安德森對於中國崛起的理解，受到了吳玉山、王超華兩位的正面挑戰。他們對中國崛起的說法，在歷史詮釋與政治判斷兩方面，均與安德森大相逕庭，也對習見的中國模式論有所質疑。伊懋可教授對中國近代的「革命」，則提出了極爲獨特的另一種觀點。這四位學者的論述與攻錯，值得我們研讀比對。

其次，許紀霖教授撰文檢討晚近中國知識界向國家主義輻輳匯流的現象，呈現了中國崛起所帶出來的新一輪思想景觀。這種國家主義意識型態，貫穿了早先的左、中、右壁壘，統合了民族主義、革命專政與敵我分辨等駁雜成分，在中國知識界激發了巨大的能量。許紀霖的批評深入而有系統，相信會開啓新一波的爭論。對此問題關心的讀者，尚可以參考《思想》16期成慶先生〈當代中國「國家本位」思潮的興起〉一文。

第三，在今天的中國大陸，有人逆流高舉文革的火炬，有人對於體制與政權發出高亢的批判，也有人高度支持民主、自由與人權。但是能集這三方面的訴求於一身者並不多見，袁庾華先生是一個突出的代表。無論他對於文革、毛澤東、改革開放體制、社會主義大民主等等棘手議題的分析與評價是否服人，也無論今日「毛派」是不是時代的錯置，但他的「234」要求涵蓋了民主、人權、以及社會保障，在今天的中國無疑是深有意義的。本期陳宜中先生對袁先生的專訪，適足以顯示中國崛起的方向與代價，即使在北京鄰省，也遠遠尚未構成「共識」。

把視野拉回台灣，本期發表顏厥安教授關於司法改革的「思想問題」，提出了一系列的澄清與質疑，對於「司法」是怎麼一回事作了深入系統的分析，然後再對「司法改革」提出方向性的建議。陳正國教授則針對前一期《思想》的死刑專輯討論(特別是陳瑞麟教授的文章)，發展更根本的觀點。他把死刑議題從制度以及正義的考量拉到基本的倫理層面，斷言「不可殺人」乃是無從考慮選項的絕對誡命，因此廢除死刑不是一種「價值選擇」，而只是服從道德誡命。這是一個大膽的提醒，預設了人們對於道德誡命的內容仍有共識可言，也相信人們的道德意識沒有矛盾、斷裂、與多面向，不會一邊強調個人生命的神聖，另一邊又容許死刑與戰爭。這種道德意識的可能與否，應該會引起進一步的爭辯。

今年年初葛兆光教授出版了《宅茲中國：重建有關「中國」的歷史論述》大著，由於直接挑戰近年有關「中國」的各種新論述，廣受各方矚目。本期張隆溪教授的書評，不僅延伸了該書的問題意識脈絡，剖析該書的主旨，也發揮了他自己對「學術與一時代政治、歷史和思想環境之關聯」的「深切認識」。這篇書評針對性強而致意深遠，請讀者不要錯過。

編 者
2011 年 5 月

《思想》徵稿啓事

1.《思想》旨在透過論述與對話，呈現、梳理與檢討這個時代的思想狀況，針對廣義的文化創造、學術生產、社會動向以及其他各類精神活動，建立自我認識，開拓前瞻的視野。

2.《思想》的園地開放，面對各地以中文閱讀與寫作的知識分子，並盼望在各個華人社群之間建立交往，因此議題和稿源並無地區的限制。

3.《思想》歡迎各類主題與文體，專論、評論、報導、書評、回應或者隨筆均可，但請言之有物，並於行文時盡量便利讀者的閱讀與理解。

4.《思想》的文章以明曉精簡爲佳，以不超過1萬字爲宜，以1萬5千字爲極限。文章中請盡量減少外文、引註或其他妝點，但說明或討論性質的註釋不在此限。

5.惠賜文章，由《思想》編委會決定是否刊登。一旦發表，敬致薄酬。

6.來稿請寄：reflexion.linking@gmail.com，或郵遞110台北市基隆路一段180號4樓聯經出版公司《思想》編輯部收。

台灣哲學學會與《思想》季刊年度徵文啓事

2011年度主題：何謂「和平」？

戰爭是惡，但也許是必要之惡；戰爭這種惡之所以必要，是因爲它以和平爲其唯一目的。這是庶民的「戰爭與和平」觀。然而，何謂「和平」？唯一能夠爲戰爭之惡提供正當理由的和平是可能的嗎？如果可能，在甚麼條件之下可能？或者說，和平並非戰爭的唯一正當目的？甚至不是戰爭之所以爲必要的理由？和平的價值爲什麼一定比戰爭更高？還是說，和平主義是對的：爲了和平這項最高價值，必要時其他價值都可以、而且應該犧牲？

注意事項：

1.作者身分、學科專業、居住地不限。

2.來稿請用中文撰寫，行文請盡量避免註腳、引文、外文；但是說明性的註解不在此限。

3.我們期待來稿是您參考理論資源後發揮一己思考的結晶，非必要請勿贅筆解說、重複名家的論點。

4.台灣哲學學會與《思想》將委請學者組成委員會匿名評選，原則上推薦一篇；入選作品將刊登於《思想》，並由《思想》提供獎金新台幣一萬元，不另發稿費。

5.來稿請另頁繕寫標題與作者個人資料。

6.來稿字數限在5,000字至10,000字之間，請勿超過。

7.來稿請寄：kalos.tpa@gmail.com或(116)台北市文山區指南路二段64號政治大學哲學系劉夏泱先生收。

8.截稿日期：**2011/9/15**。

各期專輯

第1期：思想的求索(2006年3月出版)

第2期：歷史與現實(2006年6月出版)

第3期：天下、東亞、台灣(2006年10月出版)

第4期：台灣的七十年代(2007年1月出版)

第5期：轉型正義與記憶政治(2007年4月出版)

第6期：鄉土、本土、在地(2007年8月出版)

第7期：解嚴以來：二十年目睹之台灣(2007年11月出版)

第8期：後解嚴的台灣文學(2008年1月出版)

第9期：中國哲學：危機與出路(2008年5月出版)

第10期：社會主義的想像(2008年9月出版)

第11期：民主社會如何可能(2009年3月出版)

第12期：族群平等與言論自由(2009年5月出版)

第13期：一九四九：交替與再生(2009年10月出版)

第14期：台灣的日本症候群(2010年1月出版)

第15期：文化研究：游與疑(2010年5月出版)

第16期：台灣史：焦慮與自信(2010年10月出版)

第17期：死刑：倫理與法理(2011年1月出版)

第11期：民主社會如何可能(2009年3月出版)

第12期：族群平等與言論自由

（2009年5月出版）

第13期：一九四九：交替與再生(2009年10月出版)

第14期：台灣的日本症候群(2010年1月出版)

第15期：文化研究：游與疑(2010年5月出版)

第16期：台灣史：焦慮與自信（2010年10月出版）

第17期：死刑：情理與法理(2011年1月出版)

思想18

中國：革命到崛起

2011年6月初版　　定價：新臺幣360元

編　　著　思想編委會
發 行 人　林　載　爵

出 版 者　聯經出版事業股份有限公司
地　　址　台北市基隆路一段180號4樓
編輯部地址　台北市基隆路一段180號4樓
叢書主編電話　(02)87876242轉212
台北忠孝門市：台北市忠孝東路四段561號1樓
電　　話：(02)27683708
台北新生門市：台北市新生南路三段94號
電　　話：(02)23620308
台中分公司：台中市健行路321號
暨門市電話：(04)22371234ext.5
高雄辦事處：高雄市成功一路363號2樓
電　　話：(07)2211234ext.5
郵政劃撥帳戶第0100559-3號
郵撥電話：27683708
印 刷 者　世和印製企業有限公司
總 經 銷　聯合發行股份有限公司
發 行 所：台北縣新店市寶橋路235巷6弄6號2樓
電　　話：(02)29178022

叢書主編　沙　淑　芬
校　　對　陳　瑋　鴻
封面設計　蔡　婕　岑

行政院新聞局出版事業登記證局版臺業字第0130號

本書如有缺頁，破損，倒裝請寄回聯經忠孝門市更換。　ISBN 978-957-08-3823-7 (平裝)
聯經網址：www.linkingbooks.com.tw
電子信箱：linking@udngroup.com

國家圖書館出版品預行編目資料

中國：革命到崛起/思想編委會編著．
初版．臺北市．聯經．2011年6月（民100年）．
368面．14.8×21公分（思想：18）
ISBN 978-957-08-3823-7（平裝）

1.中國大陸 2.文集

574.107 100009634